新 道徳教育全集 ● 第 4 巻

中学校、高等学校、
特別支援教育における
新しい道徳教育

日本道徳教育学会全集編集委員会

柴原　弘志
七條　正典
澤田　浩一
吉本　恒幸

● 編著

学文社

執 筆 者 （執筆順，＊は編著者）

押谷　由夫　武庫川女子大学大学院教授（刊行のことば）
＊柴原　弘志　京都産業大学現代社会学部教授（はじめに，第Ⅱ部概要，第Ⅳ部概要，第19章）
＊七條　正典　高松大学発達科学部教授（第Ⅰ部概要，第Ⅲ部概要，第1章，おわりに）
藤永　芳純　大阪教育大学名誉教授（第2章）
鈴木　明雄　麗澤大学大学院学校教育研究科特任教授（第3章）
荊木　聡　園田学園女子大学人間教育学部准教授（第4章）
白木みどり　金沢工業大学基礎教育部教職課程教授（第5章）
石黒真愁子　多摩美術大学非常勤講師（第6章）
野本　玲子　神戸医療福祉大学人間社会学部教授（第7章）
佐々木哲哉　岩手大学非常勤講師（第8章）
坂井　親治　元西条市立河北中学校校長（第9章）
増田　千晴　犬山市立犬山中学校教諭（第10章）
金綱　知征　香川大学教育学部准教授（第11章）
賞雅　技子　東京家政大学附属女子中学校校長（第12章）
齋藤　嘉則　東京学芸大学教育学部教授（第13章）
松原　好広　東京福祉大学非常勤講師（第14章）
鈴木由美子　広島大学大学院人間社会科学研究科教授（第15章）
田邊　重任　高知学園大学健康科学部教授（第16章）
富岡　栄　麗澤大学大学院学校教育研究科特任教授（第17章）
中山　芳明　京都市立藤森中学校教諭（第18章）
＊澤田　浩一　國學院大學文学部教授（第Ⅴ部概要，第21章）
小泉　博明　文京学院大学外国語学部教授（第20章）
小川　哲哉　茨城大学教育学部教授（第22章）
醍醐　身奈　慶應義塾大学 SFC 研究所・上席所員（第23章）
板倉栄一郎　北陸大学経済経営学部教授（第24章）
＊吉本　恒幸　聖徳大学名誉教授（第Ⅵ部概要，第25, 26章）
加藤　英樹　名古屋市立西築地小学校教頭（第27章）
竹井　秀文　名古屋市立楠小学校教諭（第28章）
谷山　優子　神戸女子大学文学部准教授（第29章）

刊行のことば

日本道徳教育学会全集編集委員会（代表　押谷由夫）

コロナ禍で，日々の生活がすっかり変わってしまいました。コロナ禍の世界的影響によって，今まで行われてきた社会改革や教育改革が何であったのかが，あらためて問われています。コロナ禍は，まさに全人類に，一人ひとりの生き方を直接問いかけています。これからの教育は大きく変わっていくことが予想されますが，その根幹には，人間としてどう生きるかを追い求める道徳教育が位置づくことは間違いありません。

道徳教育を国民的課題と捉え，総合的・実践的に考察し提言する

文部科学省では，道徳教育の抜本的改善・充実について検討され，その核として 2015（平成 27）年に「特別の教科　道徳」が設置され，具体的な取組がなされています。日本道徳教育学会では，このような道徳教育改革を今後の道徳教育に大きな影響を与えるエポックメイキングな改革と捉え，4 年前より，学会の総力を結集して「新道徳教育全集」の構想を練り，検討を重ねてきました。道徳教育を国民的課題として，教育に関心をもつ多くの人々に読んでいただけるように，学会員以外の研究者や実践者にもご執筆をお願いし，総合的な視点から検討・分析しながらこれからの道徳教育を提言したいと考えました。そしてまとまったのが，『第 1 巻　道徳教育の変遷・展開・展望』『第 2 巻　諸外国の道徳教育の動向と展望』『第 3 巻　幼稚園，小学校における新しい道徳教育』『第 4 巻　中学校，高等学校，特別支援教育における新しい道徳教育』『第 5 巻　道徳教育を充実させる多様な支援―大学，教育委員会，家庭，社会における取組―』の 5 巻です。ちょうど原稿が揃いはじめたところに，コロナ禍が発生しました。

コロナ禍における道徳教育の影響

そこで，確認したのが，このような時代においてこそ，真の道徳教育が求められるということです。2017 ～ 2019 年度に連続して実施された全国規模の道

徳教育調査では,「道徳教育を重視している」学校が9割以上,「道徳の授業を全校体制で取り組んでいる」学校が95％以上,「先生方が道徳教育に熱心である」と答えた学校が7割以上でした。また,「道徳の授業を積み重ねると道徳性が高まる」に肯定的に答えた先生が9割以上でした。コロナ禍の中で,学校現場は大変だったと思います。いろいろな実態が報告され,さまざまな課題が指摘されています。しかし,私は,各学校が道徳教育の充実に取り組んでいただいていたために,混乱しつつもしっかりとした対応ができたのではないかと思うのです。

道徳教育は,子どもたち一人ひとりが,人間としての自分らしい生き方をしっかり考え,日常生活やさまざまな学習活動の中で主体的に追い求め,自分を成長させていけるようになることを目的とします。その要としての「特別の教科 道徳」は,人間らしさの根幹にある道徳的価値意識を育み,その価値に照らして自分を見つめ直し,さまざまな状況下において多面的・多角的に考え,判断し,具体的な行動へと繋げていける力を育てることを目標としています。このような道徳教育が充実していれば,子どもたちは,コロナ禍という未曾有の状況においてのみならず,科学技術の驚異的発達による急激な社会の変化によるさまざまな課題も,むしろ自分が試されていると捉え,共に幸せに生きる生き方を,現実を直視しながら考え,新しい社会を創っていってくれるであろうと確信する次第です。

それには,子どもたちにかかわる大人自身が,道徳教育について広い視野から学び,実態を把握し,確たる生き方をもち,具体的に実践していく必要があります。「新道徳教育全集」(全5巻)が,そのための道案内ができればと願います。

執筆者の皆様には,このような思いを共有してご執筆いただきました。また,学文社の田中千津子社長と編集部の皆様には,厳しい出版状況にある中,本全集の意義をご理解くださり,全面的にご支援いただきました。上廣倫理財団からは助成をいただきました。お世話になりました皆様に心より感謝申し上げます。

はじめに

柴原　弘志

　2000 年前後に OECD の DeSeCo プロジェクトがキー・コンピテンシーを提起して以来，EU もキー・コンピテンシーを独自に定義し，「21 世紀型スキル」という名称のもとでの北米における改革等々，「資質・能力」を基盤としたコンピテンシー・ベイスによる種々の教育改革が多くの国や地域で進められてきている。そうした世界的な教育改革の潮流のなか，わが国においても本格的な教育改革への舵が切られ，2014 年 11 月 20 日，文部科学大臣より中央教育審議会に「初等中等教育における教育課程の基準等の在り方について」諮問がなされ，「社会に開かれた教育課程」という理念のもと「カリキュラム・マネジメント」や「主体的・対話的で深い学び」を重要な柱として位置づけられた今次の学習指導要領が誕生したのである。

　わが国におけるこうした一連の教育充実へ向けた大きな動きと，ほぼ時を同じくして，1958 年の「道徳の時間」特設以降最大ともいえる道徳教育の抜本的改善に向けた取組が進められ，ついに「特別の教科　道徳」（以下道徳科）が産声をあげるのである。教科になったとはいえ，その評価の在り方などを含め，他の教科とまったく同質に扱われたのでは，その特質が損なわれることも危惧されるところである。「特別の教科」という言葉から，そうしたことが常に意識されるとよいだろう。

　これまでも「道徳の時間」を要として学校の教育活動全体を通じて行われる道徳教育を着実に展開してこられた学校においては，「社会に開かれた教育課程」や「カリキュラム・マネジメント」のイメージをもつことは，それほど難しくはなかったのではあるまいか。今回，道徳教育・道徳科に関わる諸計画の策定に加えて，全体計画の別様の作成が強く要請されている。改めて，学校における道徳教育の構造を正しく理解し，校内はもとより，校種間連携，家庭や地域社会との連携，協力による道徳教育を推進するうえで，まさに「学習の効

果の最大化を図るカリキュラム・マネジメント」が，これまで以上に意識されることにより，取組のさらなる充実が期待される。また，道徳科の目標及び特質からは，道徳の授業に求められていた学びの姿が，基本的には「主体的・対話的で深い学び」と相通ずるものであることが理解できよう。

　今次の道徳教育に係る学習指導要領改訂では，小中学校における道徳の教科化にばかり注目が集まりがちである。しかしながら，「人間としての在り方生き方に関する教育」として教育活動全体を通じて展開されてきた高等学校における道徳教育においても，新科目「公共」の創設や道徳教育推進教師の設置など，さらなる充実に向けた取組が期待されている。また，特別支援教育においては，その特質上，「個に応じた指導」や「個別最適な学び」についての知見やスキルが豊富に蓄積されてきており，道徳教育や道徳科の授業を展開するうえでもユニバーサルデザインとしての活用が図られることも期待される。

　以上のような視点から，本4巻では，中学校，高等学校，特別支援教育における道徳教育について，その意義も含め，本質的な理解の深化と具体的な取組への参考となる内容を設定した。

　2019年4月には，文部科学大臣より中央教育審議会に「新しい時代の初等中等教育の在り方について」諮問がなされ，特にカリキュラム・マネジメントの取組の一層の進展や「個に応じた指導」「個別最適な学び」「協働的な学び」への取組について審議が深められてきた。そうしたなか，2019年12月には，文部科学省より「GIGAスクール」構想も発表され，小中学校の児童生徒一人に1台のICT端末と，全国の学校に高速大容量の通信ネットワークを整備して，多様な子どもたちに最適化された創造性を育む教育を実現しようと動き出している。こうした大きな教育改革時には，ややもすると学校に対してさまざまな要請が突きつけられてくるものである。このたびの道徳教育における一大改革も，やっとその緒に就いたばかりであり，その歩をけっして止めることなく，道徳教育・道徳科の授業が真に実質化できることを目指し，着実に歩を進めたいものである。

目　　次

第Ⅰ部　中学校における道徳教育の構想と展開

第Ⅲ部　カリキュラム・マネジメントの充実による「社会に開かれた教育課程」としての道徳教育

第 I 部

中学校における
道徳教育の構想と展開

概　要

七條　正典

　第Ⅰ部は，中学校における道徳教育がどのように構想され，展開を図ろうとしているのかについて，①中学校生徒の発達課題とそこで求められている道徳科を要とする道徳教育の特色，②道徳教育・道徳科の目標，③道徳教育の内容，④教科書の活用と多様な教材の開発・活用，⑤キャリア形成のそれぞれの視点から論述している。

　第1章では，まず，道徳の教科化につながる懇談会の報告に示されたものや，中学校生徒の心のニーズに応える視点から，求められている道徳教育の姿について述べている。次に，中学校生徒が置かれた現代の社会的状況の急激な変化に伴う課題や，生徒の発達段階を踏まえた課題について述べている。そして，これから求められる道徳科を要とした道徳教育の在り方について，①道徳教育の改善充実の具体化に向けて，指導体制や研修体制など道徳教育推進体制の強化を図ること，②「教科等横断的」な指導や「社会に開かれた教育課程」の視点を取り入れた実効性のある道徳教育の具現化を図ること，③生徒が主体的に学ぶ道徳科の特質を生かした授業づくりの視点から述べている。

　第2章では，中学校における道徳教育・道徳科の目標を以下の点から論述し，その目標を目指して道徳教育・道徳科はどのように展開していくべきか，その方向性について明らかにしている。①中学校における道徳教育は義務教育の総括としての位置にあり，社会的適応力の段階から批判力を獲得し，真の道徳性を身に付けていく段階に入りつつあること，②「善く生きる」ことを主要課題とする道徳教育は，道徳科を要として教育活動全体において価値の認識と実現の基礎を固め，その行方を方向づけること，③「国際化社会」や「情報化社会」などさまざまな時代の要請からみた「道徳教育」の在り方，④生徒指導の3機能との関連から教育活動全体を通しての道徳教育の展開，⑤「環境整備・整美」「生徒理解」など，指導の展開に向けた条件について述べている。

　第3章では，中学校における道徳教育の内容とその構成について，以下の点から論述している。まず，今回（2017年）新たに学習指導要領上に徳目的な言葉を付記して示された内容項目を取り扱う際に留意すべき点や，徳目が時代で変容・統合されている点などについて紹介した上で，明治から終戦までの道徳教育の内容（徳目）の特徴的傾向について述べている。次に，これまで日本の道徳教育は，道徳的な価値内容の存在を前提とした系統主義，体験を通して道徳的な価値を学ぶという経験主義，それぞれのよさを活かした道徳の学習を開発してきたことに触れている。それらを踏まえた上で，戦後の道徳教育の内容項目がどう変遷し改善されたかについて概観している。

　第4章では，中学校道徳における教科書の活用と多様な教材の開発・活用について，以下の点から論述している。まず，道徳が教科化されたことに伴い，教科書が使用されることになったが，この教科書の性格を充分活用し，魅力的な道徳授業の実現を図ることが喫緊の課題であると述べられている。次に，教材の活用について，明治から現在までのいくつかの段階における特徴的な教材活用の姿を紹介すると共に，ねらいに迫る授業の成立に向けて，教材活用の面からしっかりと中心発問について考えることの重要性について指摘している。そして，授業展開上の3視座（A価値認識，B自己認識，C自己展望）と教材活用上の3機能（①心を映し出す，②心を磨く，③心の向かう方角を見定める）を関連づけた授業展開の構想を紹介している。さらに，教材の3機能を活かした具体例を示すと共に，教材開発の意義及びその留意点について述べている。

　第5章では，中学校における道徳教育についてキャリア形成の視点から論述している。まず，これからの学校教育では，伝統や慣習，不易の価値の継承を大切にしていく一方，現代社会，未来社会に適応し自立するのに必要な資質・能力を育む道徳教育が求められており，そのためにも，キャリア教育は不可欠である。また，学校教育におけるキャリア教育で特に重視されている「基礎的・汎用的能力」の育成は，道徳教育（特に道徳科）の内容項目と密接に関連している。そして，キャリア発達課題を踏まえたキャリア教育の推進により，望ましい人格形成を促す道徳教育につながることが述べられている。

第1章 中学校生徒の発達課題と道徳教育

───── 七條　正典

第1節　道徳教育に求められているもの

1 答申等からみた道徳教育に求められているもの

　「道徳教育の充実に関する懇談会」報告（2013年12月）において，道徳教育は「自立した一人の人間として人生を他者とともにより良く生きる人格を形成することを目指すもの」であることが述べられている。そして，その道徳教育においては，人間尊重の精神と生命に対する畏敬の念を前提として，人が互いに尊重し協働して社会を形づくっていく上で共通に求められるルールやマナーを学び，規範意識などを育むと共に，人としてよりよく生きる上で大切なものとは何か，自分はどのように生きるべきかなどについて，時には悩み，葛藤しつつ，考えを深め，自らの生き方を育んでいくことが求められている。

　NHKの連続テレビ小説「花子とアン」のなかで，花子の女学校の校長先生が卒業式の式辞で「人生は進歩です。若い時代は準備の時であり，最上のものは過去にあるのではなく将来にあります」と述べ，その言葉の前には「今から何十年後かに，あなた方がこの学校生活を思い出して，『あの時代が一番幸せだった。楽しかった』と心の底から感じるのなら，私は，この学校の教育が失敗だったといわなければなりません。」とも述べている。

　このことを道徳教育が果たす役割に置き換えてみると，道徳教育は，目の前にいる生徒の今を「支える」ことに機能するだけでなく，「備えの教育」として，将来において生徒が自らの人生を切り拓いていくための力を「育てる」ことの重要性を示唆しているといえよう。

　また，先の報告において「自立した一人の人間として人生を他者とともにより良く生きる人格を形成することを目指すもの」と示されていることは，一人ひとりの生徒を自立的に育てるだけでなく，他者と共に生きる（「つなげる」）視点を含めて育てることの必要性を示唆している。

　このことから，生徒の心に働きかける道徳教育は，一人ひとりの生徒が自らの人生を共によりよく生きていくための原動力となる「心」をより豊かでたくましいものとするために，その心を「支え」「育て」「つなげ」るような役割を果たすことが求められているといえよう。

② 心のニーズに応えられているか

　しかし，これまでの学校現場における道徳教育は，先に述べたような役割を果たせてきただろうか。2014年10月の中央教育審議会の答申「道徳に係る教育課程の改善等について」でも述べられているように，成果を上げている優れた取組がある一方で，道徳教育の要である道徳の時間の特質を生かした授業が行われていない場合や，発達段階が上がるにつれて，授業に対する生徒の受け止めが良くない状況にあること，学校や教員によって指導の格差が大きいことなど多くの課題が指摘されている。また，いじめ問題や少年による凶悪事件が報道されるたびに，道徳教育の必要性と共に，その指導の不十分さが指摘されている。

　これらの問題を受け止めるとき，道徳教育が生徒の心を「支え」「育て」「つなげ」る機能を果たしているのか，あらためて問う必要がある。果たして生徒の心のニーズに応える道徳教育が量的・質的に十分行われているのだろうか。

　これまで，道徳教育は特定の価値を押し付けようとするものではないのかとか，道徳教育は生徒にとって本当に役立つのかなど，さまざまな道徳教育への批判や道徳教育不要論がある。しかし，今一度先の答申のなかの「道徳教育の使命」において示された道徳教育の在り方について確認すると共に，それが十分機能するよう，要となる道徳科を中心に指導の場や時間数の確保，指導の充実が図られているかどうかをあらためて吟味する必要があるのではないだろうか。

　さまざまな課題を抱え，悩み苦しんでいる生徒の「今」と，「将来」を見据えた生徒の心に応える道徳教育の実質化を図ることが求められている。

　そして，道徳の教科化の流れのなかで，あらためて，先に述べた道徳教育の役割や，生徒の心のニーズに応える（生徒が置かれている社会的状況や発達課題も含め）という視点から，これまでの取組を振り返り，その改善充実を図ることが今求められている。

第2節　現代社会の課題と中学校生徒の発達課題

　上記のような道徳科を要とした道徳教育の改善充実を図るためには，何よりも生徒が置かれている現代社会の現状や課題，ならびに学ぶ主体である中学校生徒の発達段階や課題を踏まえることが不可欠である。

1　現代社会の急激な変化に伴う課題

　グローバル化や情報通信技術の進展，かつてないスピードでの少子高齢化の進行，予想困難な自然災害の発生など，生徒を取り巻く社会状況は急激に変化している。

　たとえば，グローバル化の進展では，さまざまな文化や価値観を背景とする人びとと相互に尊重し合いながら生きることや，科学技術の発達や社会・経済の変化では，人間の幸福と社会の発展の調和的な実現を図ることが，また，情報通信技術の進展では，他者との関わり方等が対応すべき重要な課題となってくる。

　こうした課題に対応していくためには，人としての生き方や社会の在り方について，さまざまな価値観の存在を前提として，他者と対話し協働しながら，物事を広い視野から多面的・多角的に考察することが求められる。

　また，大きな社会問題となっているいじめ防止の観点からも，人間としての在り方に関する根源的な理解を深めながら，社会性や規範意識，善悪を判断する力，思いやりや弱者へのいたわりなど，豊かな心を育むことが求められる。

　これら正解のない課題に対応していくためには，一人ひとりが自らの価値観

を形成していくと共に，自分の頭でしっかり考え，また他者と協働しながら，よりよい解決に向けての視点や方策を見出していく力が不可欠である。

2 生徒の発達段階を踏まえた課題

　中学生の時期は，人生に関わるいろいろな問題についての関心が高くなり，人生の意味をどこに求め，いかによりよく生きるかという人間としての生き方を主体的に模索し始める時期である。

　この段階では，小学校において育成される道徳性の基礎を踏まえ，よりよく生きる上で大切なものは何か，自分はどのように生きるべきかなどについて，時には悩み，葛藤しつつ，生徒自身が，自己を見つめることによって，徐々に自らの人間としての生き方を他者と共に探究していくことが可能となる。

　したがって，そのような発達段階にある中学校生徒にとっては，さまざまな道徳的価値について，自分との関わりも含めて理解し，それに基づいて内省することが求められる。生徒が自らの人生を人間としてよりよく生きていく上で，道徳的価値を自分なりに発展させていくことへの思いや課題に気付き，自己や社会の未来に夢や希望がもてるようにすることが大切である。

　また，このような中学校生徒の発達上の課題に対応するためには，学習指導要領に示された中学校の内容項目について，適切な教材を用いた道徳科の学習や，各教科及び特別活動等における道徳教育の視点からの指導が求められる。

第3節　これから求められる，道徳科を要とした道徳教育の改善の方向

1 道徳教育推進体制の強化

　すべての学校で，すべての教師によって充実した道徳教育，そしてその要となる道徳の授業が実践できるよう「道徳科」の在り方を議論し，その具体化を目指すことは当然である。そして，その授業が真に生徒の日々の学びとして具現化するには，年間35時間の道徳科の授業の「量的確保」と「質的充実」を図ると共に，それを支え可能にする指導体制や研修体制など道徳教育推進体制

の強化を図ることが改善の方向の第1である。

　1998（平成10）年の中学校学習指導要領 第3章 道徳の「第3　指導計画の作成と内容の取扱い」において，「校長をはじめ全教師が協力して」道徳教育を展開することや，道徳の時間における指導に当たって，「校長や教頭の参加，他の教師との協力的な指導」「保護者や地域の人々の積極的な参加や協力」などがはじめて示された。

　そして，2008（平成20）年の中学校学習指導要領 第3章 道徳では，「各学校においては，校長の方針の下に，道徳教育の推進を主に担当する教師（以下「道徳教育推進教師」という。）を中心に，全教師が協力して道徳教育を展開する」ことや，「道徳教育推進教師を中心とした指導体制」の充実が加わり，学校全体で取り組む指導体制が取り上げられている。2017（平成29）年の改訂においてもこれらは引き継がれている。

　これまで課題のひとつであった学校間格差や教師間格差の問題は，道徳教育の実施に際して，各学校の校長や教師の個々の資質や努力に，その推進をゆだねるのではなく，学校全体として，保護者や地域の人びと，専門家と共に連携協力し，チーム学校として取り組むことの必要性を示唆しているといえよう。あらためて，校長のリーダーシップの下，道徳教育推進教師を中心に，学校をあげて道徳教育の実施に取り組むと共に，個々の教師の道徳授業の指導力の向上を図るためにも，組織的な取組がこれまで以上に求められている。そのことによって，はじめて今回（2017年）の改訂の趣旨に即した道徳教育の実質化も図られるものと考える。これまでのように「道徳科」の在り方が専門家（研究者や実践家）の間で議論され深められたとしても，それだけでは決して学校現場における道徳教育の充実には直結しないし，一人ひとりの生徒の道徳的な学びの保障にもつながらない。

　「道徳科」の在り方の議論だけでなく，これから求められる，道徳科を要とした道徳教育が，各学校において，一人ひとりの教師の実践において，一人ひとりの生徒の学びにおいて具現化されるよう，校長がリーダーシップを発揮し，道徳教育推進教師が中心となって道徳教育の指導や研修に，チームとして

取り組む推進体制を工夫することが第1の改善の方向である。チームで取り組むことの重要性は，生徒指導だけでなく，これからの道徳教育においてもこれまで以上に重視することが求められている。

　具体的には，道徳教育推進教師とのT．T．（ティーム・ティーチング）や，ローテーション型授業の実施があげられる。他の教師との協働による指導を通して，道徳科の授業時数の確保（量的確保）や生徒にとって充実した道徳授業（質的充実）の具体化を図ることが可能となる。また，特別に研修の時間を設けることが難しい教育現場の状況のなかで，個々の教師の指導力の向上を図る貴重な研修の機会ともなる。

2 実効性のある道徳教育の具現化

　第2の改善の方向は，今回の改訂において指摘されている「教科等横断的」な指導の視点をこれまで以上に取り入れることである。「いじめ問題」について道徳科の授業を実施するだけでは，実効性のある取組となることは難しい。道徳科を要として，他の教育活動との関連や，家庭や地域社会との連携による取組を図ることで，これまで以上にその指導の効果を高めることができよう。

　具体的には，「人権学習」をテーマとして，「いじめ問題」の解決につながる道徳教育における「教科等横断的」な指導があげられる。

　このことについては，これまでも道徳教育において，「総合単元的な道徳学習」として実践されてきている。「社会に開かれた教育課程」の視点や，「教科等横断的」な指導の視点を取り入れ，より一層それらの実践について積極的に取り組むことが求められよう。

3 生徒が主体的に学ぶ道徳科の特質を生かした授業づくり

　第3の改善の方向は，道徳科の学びが，自らの課題とつなげて捉えると共に，他者との対話を通して深まりのあるものとなることである。それは，道徳的価値について単に知識として学ぶのではなく，自らの課題とつなげ，多様な視点から考え，深い学びとすることで，自らの生き方に生きて働く授業づくり

を行うことである。つまり，生徒が主体的に学ぶ道徳科の特質を生かした授業づくりである。

　生徒が主体的に学ぶ道徳科の授業づくりのポイントは，「考え，議論する」ことを重視した授業を行うことや，多様で効果的な指導方法を工夫することである。それは，道徳科の特質を生かした授業づくりにつながるものである。

　道徳科の目標として示されている道徳科の特質としての「道徳的諸価値についての理解」と，「人間としての生き方についての考えを深めること」は，道徳の授業の大前提となるものである。

　今回（2017年）の道徳の改訂において強調された「考え，議論する」ことを重視した授業を行う上で，道徳科の特質である「自己を見つめ」道徳的価値について自己とのかかわりにおいて捉えることや，一面的な考えから「多面的・多角的な考え」へと深めていくことこそが，生徒が主体的に学ぶ授業改善のための重要なポイントとなる。したがって，そのためにも道徳に係る教育課程の改善方策で示された「多様で効果的な指導方法」を中心に授業づくりの工夫改善が求められる。

　その第1は，多様な考え方を生かすための指導の工夫である。具体的には，「言語活動」を中心に，ペア学習やバズ学習，ディベートなどの話し合いの形態を工夫することや，話し合いだけでなく，ホワイトボードにそれぞれの考えを書いたり，付箋紙を用いて整理しまとめたりするなどの書く活動の工夫も考えられる。また，言語以外に，「心の天秤」や「心情円盤」など非言語による手法を用いて，一人ひとりの生徒が自分の考えを表出しやすくなるよう工夫することが求められる。

　第2は，多面的・多角的な視点から学び合うことのできる指導の工夫である。「問題解決的な学習」はそのひとつであるが，生徒同士で学び合う学習以外に，「保護者参加型の授業」や「地域の人材を活用した授業」など，生徒だけの話し合いからは出てこない多面的・多角的な視点から学びを深めていく学習の場づくりを工夫することが求められる。

　第3は，自らのこととつなげて考えることのできる指導の工夫である。授業

において，教材の主人公の視点に立って考えるために，ロールプレイを用いた「体験的な学習」を行ったり，日常で体験したことを想起させて，登場人物の考えを共感的に捉えさせたりするなど，道徳的問題を他人事（ひとごと）としてではなく，自分事として捉え考えられるよう工夫することが求められる。

　以上のように，道徳的問題を生徒が自らのこととして捉え，主体的に他者と共に学び合う対話的で，深い学び（道徳科の特質を生かした「考え，議論する道徳」の授業）を基盤とする道徳科を要として，学校の教育活動全体を通じて行う道徳教育の工夫改善を図ることこそ，さまざまな課題を抱え，悩み苦しんでいる生徒の心に生きて働く実効性のある道徳教育の具現化につながるものと考える。

●参考文献● ………………………………………………………………………

七條正典ほか（2015）『未来への扉を拓く道徳教育』美巧社

七條正典ほか（2016）『道徳教育に求められるリーダーシップ』美巧社

七條正典ほか（2020）『特別の教科　道徳〜授業力向上への一歩〜』美巧社

中央教育審議会（2014）「道徳に係る教育課程の改善等について（答申）」文部科学省

中央教育審議会（2015）「チームとしての学校の在り方と今後の改善方策について（答申）」文部科学省

道徳教育の充実に関する懇談会（2013）「今後の道徳教育の改善・充実方策について（報告）」文部科学省

文部科学省（2015）「中学校学習指導要領　第3章　特別の教科　道徳」

文部科学省（2017）『中学校学習指導要領（平成29年告示）解説　特別の教科　道徳編』教育出版

中学校における
道徳教育・道徳科の目標と展開

――――藤永　芳純

第1節　中学校における道徳教育―義務教育の総括として―

　「青春は短い。宝石のごとくにしてそれを惜しめ。俗卑と凡雑と低啓との，いやしくもこれに入り込むことを拒み，その想いを偉いならしめ，その夢を清からしめよ。夢見ることをやめたとき，その青春は終わるのである。」(倉田, 1969)

　ここで「想い」「夢」は抽象的な空虚な心情語であってはならず，具現化するための多様な素材を収集し，それをどのように組み合わせていくのかの技術・方法を入手し，実現へと誘う目標であり，エネルギーである。すなわち，自分が自分を育てていくエネルギーである。筆者はこれを「生きる力」とよび，道徳教育の目標は生徒が自らの「生きる力」を獲得することであり，それを援助することが保護者たち・教師たち大人の役割であるとして大切にしてきた。

　「学習指導要領」では，道徳教育の目標は，「道徳性の育成」とある。「道徳性」は，「人間としてよりよく生きようとする人格的特性」(文部科学省, 2018)と定義されている。ここでは，広く生活の場での「道徳性」の働きを手掛かりに考えたい。

　「道徳性」は基礎としての「社会性（社会適応力）」と，応用としての「道徳性（普遍性）」とで構成される。基礎から応用への構造変容が「道徳性の発達」である。人間は個別・具体の存在であると同時に，他との関係性の獲得が必須の要件である。この社会性の獲得とは「社会適応の資質・能力の獲得」，すなわち所属する社会からの入会資格取得の要求に応えることである。もちろん，この段階での「社会性（社会適応力）」としての道徳性は，普遍性を内実とする

道徳性とは異なり，主体的で批判的な判断力が問われていない。つまり，社会からの要求の内面化に止まっている。中学生の段階での道徳性の発達は，それまで従属してきた「社会性（社会適応力）」への批判力を獲得し，普遍性（真理・真実）としての道徳性を獲得していく段階である。この道徳性の構造変容（発達）を支援していくことが，「生きる力」を育てる道徳教育の使命である。

第2節　「道徳教育」と他教科等の教育との関連

「善く生きる」ということはすでに古代ギリシアの課題であった。無実の罪で死刑判決を受け，投獄され，死刑執行の日を待つソクラテスを救出するため，親友のクリトンが看守に心づけを握らせて牢獄に入って行く。だが，ソクラテスは脱獄の誘いを断る。

「ソクラテス　大切にしなければならないのは，ただ生きるということではなくて，善く生きるということなのだ。」（プラトン，1978）

古来，「価値」の代表としてよく語られるのは「真（真理）・善・美」である。これらを追求する人間の能力は「知（知性）・意（意志）・情（情緒）」であり，獲得された成果は「学問・道徳・芸術」である。そして，これらに関わる教育の担当領域は「知育・徳育・美育」である。ただし，同じ舞台ではない。

「真も美も，そして聖も人生の宝である。これは誰しも認めるところであろう。しかし真善美聖の奥深い認識とその実現は，厳しく言えば天才を必要とすると言ってもよい。だが善の認識とその実現は，ともかくも誰にも要求されるものである。高度な数学が分からなくても，またピカソの絵が理解されなくても，さらにはアウグスティヌスの信仰の深さが了解できなくても，非難はできない。だが道徳的な行為がなされないときは，人間であるかぎり，ひとは誰でも非難される。そして人間として分からねばならない善の認識が欠けていたと批判されるのである。」（河野，1987）

人間である限り，「善」の価値についての認識とその実践は，他の価値と同じ地平，条件で了解することはできない。「善」の価値が「基礎」となり，それに基づいて他の諸価値の存在が確保される。あるいは，「善」の価値が他の

諸価値の在り方を大所高所から指導・助言する「管制塔」の役割を果たしているということができる。

　それゆえ,「善」を主要課題とする道徳教育は,要_{かなめ}としての「道徳科」の授業はいうまでもなく教育活動全体において,「『善』の認識と実現」を目標として他の諸価値の認識と実現の基礎を固め,行方を方向づけることになる。

第3節　時代の要請としての「道徳教育」の在り方

　中央教育審議会は,次のように警鐘を鳴らし道徳教育の重要性を強調した。

　「さらに,今後グローバル化が進展するなかで,様々な文化や価値観を背景とする人々と相互に尊重し合いながら生きることや,科学技術の発展や社会・経済の変化の中で,人間の幸福と社会の発展の調和的な実現を図ることが一層重要な課題となる。こうした課題に対応していくためには,社会を構成する主体である一人一人が,高い倫理観をもち,人としての生き方や社会の在り方について,多様な価値観の存在を認識しつつ,自ら感じ,考え,他者と対話し協働しながら,よりよい方向を目指す資質・能力を備えることがこれまで以上に重要であり,こうした資質・能力の育成に向け,道徳教育は,大きな役割を果たす必要がある。」(中央教育審議会,2014;藤永,2000)

「国際化社会」　日本は島国ではあるが,交通手段の発達や情報化の急激な進展により,経済・文化交流が進み,人や物の出入りが激しくなってきている。人や物の出入りは,価値観や文化観の交流を必然的に引き起こす。そこで国際的な摩擦や競争がおきると共に,そのことによって相互理解も飛躍的に深まる。こうした国際化社会における人間が互いの存在意味を豊かにするような知識・教養,人間性の内実としての道徳性が問われる。

　まず,主体性が問われる。自分自身が考える力,行動する力,責任を担う力である。次に,他者への尊敬の念が必要である。お互いが支配と服従の図式に陥らないようにするためには,どれほど困難であろうとも,相互に尊敬しあう念に基づく意思疎通のための対話が不可欠である。そこでは語学力が問われるのは確かだが,重要なのは語りうる内容とそれを支える心のあり様である。道

徳性の育成がこの社会状況に必須の課題である。

「情報化社会」　　情報は「価値」である。この「価値」とは多様な価値の総称である。周知のように，情報は売買される，流通する「金銭的価値」でもある。また，科学技術の成果と結合して，生活を豊かにし，文化・風土を育て，有限的存在者を無限の世界へ案内するかとすら思わせる。

　また，情報とは，「力（権力・政治権力）」である。革命軍が蜂起の際に占領しようとするところは，政府官邸と放送局である。政府官邸は倒すべき存在の居所でありシンボルである。放送局は情報の発信所であり，自分たちを正当化するための宣伝の重要な武器である。

　今や，地球全体が情報通信網で覆われている。人間社会は今後，どのような日常生活をおくるようになるだろうか。すでに，在宅ワークは日常である。学校の授業の在り方，情報処理の仕方も劇的に変化を遂げようとしている。学級通信の配付，宿題の提出，教材費の支払いもパソコンやスマートフォンでの作業で片付ける。一度接続された情報網を断線することは困難である。

　こうした情報化社会において，これからの社会の担い手である生徒にはどのような資質・能力が求められるのか。まず，① 情報の真偽を見分ける力，② 正しい情報でも自分に必要かどうかを判別する力，③ 情報問題に関わって被害者にも加害者にもならないこと，④ 匿名性の魔力（正体がばれにくいこと）に引き込まれないこと，⑤ 情報機器を使用しての出会いは，具体的な身体性に向き合わない状況である自覚をもつことが，直ちに必要である。

「科学技術の発展」　　人間だけが科学技術を駆使し，豊かな社会を構築してきた。同時に，科学技術は人間を破滅させる手段・道具としての潜在力をもつ。「科学技術は価値的に中立である。それを活用する人間の判断が問われる」とするだけで終わりにできるだろうか。

　また，科学技術は，プロセスの短縮を可能にした。効率よく結果を手に入れることができる。泊りがけの出張は日帰りになった。身の回りの電気製品は，炊事・洗濯・掃除の肉体的負担を軽減し，余暇を生んでくれた。しかし，人間のライフ（活力，生命，生活，人生）にゆがみを生んではいないか。誰もがたど

らなければならないプロセスが人間にはあるのではないか。「早くできる」だけに評価が集中すれば、「積み重ねて身につく徳」は視界から消える。それは「人間性の短縮、否定」に陥るのではないか。

「地球環境問題、エネルギー問題」　　加藤尚武は、環境倫理は生命倫理とは問題性格が別物だと主張する。環境倫理で問われるのは、たとえば資源問題、オゾン層破壊問題、核廃棄物問題、地球汚染問題、南北問題などである。生命倫理が基本的に理性的な自己決定権の課題・領域として考察されるが、環境倫理は世代を超え地球を超えた課題・領域をもつとされる。つまり、環境破壊は私たちの子孫に「滅ぶしか選択肢のない状況」を残すということが世代を超える課題である。また、閉じられた地球世界では、特定の地域の環境破壊は地球全体の滅亡を意味する。しかも、南北問題を避けられない。してみれば、未来の子孫たちに応答する責務が私たちにあるのではないか（加藤，1991）。

「高齢化や少子化」　　高齢化や少子化で何が問われているのか。高齢者を経済的にも身体的にも支えるのは若年層であるが、この若年層が少子化で担い手の減少が著しい。経済破綻し、介護施設には支え手がいない状況が出現する。なぜ出生数が減少したのか、解決の方策があるのか。

　さらに、高齢者が生きにくい社会になりつつあるという疑念がある。仮に「できる、できない」という能力主義で人間が判定されるなら、高齢者は退出せざるをえない（高齢者だけではなく、いわゆる社会的弱者は能力主義判定では生き残れない）。たとえ「できる」としても、「はやい、おそい」という効率主義で判定されるなら退出になることだろう。そのような社会で生きていきたいと思う人がいるのだろうか。人間の尊厳が問われている。

第4節　教育活動全体（教育課程＋教育課程外）を通しての指導
―道徳教育・道徳科と生徒指導の3機能との関連―

　教育活動全体を通しての道徳教育・要<ruby>要<rt>かなめ</rt></ruby>としての道徳科と「生徒指導の3機能」との関連を道徳教育・道徳科の側から考察しておきたい（文部科学省，2010）。

「児童生徒に自己存在感を与えること」　「自己存在感」とは，「現に，今，ここにいる（かけがえのない）自分の実感」である。「かけがえのない」とは必須の要件である。ここに否定の言葉を入れるなら，「どうでもいい」「生まれてこなければよかった」など，逆の意味になる。

どのようにして肯定的な自己存在感を獲得できるのか。まず，「自己評価」すなわち，「やったぞ」「できたぞ」という自分自身の思い，実感である。そして，「他者評価」すなわち，「いいね，すごいぞ」という他者からの称賛・奨励である。こうした出来事は，学校生活の場では，公的な機会（教科授業，学校・学級行事）で，自分の出番を得てやり遂げること，活躍することで生ずる。

授業では，わからなければ発言できない。辛いだけの時間。だが，道徳の授業には，「わからない」はあり得ない。教材を導きとして，自分事として主人公に共感し，人間について自分の思いを語り，意見を交換・議論する。「わかる・わからない」ではなく，教材を手掛かりに「自分を考え，人間を考える」のである。そこには「間違い」「誤答」はない。辛い，厳しい思いをしている生徒の発言が授業に鋭い緊張感をもたらす事例が実際にある。

「共感的な人間関係を育成すること」　「共感」とは，「感情・心情」を「共にする」ことであり，表題は共感的な学級集団・学習集団の育成を薦めているといえよう。

そのためには，まず「体験の共有」が手段としてあげられる。おなじ目標に向かっての喜び，苦しみ，克服の清々しさなどを，共に体験することで共感することができよう。だが，こうした体験学習は実際には充分に時数設定できない。そこで，次善の策として，あらゆる機会を捉えて「話し合う・聴き合う」手立てを取り入れることである。「主体的に，対話的に話し合い，聴き合うことから深まる人間同士の絆」が，自然に可能になることが期待できる。

この，「話し合い・聴き合い」は道徳授業を支える主たる方策である。道徳授業は集団の絆を確かなものにすることができる。

「自己決定の場を与え自己の可能性の開発を援助すること」　「自己決定の場」の重要性は，人間が「自由な存在」だからである。もちろん，ここでの

「自由」は人間が有限的存在者である限り，「人間的自由」である。

　可能性を開発するとは選択肢を多くもつことである。それは，多様な人間の生き方・在り方を多面的・多角的に学ぶことで可能になる。実在の人物からはいうまでもなく，架空の物語であっても登場人物の行動や言葉から教訓を学ぶことができる。それは人間の叡智のなせるわざといえよう。

　そして，何かを選ぶことは，同時に成立しえない他を諦める・捨てることでもある。選んだことに喜びと誇りを持ち，どのような結果がおきるにせよ引きうける覚悟があること。いずれにせよ，そこには責任ということが貼りついている。道徳授業ではそうした多様な心のトレーニングが実践されている。

第5節　道徳教育・道徳科，教育活動全体を通しての指導の条件

「環境整備・整美」　　学習環境は，安全（物理的）・安心（心理的）で，美しい環境であることが必要である。学校は次代を担う生徒たちの学習の場，成長・発達の場である。そこは生徒たちの生活のモデルになるべきである。

「生徒理解」　　生徒指導は個別の発達に応じたきめ細かな生徒理解に支えられなくてはならない。教科指導の観点からも「わかる授業」を保証するための情報収集として，生徒理解は重要である。一人ひとりの生徒に独自の存在の意味と人間としての尊厳がある。

「わかる授業の創意工夫」　　生徒の心の荒れと行動の乱れは，授業の内容が理解できないで，授業に参加できないことに起因しているのではないか。しかも学校は教科授業が中心の内容で動いている。「わからない，わからない。」と心のなかでつぶやいて過ごす時間はどれほど辛く苦しいことか。逆に，わかる喜びを与えてくれる授業であれば，時々刻々の楽しさを味わい，豊かに育っていく自分に自信をもつことができるだろう。生徒理解に基づくわかる授業の創意工夫は生徒指導上必須であるが，道徳教育の観点からも重要な課題である。

「誠実な取組」　　各教科，領域の授業は，それぞれの目標達成を求めての営みである。道徳性の育成の観点からすれば，その営みこそが全教育活動を通じての道徳教育の実践である。すなわち，具体的な内容がそのまま道徳的な検討に

値する場合はもちろんであるが，そもそも授業を通して大切なことは，「真理・真実への誠実な態度・身構え」であり，これが学問・学習への道徳的な姿勢，態度である。より具体的にいえば，「知らないことを知りたいという願い」「知らないのに知ったかぶりをしない誠実さ」である。

　こうした配慮に基づいて獲得，育成される生徒の心の有り様は，要としての道徳科の授業で「主体的で，対話的な深い学び」を実現するに充分な資質・能力になりうる。すなわち，教科書に掲載される道徳的事象の意味をしっかりと理解するための素地であり，共感力をもって議論し，教材の主人公の煩悶を共に悩み，心が通った喜びをわが事として味わえる資質・能力である。

● 引用・参考文献 ●………………………………………………………………

加藤尚武（1991）『環境倫理学のすすめ』（丸善ライブラリー）丸善：7

倉田百三（1969）『愛と認識との出発』（角川文庫）角川書店：9

河野眞（1987）「悪の倫理学的研究の意義」『人間と悪』以文社：7

中央教育審議会（2014）「道徳に係る教育課程の改善等について（答申）」

プラトン著，田中美知太郎訳（1978）『プラトンⅠ』中央公論社：48b，邦訳：473

藤永芳純（2000）「道徳教育の必要性」『道徳と特別活動』文溪堂，16(12)

　　（第3節は上記の論稿に加筆したものである）

文部科学省（2018）『中学校学習指導要領（平成29年告示）解説　特別の教科　道徳編』教育出版：17

文部科学省（2010）「生徒指導提要」

中学校段階における
道徳教育の内容とその構成

——————鈴木　明雄

第1節　道徳教育の内容とその変遷

1　道徳教育の内容について

　日本では，生きるための価値ある言葉を言霊として大切にし，徳目的な言葉
として創り上げてきた歴史文化がある。漢字の使用から，むねをうつ・むねに
しみるなどの大和言葉を感動としたり，西洋哲学的な概念も自由や責任などで
表現したりしてきた。2017（平成29）年3月31日中学校学習指導要領が改訂
され，道徳の教科化が初めて図られた。「特別の教科　道徳（以下，道徳科）」
の内容項目は，学校における道徳教育も含め，教師の指導の観点とされた。中
央教育審議会「道徳に係る教育課程の改善等について」（2014年答申）では内容
項目の理解を容易にするキーワードの活用が促され，内容を端的に表し理解の
手掛かりとなる言葉を使用。初めて徳目的な言葉（以下，徳目言葉）が付記され
たが，注意したいことは，徳目言葉は内容項目を捉えやすく表現したものなの
で，内容の真の理解は学習指導要領の内容の原文や解説に直接当たることが大
切である。村田昇は「具体的な道徳実践によって身についた個々の望ましい態
度を分類した名称が徳目とすれば，徳目を離れた道徳的生活はありえない。」
（村田，1968）と実生活で学ぶ徳目に言及している。横山利弘は道徳的な価値に
ついて，「授業で子供の反応（価値）の序列化により子供は自分の意見が先生
の示した型のうちどれにあてはまるかを理屈で考えるようになる。確かに考え
やすくなる面もあるが，子供は自分を先生に合わせようとする傾向がある。」
（横山，1993）と徳目のみで考えていく問題を指摘している。また勝部真長は歴

史的な積み重ねから徳目が時代で変容・統合されている点や直接的方法と間接的方法が米国『現代教育百科事典』にもあることを紹介している（行安・廣川編，2012：87）。今，新しい道徳教育の内容を論考するために，明治時代の修身教科書から現在までを概観する。内容は筆者が考えた徳目言葉で表現してみた点を考慮願いたい。

2 明治から終戦までの道徳教育の内容

　1880（明治13）年の「改正教育令」公布後，修身は筆頭教科となり重視される。同年翻訳教科書の使用が禁止され，道徳教育の基本を示した1882（明治15）年『幼學綱要』が出されると論語・孝経など儒教的倫理が強調され徳川時代から素地のある儒教道徳となった。1890（明治23）年教育ニ関スル勅語（以下，教育勅語）が発布され，1891（明治24）年「小学校教則大綱」において修身教育はこの勅語の趣旨に基づくことが決定され，検定教科書として1892（明治25）年に発行された修身教科書では教育勅語の趣旨である忠義・孝悌・友愛・仁慈などが徳目としており込まれた。日清戦争後の1900（明治33）年ごろからは歴史上の人物も多く扱われ，勤勉・恭倹・節倹・養生・謙遜などの徳目が教えられている。1903（明治36）年「小学校令」が改正され，翌年修身は国定教科書として使用される。扱われている内容を個人・家庭・学校・社会・国家・国際社会に分類してみると，各時代を通じて個人・社会・国家に関することが多い。時代別にみると個人に関することは1904年のものがもっとも多く，1941（昭和16）年からの戦時下がもっとも少なくなっている。国家に関することはその逆で古い時代ほど少なく昭和になるにつれて増加している。近代社会の発展のために初めに個人の完成に力が注がれ，やがて国家における個人という点を強調するようになったことを示している（文部省調査局，1962）（図表3-1）。

第2節　内容項目から教材を活用する系統主義と体験を重視する経験主義

　本節は，日本の道徳教育の内容を概観するため，徳目言葉で内容を表現する

ことを試みた。しかし，孔子の言葉を集めた論語で仁が論じられているが孔子が仁を定義したことはない。後世の人びとが多様な解釈をし，仁では思いやりと人格などを論じる。また正義という言葉は古代ギリシア時代から存在しているが責任という概念はカントが初めて明確にした。たとえば，内容項目「思いやり，親切」には正直・親切などの価値概念も含むことは容易にわかる。中学校のみ設定の異性理解は，2017 年改訂で「友情，信頼」の文脈に入った。

　道徳的な価値内容が存在することを前提に学習を考えていくことを系統（本質）主義という場合がある。一方戦後のアメリカなどでは，主体的に考え実践を伴う道徳的な体験の積み重ねが道徳的な価値を自己内で統合していく学習を1930 年頃から重視している。アメリカの時代変遷や青少年の健全育成の問題解決などへの対応ともいわれる。現在アメリカの多くの州で実施しているサービス・ラーニング（Service-Learning）いう学習は，日本の総合的な学習（探求）の時間の評価規準である社会参画の理念を基にした総合単元的な道徳教育ともいえる。特に哲学から認知心理学へ探求を進めたピアジェは，「体験から価値は個人に構造化される」（ピアジェ，1970）とし，ジョン・デューイなどのプラグマティズム教育からも体験を通して道徳的な価値を学ぶという方法は経験主義的な取組ともいえる。しかし，デューイは目標とする道徳的な価値があって初めて体験は生かされることがプラグマティズム教育の本質とも唱えている。実際，サービス・ラーニングの授業では，学校の毎月間目標に正義・勇気・勤労などの徳目を掲げ，生徒は体験を踏まえた議論を繰り返している。以上，日本の道徳教育の歴史は系統的・経験的な指導のよさを活かした道徳科の授業を開発してきたといえる。

第3節　中学校の道徳教育の内容項目の変遷

1　戦後から1958（昭和33）年改訂—社会科の道徳と特設道徳の誕生—

　戦後日本は，民主主義国家を目指すと共に，国民が道徳的に生きる指針として国民実践要領を試作。ここでの徳目は戦前の教育勅語や軍人勅語も参考にさ

れさまざまな議論があったという（図表3-2）。そしてアメリカの幾つかの州で始まっていた新しい社会科（social studies）を取り入れ，道徳教育も社会科の内容として4分類「民主的社会生活の人々の道徳のあり方」が示された（図表3-3）。1958（昭和33年）9月から，特設道徳として週1時間の道徳の時間が小中学校に設定された。領域として第1から4までの内容構成で，道徳の時間の年間指導計画が初めて計画的・系統的に実施された。その内容は，日常生活の基本的行動様式，道徳的な判断と心情・豊かな個性と創造的な生活態度，民主的な社会及び国家の成員として，3分類21内容項目であった（図表3-4）。

2 1969(昭和44)年，1977(昭和52)年改訂―本文と補助文の構成―

1969（昭和44）年では3分類の観点を削除し，内容項目の精選と再構成を行い，13項目が列挙された。各項目には2つずつの観点を設け，指導に当たっての着眼点が示された（図表3-5）。1977（昭和52）年は，従来の13項目を基本に新たに内容は16項目に再構成され，各項目の指導に当たって配慮すべき事項が括弧書きで示された（図表3-6）。

3 1989（平成元）年改訂―内容項目の指導の4観点新設―

第3章道徳の目標に，人間尊重の精神，生命に対する畏敬の念が加筆され，主体性のある日本人の育成が求められた。総則では，生徒が人間としての生き方についての自覚を深める，豊かな体験を通して内面に根ざした道徳性の育成が加えられ，新たに道徳の指導の観点として内容が4分類された（図表3-7）。

4 1998(平成10)年，2008(平成20)年改訂―指導の4観点再整理―

1998（平成10）年は，道徳教育の目標を総則に掲げ，豊かな心と未来を拓くが新たに加えられ，ボランティア活動や自然体験活動などの豊かな体験や道徳的実践の充実と生徒の内面に根ざした道徳性の育成に一層努めることが示された。

道徳の時間の目標には，道徳的価値の自覚を深めることを加筆。規範意識の低下や問題行動などから小中学校の連携を図り，法やきまりの重要性が謳わ

れ，内容は 23 項目と 1 つ増加（図表 3-8）。2008（平成 20）年は，改正教育基本法，1 月中央教育審議会答申から，知識基盤社会で生きる力，知識・技能の習得と思考力・判断力・表現力などの育成のバランス，豊かな心と健やかな体の育成を明記。道徳教育推進教師が創設された（図表 3-9）。

5　2017（平成 29）年改訂―道徳の教科化と道徳科教科書の誕生―

　道徳科の目標では「道徳的諸価値の理解に基づき」と個々の生徒が価値を主体的に構造化する点を表記。また人間としてよりよく生きていく上で，道徳的価値を自分なりに発展させていくことへの思いや課題に気づき，自己や社会の未来に夢や希望をもつ大切さが明記され，生きる力として統合する点が示された。内容では 4 観点を A ～ D とし，前回の 3 の柱を最後に置いた。また観点 A「自主，自律，自由と責任」では主体的に判断する態度を一層重視。観点 C「遵法精神，公徳心」で主体性，「勤労」では尊さや意義の理解を強調。「我が国の伝統と文化の尊重，国を愛する態度」では国家及び社会の形成者を加筆。さらに「国際理解，国際貢献」では，他国の尊重，発展に寄与なども加筆。教科書検定基準が初めて示され，民間 8 社の検定教科書が生まれた（図表 3-10）。

● 引用文献 ●‥‥‥‥‥‥‥‥‥‥‥‥‥‥‥‥‥‥‥‥‥‥‥‥‥‥‥‥‥‥‥‥‥‥‥

　ピアジェ,J. 著，滝沢武久訳（1970）『構造主義』白水社：136-137

　村田昇（1968）『現代道徳教育の根本課題』明治図書：136-137

　文部省調査局（1962）『日本の成長と教育』より引用

　行安茂・廣川正昭編（2012）『戦後道徳教育を築いた人々と 21 世紀の課題』教育出版：87

　横山利弘（1993）『道徳教育基礎講座―道徳性の発達及び発達に即した指導―』東京都立教育研究所道徳研究室編集・発行：27

〈参考資料〉中学校・道徳の内容項目の変遷

図表3-1	図表3-2	図表3-3

図表3-1　1890(明治23)年　教育勅語
※参照：徳目言葉で表現

徳目	勅語（現代語訳）
徳 忠孝 一心美風 父母孝行 兄弟姉妹愛 夫婦相和 朋友・信義 謙虚 慈愛 学修・修養 善良有為 公共福祉 皇室典範 法令遵守 大義・勇気 皇国国家 忠良臣民 祖先美風 皇祖子孫 外国正道 体得実践	朕が思うに、我が御祖先の方々が国をお肇めになったことは極めて広遠であり、徳をお立てになったことは極めて深く厚くあらせられ、又、我が臣民はよく忠にはげみよく孝をつくし、国中のすべての者が皆心を一にして代々美風をつくりあげて来た。 これは我が国柄の精髄であって、教育の基づくところもまた実にここにある。汝臣民は、父母に孝行をつくし、兄弟姉妹仲よくし、夫婦互に睦び合い、朋友互に信義を以って交わり、へりくだって気随気儘の振舞いをせず、人々に対して慈愛を及すようにし、学問を修め業務を習って知識才能を養い、善良有為の人物となり、進んで公共の利益を広め世のためになる仕事をおこし、常に皇室典範並びに憲法を始め諸々の法令を尊重遵守し、万一危急の大事が起ったならば、大義に基づいて勇気を一身を捧げて皇室国家の為につくせ。 かくして神勅のまにまに天地と共に窮りなき宝祚（あまつひつぎ）の御栄をたすけ奉れ。かようにすることは、ただ朕に対して忠良な臣民であるばかりでなく、それがとりもなおさず、汝らの祖先ののこした美風をはっきりあらわすことにもなる。 ここに示した道は、実に我が御祖先のおのこしになった御訓であって、皇祖皇宗の子孫たる者及び臣民たる者が共々にしたがい守るべきところである。この道は古今を貫ぬいて永久に間違いがなく、又我が国はもとより外国でとり用いても正しい道である。朕は汝臣民と一緒にこの道を大切に守って、皆この道を体得実践することを切に望む。 明治23年10月30日 明治天皇自署、御璽捺印 ※1940年文部省図書局『聖訓ノ述義二関スル協議会報告書』明治天皇から勅語を賜った文部大臣が管轄する文部省自身による「正式な現代語訳」による

図表3-2　1953(昭和28)年　国民実践要領

第1章　個人
- 人格の尊厳
- 自由
- 責任
- 愛
- 良心
- 正義
- 勇気
- 忍耐
- 節度
- 廉恥（れんち）
- 謙虚
- 純潔
- 思慮
- 自省
- 知恵
- 敬虔

第2章　家
- 和合
- 夫婦
- 親子
- 兄弟姉妹
- しつけ
- 家と家

第3章　社会
- 公徳心
- 相互扶助
- 規律
- たしなみと礼儀
- 性道徳
- 世論
- 共同福祉
- 勤勉
- 健全なる常識
- 社会の使命

第4章　国家
- 国家
- 国家と個人
- 伝統と創造
- 国家と文化
- 国家の道義
- 愛国心
- 国家の政治
- 天皇
- 人類の平和と文化

図表3-3　1955(昭和30)年　社会科の道徳内容
※民主的社会生活の人の道徳的なあり方

第一　人間尊重の精神と豊かな心情、生活態度
(1)自他の権利尊重（生命・自由・幸福追求）
(2)人格尊厳、他者の立場尊重
(3)個性尊重、寛容、信頼と友愛の念
(4)克己と希望
(5)自然・芸術愛好、豊かな愛情ある生活
(6)平和愛、真理探求の意欲
(7)偏見解消（人権・国籍・生活様式の違い）
(8)民族的誇り、郷土や国土愛

第二　自主的で統一のある生活態度
(1)考えの検討・深化、批判的態度の確立
(2)信念ある行動、やり遂げる勇気
(3)自律的な言動の一貫性
(4)自己の向上、謙虚な他の理解
(5)節度節制、良心に恥じない言動

第三　清新で明るい社会生活を営む生活態度
(1)自己主張と他者から建設的な意欲・協力
(2)集団の一員としての義務と責任、長所伸長
(3)規則尊重、民主的方法による改善
(4)正義の鋭敏感覚、誘惑に負けない強い意志
(5)民主的生活礼儀、尊敬感謝いたわりの念
(6)勤労尊重、職業理解、社会寄与健康保持
(7)先人理解、社会制度や施設活用・改善
(8)潤い生活、余暇活用、分かち合う暮らし

第四　創造的に問題解決を行う力
(1)真理の追求
(2)広い視野問題把握、能率的有意義な解決力
(3)具体総合的考え、現実を生き生き捉える
(4)科学的知性、客観的・合理的な判断
(5)独断偏見・形式化排除で仕事没入
(6)困難に屈しない強靭な意志、豊かな実践力

図表3-4

1958(昭和33)年
※3観点による人間尊重の精神の具現
1　日常生活の基本的行動様式　5項目
(1)生命尊重，安全保持，節度
(2)時と所に応じた言動，個性・敬愛
(3)整理整頓，清潔と美化，良き習慣
(4)節制，公共心
(5)勤労の役割と責任，やり抜く態度や習慣
2　道徳的判断力と心情，対人関係で豊かな個性と創造的な生活態度　10項目
(1)人間としての誇り，自主性と行動・責任
(2)人格尊敬・人間尊重・人権尊重，自他の個性尊重
(3)謙虚な心，自主自律，両親や教師・先人への感謝の心
(4)立場尊重，建設的批判態度
(5)失敗不幸への寛容，暖かい励まし
(6)正しい異性関係，男女の相互敬愛
(7)真理の追求，誠実積極的な生活態度
(8)継続幸福の探求，誠実な生活態度
(9)豊かな情操と生活，自然愛と動植物愛護，文化の継承と創造
(10)人間愛，民主的社会の平和的発展
3　民主的な社会及び国家，よりよい社会の建設　6項目
(1)家族愛・思いやりと尊敬，健全な家庭
(2)信頼・正直と誠実，遵法精神と集団生活の向上
(3)集団理解，社会連帯感
(4)善悪の判断，勇気ある強い意志や態度
(5)正義，理想社会の実現，理性的平和的態度，公共の福祉
(6)国民自覚，国際理解，人類愛，よりよい国家建設

図表3-5

1969(昭和44)年	
※指導着眼点付	
1生命尊重，心身の健康	
(1)生命尊重	(2)自制・調和
2基本的行動様式	
(1)整理整頓	(2)礼儀作法
3積極性・強い意志	
(1)勇気・進取	(2)忍耐力，不撓不屈
4自主性，責任	
(1)自主自律	(2)実行と責任
5寛容，謙虚	
(1)寛容	(2)思慮，謙虚
6勤労，幸福	
(1)勤労と職業	(2)生きがい
7真理愛，創造的な態度	
(1)理性的判断	(2)理想実現の努力
8人間愛	
(1)人間愛	(2)芸術・宗教的情操
9友情	
(1)友情	(2)男女の交際
10集団の成員としての自覚	
(1)家族愛	(2)集団生活の向上
11遵法精神，権利と義務	
(1)秩序と規律	(2)権利と義務
12公共心と公徳心	
(1)公徳心	(2)正義愛
13愛国心，人類愛	
(1)愛国心	(2)人類愛

図表3-6

1977(昭和52)年	※配慮事項付
1生命尊重，心身健康，節度・節制	自他の生命尊重，自制・堅実生活
2望ましい生活習慣	きまり，礼儀，適切な言動
3積極性，強い意志	広い視野，勇気，粘り強い力
4人間としての自覚，自主自律	自主自律の態度，行動責任と誇り
5いろいろな見方や考え方，他に学ぶ広い心	助言忠告に謙虚，自己反省と向上
6勤労の尊さ，真の幸福	働く喜び，余暇の活用，生きがい
7真理愛・真実希求，理想の実現	希望，理性的判断，高い目標
8人間として生きる喜び，人間愛の精神	人間の強さと弱さから思いやり心
9自然愛，美しいものへの感動，豊かな心	人間の有限性，畏敬の念
10友情の尊さ，互いの向上	敬愛，忠告・励まし合う真の友情
11男女の人格尊重，健全な異性観	男女特性理解，清純明朗交際向上
12家族愛，郷土愛，共同生活充実	尊敬と感謝，明るい家庭，郷土発展
13集団の意義理解，集団生活の向上	集団への愛，集団生活向上貢献
14公共の福祉，社会連帯の自覚	公徳心，社会発展，差別偏見克服
15法の精神と権利・義務理解，社会規律向上	遵法精神，権利と義務，秩序規律
16日本人としての愛国心，人類の福祉寄与	伝統継承文化創造，世界平和人類幸福貢献

図表3-7

1989(平成元)年 ※指導の4観点新設
1 主として自分自身に関すること (1)望ましい生活習慣，心身の健康，節度・節制 (2)希望と勇気，強い意志 (3)自主，自律，自由と責任 (4)真理愛・真理探究，理想の実現 (5)向上心，個性の伸長 **2 主として他の人とのかかわりに関すること** (1)礼儀 (2)人間愛の精神，思いやり (3)友情，信頼 (4)人格尊重，健全な異性観 (5)個性の尊重，寛容 **3 主として自然や崇高なものとかかわりに関すること** (1)自然愛，美しさへの感動，畏敬の念 (2)生命の尊さ，自他の生命尊重 (3)人間としてよりよく生きる喜び **4 主として集団や社会とかかわりに関すること** (1)集団の意義理解，役割と責任，集団生活向上 (2)遵法精神，権利と義務，公徳心，社会の秩序と規律 (3)正義，公正，公平，社会正義（対差別偏見） (4)勤労の尊さと意義，奉仕の精神，公共の福祉と 　社会の発展 (5)家族愛，家庭生活の充実 (6)敬愛の念，愛校心，よりよい校風づくり (7)地域社会の一員としての自覚，郷土を愛する態度 (8)日本人としての自覚，国を愛する態度，我が国 　の伝統と文化の尊重 (9)国際理解，国際貢献

図表3-8

1998(平成10)年
1 主として自分自身に関すること (1)望ましい生活習慣，心身の健康，節度・節制 (2)希望と勇気，強い意志 (3)自主，自律，自由と責任 (4)真理愛・真理探究，理想の実現 (5)向上心，個性の伸長 **2 主として他の人とのかかわりに関すること** (1)礼儀 (2)人間愛の精神，思いやり (3)友情，信頼 (4)男女の正しい理解，人格尊重 (5)個性の尊重，寛容 **3 主として自然や崇高なものとかかわりに関すること** (1)自然愛護，美しさへの感動，畏敬の念 (2)生命の尊さ，自他の生命尊重 (3)人間としてよりよく生きる喜び **4 主として集団や社会とのかかわりに関すること** (1)集団の意義理解，役割と責任，集団生活向上 (2)遵法精神，権利と義務，社会の秩序と規律 (3)公徳心，社会連帯，よりよい社会の実現 (4)正義，公正，公平，社会正義（対差別偏見） (5)勤労の尊さと意義，奉仕の精神，公共の福祉と 　社会の発展 (6)家族愛，家庭生活の充実 (7)敬愛の念，愛校心，よりよい校風づくり (8)地域社会の一員としての自覚，郷土を愛する態度 (9)日本人としての自覚，国を愛する態度，我が国 　の伝統と文化の尊重 (10)国際理解，国際貢献

図表3-9

2008(平成20)年
1 主として自分自身に関すること (1)望ましい生活習慣，心身の健康，節度・節制 (2)希望と勇気，強い意志 (3)自主，自律，自由と責任 (4)真理愛・真理探究，理想の実現 (5)向上心，個性の伸長 **2 主として他の人とのかかわりに関すること** (1)礼儀 (2)人間愛の精神，思いやり (3)友情，信頼 (4)男女の正しい理解，人格尊重 (5)個性の尊重，寛容 (6)感謝 **3 主として自然や崇高なものとかかわりに関すること** (1)自然愛護，美しさへの感動，畏敬の念 (2)生命の尊さ，自他の生命尊重 (3)人間としてよりよく生きる喜び **4 主として集団や社会とのかかわりに関すること** (1)遵法精神，権利と義務，社会の秩序と規律 (2)公徳心，社会連帯，よりよい社会の実現 (3)正義，公正，公平，社会正義（対差別偏見） (4)集団の意義理解，役割と責任，集団生活向上 (5)勤労の尊さと意義，奉仕の精神，公共の福祉と 　社会の発展 (6)家族愛，家庭生活の充実 (7)敬愛の念，愛校心，よりよい校風づくり (8)地域社会の一員としての自覚，郷土を愛する態度 (9)日本人としての自覚，国を愛する態度，我が国 　の伝統と文化の尊重 (10)国際理解，国際貢献

図表3-10

2017(平成29)年 ※手掛かりとなる言葉明記
A 主として自分自身に関すること (1)自主，自律，自由と責任 (2)節度，節制 (3)向上心，個性の伸長 (4)希望と勇気，克己と強い意志 (5)真理の探究，創造 **B 主として人との関わりに関すること** (1)思いやり，感謝 (2)礼儀 (3)友情，信頼 (4)相互理解，寛容 **C 主として集団や社会との関わりに関すること** (1)遵法精神，公徳心 (2)公正，公平，社会正義 (3)社会参画，公共の精神 (4)勤労 (5)家族愛，家庭生活の充実 (6)よりよい学校生活，集団生活の充実 (7)郷土の伝統と文化の尊重，郷土を愛する態度 (8)我が国の伝統と文化の尊重，国を愛する態度 (9)国際理解，国際貢献 **D 主として生命や自然，崇高なものとの関わりに関すること** (1)生命の尊さ (2)自然愛護 (3)感動，畏敬の念 (4)よりよく生きる喜び

※ 2008年の3の柱を4番目のDの柱へ移動

中学校道徳における教科書の
活用と多様な教材の開発・活用

――――荊木　聡

第1節　教科書の性格

　教材とは,「教育的価値のある本質的内容を含んだ文化財で, 学習者の興味・関心を刺激するメッセージ」であり, 道徳科においては「道徳的価値を含む素材が一つの主題に対して適切に位置づき, 切実な想いで額に汗して考え, 語り合い, 聴き合いたくなる具体的内容」だと考えられる。教科書はその主たる教材であり, 学校教育法 34 条は教員に使用義務を課しているが, むしろ, 教科書の特長や効果を最大限に引き出し, 質的にも量的にも生徒と共に倶学倶進する権利を得たとの積極的な解釈をしたい。

　実際, 教員には「教材の発掘や選別, 教材分析, 補助資料の準備, 指導案作成などに費やす膨大な時間が緩和された」といった負担軽減の声が, また, 生徒も「以前はプリントや学校備品の教科書（副読本）を使ったが, 今は美しい教科書にメモ書きできる」「以前の学習メモや感想を読み返し, それとの関連で自己の成長が確認できる」「教科書で知った新しい世界を通して自分を見つめられた」という評価の声が多く, 総じて肯定的に受け止められている。

　教科書の中核的性格「伝統的・文化的・科学的な公共財産」「系統性・明瞭性・美しさ」や, 方法知の獲得や自学自習に向けた「学習指導性」, 実生活や実社会への「活用性・発展性」等の有益な性格を充分に活用し,「主体的・対話的で深い学び」を活着させた, 魅力的な道徳授業の設計・実現が望まれる。

第2節　教材の活用と設問

　1882（明治 15）年の宮内省『幼學綱要』では, 20 の徳目「孝行・忠節・和

順・友愛・信義・勤學・立志・誠實・仁慈・禮讓・儉素・忍耐・貞操・廉潔・敏智・剛勇・公平・度量・識斷・勉職」が示され，この時期には，従前の修身科で一般的な口授・読書・誦読・暗誦に，開発教授法が風穴を開けていく。

　また，1890（明治23）年の「教育ニ関スル勅語」からの数年間で80種程の検定教科書が誕生し，たとえば『髙等小學修身書　巻二　教師用』にも奥深い設問がある。具体的には「兄弟不和なれば，父母を辱むるに至るとは」で理由・根拠を，「朋友の非を知りて，之を告ぐるも，其の怒を招くことあり。かかる場合には，如何すべきか」で行為・方法を，「愼獨とは，如何なることなるか」「人，愼なきときは，如何なる禍あるか」で意味や意義を問うている。さらに「儉約にして，世の怨を受くることありや」で価値の輪郭線を描いて人間模様の綾に踏み込み，「攝生を怠りても，忠孝の道は，全うし得らるゝか」では他の道徳的価値との関連をも考え，教科書活用法に深化が認められる。

　その後，1903（明治36）年の教科用図書に関する条文改正により，個人的・家庭的・社会的・国家的道徳教材で構成された国定教科書の使用が始まる。活用に際しては，「兒童の心身の發達程度及び性別に應じ」「兒童の生活に適合し其の心情の機微に即して」「訓練と相俟つて道徳の實踐を促し」などの今日の道徳教育にも通ずる文言も見られ，加えて「兒童の體驗に出發して認識に進み更に體驗に入り常に實生活との聯關を保つ様」といった学習輔導の着眼点も示され（福島縣初等敎育協議會，1934），授業構想の全体像がより鮮明に把握できるようになってきている。

　戦後，1958（昭和33）年の学習指導要領で道徳の時間が新設されたが，すでに内容面では，今日の道徳科と照応し合う「教師も生徒も（中略）いかに生きるべきかを，ともに考え，ともに語り合い，その実行に努めるための共通の課題」として21項目をあげている。両者の違いは，個々の項目が1対1には対応せず，また，当時は現行よりも「合理的批判・建設的態度，潔さ」が強調され，逆に「友情，畏敬の念」はやや低調の傾向にある，といった程度である。

　しかし，題材が豊富にはなく，文部省は1964（昭和39）年から『中学校道徳の指導資料』（第Ⅰ～Ⅲ集）を刊行している。たとえば「石段の思い出」では，

⑺荷物を持てなかった理由，⑷石段の思い出で自覚が高まった理由，などを丁寧に設問し，母の心の美しさや豊かさに感動できるような工夫がある。特に⑷では，「一生のうちに出会う一つ一つのできごとが，みんな1回かぎりのもので，2度とくり返すことはない」「ひとの親切というものが，ほんとにわかりはじめた」などの具体的場面を通して，明瞭な授業設計をしている。

　1969（昭和44）年の学習指導要領以降は，内容項目の数が13（各項目2分化），16，22，23，24と変遷し，また，内容の重点化・関連づけ，個に応じた指導，体験活動の活用，感動ある魅力的な教材，情報モラルへの留意，生徒の発達の段階や特性など，時代を象徴した創意工夫も求められた。

　さらに，資料活用の面から多様な発問が考えられてきた。たとえば，2012（平成24）年の文部科学省『中学校道徳　読み物資料集』は，緒方洪庵のような偉人や，情報モラルが素材の「ネット将棋」も提供しつつ，中心発問については，「鳩が飛び立つ日」の「どう考えて学園を続けようと決意したか」では悩み・葛藤や願い・覚悟などを通して，「真の国際人」の「受け継がれた『嘉納の心』とは何か」では気持ち・意志や理由・根拠などを通して，「海と空」の「海と空が水平線で一つになるのを見つめて，どんなことを思ったか」では過去・現在・未来にわたる国際扶助の意義や成立条件などを通して，人間としてよりよく生きることの意味を広く深く考えられるように支援している。

第3節　教材の機能と授業展開

　上述のような創意工夫のある従前の発問に学ぶことで，発問構成の柔軟性と自由度は増し，教材活用の裾野は広がる。それを具体的な実践で考えてみる。

　教材「いつわりのバイオリン」では，一般に，フランクの涙の意味に焦点を当てる授業も多いが，次の4つの発問で教材を活用し，新たな授業を創発することもできる。すなわち，①「ラベルの貼り替えは，誰を偽ったことになるか。それで得たものと失ったものは何か。」，②「得たものと失ったものとでは，どちらが重いか。その理由は何か。」，③「ロビンからの手紙で，フランクは許されたと考えるか。また，その理由は何か。」，④「ロビンへの返信を，

図表4-1 「いつわりのバイオリン」

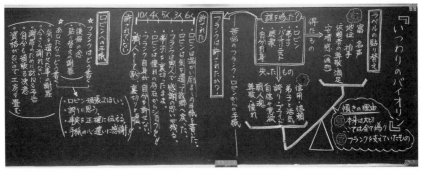

出所）筆者作成・撮影

【ⅰ】フランクならどう書くか。また，【ⅱ】あなたならどう書くか」である。

　図表4-1で明らかなように，この発問群は従前の発問を参照しつつも，統合すると主として3つの視座ないしは機能へ収斂される。その授業展開上の3視座とは，道徳科の目標が示す学習過程と深く重なり合った次のものである。

A：「価値認識」…価値の主観・相対性と普遍・社会性との衝突など，価値の新しい断面に直面させ，道徳的価値を広げ深める場

B：「自己認識」…新たに広げ深めた価値的世界に対して自我関与し，判断・評価の追求をする場

C：「自己展望」…個人的・社会的条件を念頭に，その克服・促進条件を考察し，よりよい未来を展望して「秘かなる決意」をする場

　また，教材活用上の3機能とは，次のものである。

a：心を映し出す「内視鏡」機能…自己の内面を鮮やかに照らし省みて，道徳的価値と自己とを深く認識し，自覚への扉を開く。

b：心を磨く「砥石」機能…道徳的価値や自己の生き方に対する現状認識の枠組みを剥がし，深くて新しい見方や考え方へと磨き鍛える。

c：心の向かう方角を見定める「展望台」機能…教材を踏切板に立ち位置を上昇させ，道徳的価値の実現に向けて歩み出す方角を確かめ，将来における人間としての自己像を見透す。

　これらの視座や機能は，道徳的価値の自覚及び自我関与の要素とも整合性を保ち，道徳科の将来的な在り方を考究する上で一定の示唆を与えるものである。ここではその整合性について詳述できないが，参考までに図表4-2を示す。これは便宜的なものであり，形式的・画一的に対応づけられるものではない。柔軟に関連づけ往還させて授業の流れを紡ぎ出すことが肝要である。

図表4-2　授業展開上の視座と教材の機能等との整合表

授業展開上の視座	道徳的価値の自覚	教材の機能	自我関与の過程
価値認識	**道徳的価値についての理解**である。道徳的価値が人間らしさを表すものであるため，同時に人間理解や他者理解を深めていくようにする。	内視鏡	登場人物に自分を投影し，その判断や心情を考えることで，道徳的価値の理解を深める。
自己認識	自分とのかかわりで道徳的価値がとらえられることである。そのことにあわせて**自己理解**を深めていくようにする。	砥石	他者の多様な観点・立場・考え方にも照らし合わせ，客観視された自己像を結ぶ。
自己展望	道徳的価値を自分なりに発展させていくことへの思いや課題が培われ，その中で自己や社会の**未来に夢や希望**がもてるようにする。	展望台	自己の生き方を練り鍛え，誠実で美しいより納得のいく自己の生き方へと再び立ち還る。

出所）筆者作成

　いずれにせよ，この授業展開上の視座と教材の機能は，道徳的価値や心情の理解のみに終わらせない点を意識している。それは，道徳科における教材活用の勘所は，実は，価値の理解を出発点にした「その先」にも見出す必要があり，自らの生き方を自らに問うて自らを語らずにはおられないような授業展開が望まれる，ということである。こうした授業の創生を常に模索しつつ，ねらいや教材の特長，生徒の実態等に応じて，これらの視座や機能を取捨選択したり繰り返し働かせたりするなど，柔軟で創造的な姿勢で臨むべきである。

第4節　教材の活用と開発

　30年程前の大学生への調査（藤永，1993）では，道徳を表す色は「茶色21％，灰色19％，白色11％，青色9％，緑色7％，黄土色5％」であり，落ち着いた印象に加え，「暗い・面白くない」などの負の印象も伴っていた。

　他方，2020年2月に筆者が行った中学3年生79名への調査では，「茶色14

％，灰色13％，橙色10％，青色10％，白色9％，緑色9％，紫色6％，虹色6％，黒色5％，黄色5％，ピンク4％」などがあがっている。

　大きな違いは橙色や虹色などであるが，橙色の理由は「これからどうするかという未来を考えることが多いので，明るい未来を表す色にした」であり，また，虹色は多様な可能性を秘めた人生に「生きる希望」を見出した証である。

　また，他の色でも，肯定的な理由が目立つ。茶色の理由に「道徳は自分を見つめ直し，自分の行動を振り返り，向き合っていく授業なので，全てを吸収する茶色が合う」，灰色の理由に「奥が深く，黒と白の合間に立って考える授業が多いから」などと回答し，また黒色の理由にも「他教科のように決まった一つの答えがなく，単純には答えが出ない深い問いを自分で考えるものだから」があり，道徳科の大切さや楽しさを実感している姿が浮き彫りとなった。

　これは，今後の道徳科のあるべき姿を示すものであり，教材も，上述の理由が象徴する授業の実現に向けて活用したい。活用類型としては，共感的・批判的・範例的・感動的な視点なども考えられるが，ここでは，前節の3機能を生かした教材活用の実際的な視点を幾つかの板書を基に，例示的にあげていく。

　まず，主として「内視鏡」機能を活かした図表4-3のマトリクス図では，4場面でもっとも幸運・不運なものを選び，理由・根拠を考え議論した。また，図表4-4の面積図では，各選択肢は何を大切にした行為かを面積の大小で視覚化した。いずれも，初発の理由・根拠を並列するに留めず，それを出発点に自他の異同を吟味し，疑問を交わし，垂直的に熟慮していくことも重要である。

図表4-3　「オーストリアのマス川」

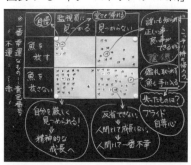

図表4-4　「ネット将棋」

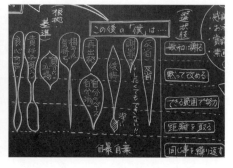

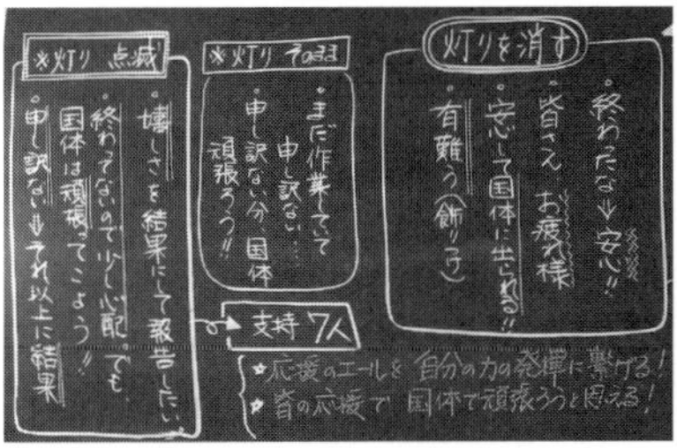

図表4-5
「月明かりで見送った夜汽車」

図表4-6
「石段の思い出」

図表4-7
「海と空」

図表4-8
「一枚のはがき」

図表4-9
「森深くして鳥高く飛ぶ」

　次に，主として「砥石」機能の例であるが，図表4
-5では，「灯りを消す・点滅する」行為を対照して
「さりげない思いやり」に肉薄している。図表4-6
は，似て非なる「後悔」との比較から「反省」という道徳的価値の本質を錬磨
したものである。図表4-7では，人間同士の友情を参照することで2国間の
友情の固有性・特有性に迫った。このように，行為や価値や主題，あるいは教
材内の形容詞や副詞や名詞などの意味を吟味し味読することも重要である。

　続いて，主として「展望台」機能の例を示しておく。図表4-8では，礼儀
が消えた世の中を想像することで礼儀の意義を把握し，その認識を糧に今後の
生き方を展望しようとした。図表4-9では，個性伸長を促進する自己条件・
要素を授業での議論や自分の生活体験などを踏まえて整理した。いずれの場面
でも，自己の足許から延長線を引き，「未来への秘かなる決意」に繋げたい。

　最後に，教材開発の意義に触れて論を閉じる。およそ道徳授業は，生徒一人
ひとりの，学級や学年や学校の，保護者や地域等の願いを蔵し，とりわけ授業
者自らが精選・開発した教材で行う場合には，切実な想いや願いが明瞭性を帯

びて詰め込まれる。具体的な生徒の具体的な喜びや悩みを視界に捉えた教材で，その願いは一段と焦点化し，一人の人間として心と心を真剣にぶつけ通わせ合うといった授業の実現に向け，一層熱意をもって取り組めるのである。

　こうした個別具体の願いは，学校目標や学年の重点目標，年間指導計画，別葉などにも反映され，その実現を真剣に目指すほどに，各学校・学年で重点化したり関連づけたりする内容項目に差異が生じる。ここに，年に数時間程度は，各校独自の開発教材や地域教材などを用いて，人間を見つめ，人間についての考えを磨き，人間としての自己の道程を展望する必要があるわけである。

　教材開発における留意点については，現在までの指導要領の内容の取扱い・配慮事項が参考になる。それらを俯瞰すると，時代の移り変わりによる表現や記載量に差はあるが，概ね整合性・一貫性が認められる。その大略は，「生命の尊厳，社会参画，自然，伝統と文化，先人の伝記，スポーツ，情報化への対応」や「心の揺れ（悩みや葛藤）や人間関係の理解」などの現代的あるいは人生の普遍的な課題と対峙しながら，生徒が興味関心と問題意識をもち，多面的・多角的に考え，感動を覚えるような魅力的な教材を開発すると共に，生徒・学校・地域の実態や体験活動を生かすなどの多様な指導を，生徒の発達の段階に即して行う，というものである。以上を念頭に，価値的世界へ精確に出入りして吟味・玩味し，道徳的価値に基づいた自己の生き方を練り鍛え，人間としてよりよく生きる喜びや勇気・情熱を抱くような教材の開発に努めたい。

・引用・参考文献・

　勝部真長・渋川久子（1984）『道徳教育の歴史』玉川大学出版部
　柴原弘志・荊木聡（2018）『中学校新学習指導要領　道徳の授業づくり』明治図書
　日本教材学会（2008）『「教材学」現状と展望（上巻）』協同出版
　東久世通禧（1894）『髙等小學修身書　巻二　教師用　四版』國光社圖書部
　福島縣初等教育協議會（1934）『修身教育の實際的研究』草刈印刷所：180-181
　藤永芳純（1993）「大学教育と道徳教育」『道徳と教育』日本道徳教育学会，279：25-29
　村上敏治（1973）『道徳教育の構造』明治図書
　元田永孚（1882）『幼學綱要』宮内省蔵板
　文部省（1967）『中学校　道徳の指導資料（第2学年）』

────白木　みどり

第5章　中学校道徳教育におけるキャリア形成

第1節　教育の動向と道徳教育

　グローバル社会，知識基盤社会，AI 時代の到来と共に，OECD DeSeCo（1997 ～ 2003 経済協力開発機構の研究プロジェクト）の能力概念「コンピテンシー」の調査研究を皮切りに，教育先進諸国では，今後の社会に求められる資質・能力の再考と育成に向け競って国際教育を推進してきた。また，OECD（2000 ～）が実施している PISA（Programme for International Student Assessment）が測定する「PISA 型学力」の育成を背景に，コンピテンシー（competency），グローバルスキル（globalskill）などの資質・能力育成を基盤にした教育指針の設置は，今や国際的潮流といえる。なかでも「グローバル教育（global education）」「シティズンシップ教育（citizenship education）」「国際教育（international education）」など，各国の実情や特色を生かした教育が，積極的に展開されてきた。

　わが国においては，同時期の若年層就業問題が発端となり，「人間力」（内閣府，2003），「就職基礎能力」（厚生労働省，2004），「社会人基礎力」（経済産業省，2006）などの資質・能力概念が注目されてきた。学校教育におけるキャリア教育推進の経緯の背景には，国際的教育指針のパラダイム・シフトと国内の若年層就業問題が大きく影響していたことが推察される。キャリア教育では，語源を中世ラテン語の「車道」を起源とし，転じて「働くこととの関わりを通しての個人の体験のつながりとしての生き様」を指すようになったといわれるキャリア（carrier）概念を基とし，従来の進路指導理念ともいえる「在り方生き方教育」を拡張，発展させ，わが国のキャリア教育が定義された。（文部科学省 2004）その後，「キャリア教育とは一人一人の社会的・職業的自立に向け，必

要な基盤となる能力や態度を育てることを通して，キャリア発達を促す教育」
（中央教育審議会，2011）と再定義された。そして，キャリア教育の立場からは，
「4領域8能力」（文部科学省，2004）から「基礎的・汎用的能力」（中央教育審議
会，2011）の資質・能力育成が提言されてきた。一方，国の研究プロジェクト
は「生きる力」としての知・徳・体を構成する日本型資質・能力の枠組みとし
て「21世紀型能力」（国立教育政策研究所，2013）を発表した。「21世紀型能力」
の育成では，「生きる力」を育む各教科の学習活動，それらのプロセス，内容
や役割，関連性などの整理を通して，教育課程の編成における教科・領域間の
結びつきを重要視している。

　道徳教育では，「21世紀型能力」が掲げる「基礎力」「思考力」「実践力」の
総合的な能力育成の基盤となる道徳的価値を内包する学習活動や行事，体験活
動，多様な人との関わりから，それらの資質・能力育成の機会と場を創出させ
ることが可能であると考えられる。しかし，これらの資質・能力育成の基盤に
は，子どもの意欲や態度，実践力につながる動機づけおよび道徳的価値観形成
が不可欠である。人が生きていく過程における資質・能力の必要性の根拠や意
思決定の理由の原理的探究など，個々人の判断の基準となる価値観形成は，資
質・能力獲得の意義の理解と実践への動機づけや原動力になり得るということ
である。また，道徳的価値についての思考経験や多様な価値観からの取捨選
択，既存の価値観の再構築などによりえられた道徳的価値観の累積が道徳性発
達を促すものと考えられる。したがって，道徳科における「考える道徳」「議
論する道徳」への転換は，問題的事象や多様性への対応をめぐった思考力，表
現力，探究力の育成を意図したものと推察される。道徳性に資する資質・能力
育成は，教育の根本的理念の具現化にとって大きな意義をもつものであり，道
徳教育の役割は，いっそう重要であると考えられる。

　さらに，わが国の学校教育においては，国民の人格形成の基盤となる道徳性
の育成を目標に掲げる道徳教育および道徳科が，教育活動の中核的位置を担
う。今後の道徳教育は，グローバル化，「GIGA School構想」（文部科学省，
2020）にみられるデジタル化に備えた学校教育の目標を地域・社会との連携を

通して実現し，その成果を社会に反映させていくことが課題となる。変化の激しい現代社会は，子どもが置かれている環境に多くの影響を及ぼす。また，そのような社会に表出する風潮は，子どもの道徳性の育成にも反映される。社会性や規範意識の低下が指摘されている現代の子どもたちは，大人が持ち得ない新しい感性や技術・技能などの資質・能力を備えてきている。現代の子どもたちの特性を踏まえつつ，複雑，多様で流動性の高い社会で自立して生きていくための基盤となる力を育成することが急務である。加速度的に変化する社会の現状に対し，学校教育や学校風土，学習内容には，社会の実態に沿わず現実の問題に対応し切れない部分があることは否めない。学校教育では，伝統や慣習，不易の価値の継承を大切にしていく一方で，現代社会，未来社会に適応し自立するに必要な資質・能力の育成に向けた道徳教育が求められるということである。

第2節　資質・能力育成と道徳的価値観形成

　教育の国際的動向ともいえる資質・能力（competency）育成は，わが国においてもキャリア教育が重視する「社会的・職業的，社会・職業への円滑な移行に必要な力」に含まれる「基礎的・汎用的能力」（文部科学省，2011）や「21 世紀型能力」（国立教育政策研究所，2013）の育成に反映されている。道徳科では，人格の基盤となる内面的資質・能力につながる道徳性を養うことを目標に据え，共によりよく生きていくために必要とされる資質・能力育成を重視し，思考場面，言語活動，体験活動などを生かす指導の工夫を提言している。また，子どもの発達段階を考慮すると共に複雑，多様な価値を内包する諸課題に対応可能な指導方法の工夫と，一元的・画一的，固定的解決に収束し得ない社会問題の取り扱いの充実を謳っている。これは，現代社会の情勢を踏まえつつ多様性に対応し得る思考の深化を狙う上での有効性は高いものと考えられる。

　現代社会においては，善悪や正邪，審議，美醜などの判断に混迷し，最終的には，個々人の判断に委ねられる事象が溢れている。同じ価値観の下に同じ方向に向かって勤勉，努力してきた高度成長時代の社会から大きく変化を遂げ，

われわれは，多様化，流動化する価値観が複雑に絡み合う現実に存在する。今後の社会においては，社会構造と機能を理解し社会形成者の一員としての共通性の確保の維持と併せて，多様性への対応能力育成が求められるということである。

　文部科学省は「社会的・職業的自立，社会・職業への円滑な移行に必要な力」として「基礎・基本の知識・技能」を基盤とし，「職業観・勤労観等の価値観」をはじめ「関心・意欲」「論理的思考力」「創造力」「基礎的・汎用的能力」(中央教育審議会，2011)，「専門的知識・技能」を構成し明示している（下線筆者）。学校教育におけるキャリア教育では，特に「基礎的・汎用的能力」の育成を重視するものである。「基礎的・汎用的能力」を構成する資質・能力の育成において，自覚的行為に繋がる道徳性育成の観点から，道徳科の内容項目との関連を以下のように整理した。

「基礎的・汎用的能力」の育成と関連する道徳科の「内容項目」関連表（例）

「人間関係形成・社会形成能力」

　多様な他者を理解し，相手の意見を聴いて自分の考えを正確に伝えることができるとともに，自分の置かれている状況を受け止め，役割を果たしつつ他者と協力・協働して社会に参画し，今後の社会を積極的に形成することがきる力

　　　B-6　思いやり，感謝　　　B-7　礼儀　　　B-8　友情，信頼

　　　B-9　相互理解，寛容　　　C-10　遵法精神，公徳心

　　　C-11　公正，公平，社会正義　　　C-12　社会参画，公共の精神

　　　C-13　勤労　　　C-14　家族愛，家庭生活の充実

　　　C-15　よりよい学校生活，集団生活の充実

「自己理解・自己管理能力」

　自分が「できること」「意義を感じること」「したいこと」について，社会との相互関係を保ちつつ，今後の自分自身の可能性を含めた肯定的な理解に基づき主体的に行動すると同時に，自らの思考や感情を律し，かつ今後の成長のために進んで学ぼうとする力

A-1　自主，自律，自由と責任　　A-2　節度，節制

A-3　向上心，個性の伸長　　A-4　希望と勇気，克己と強い意志

C-13　勤労　　D-19　生命の尊さ

D-21　感動，畏敬の念　　D-22　よりよく生きる喜び

「課題対応能力」

　仕事をする上でのさまざまな課題を発見・分析し，適切な計画を立ててその課題を処理し，解決することができる力

A-5　真理の探究，創造　　C-13　勤労

C-16　郷土の伝統と文化の尊重，郷土を愛する態度

C-17　我が国の伝統と文化の尊重，国を愛する態度

C-18　国際理解，国際貢献　　D-20　自然愛護

D-22　よりよく生きる喜び

「キャリアプランニング能力」

　「働くこと」の意義を理解し，自らが果たすべきさまざまな立場や役割との関連を踏まえて「働くこと」を位置づけ，多様な生き方に関するさまざまな情報を取捨選択・活用しながら，自ら主体的に判断してキャリアを形成していく力

A-3　向上心，個性の伸長　　A-4　希望と勇気，克己と強い意志

C-13　勤労　　D-22　よりよく生きる喜び

＊　A　主として自分自身に関すること，B　主として人との関わりに関すること，C　主として集団や社会との関わりに関すること，D　主として生命や自然，崇高なものとの関わりに関することを示す
(by Shiraki：2020)

第3節　道徳教育とキャリア発達課題

　道徳教育は，人格形成の根幹に深く関わる教育活動であり，「学校における道徳教育は，自己の生き方を考え，主体的な判断の下に行動し，自立した一人の人間として他者と共によりよく生きるための基盤となる道徳性を養うことを目標とする教育活動であり，社会の変化に対応しその形成者として生きていく

ことができる人間を育成する上で重要な役割をもっている。」とされている。（文部科学省，2017）また，道徳教育においては，基本的な道徳的価値の理解や社会生活上のマナーなどについて考えを深め習得する段階から，道徳的価値自体の意義や普遍性などについて多様な考えを深め，生き方を模索する段階へとその内容を発展させていくことが重要であると考えられている（道徳の充実に関する懇談会，2013）。したがって，道徳科においては，生徒の発達的特質に応じた内容構成が重点化されている。

　子どもの思考は，認知発達と共に質的に変容していき，中学校の段階では，心身の発達が著しく自我の確立を求めさまざまな葛藤に悩み，自らの生き方を模索する時期である。また，他律から自律に向かう小学校高学年から中学校の発達段階では，自己の判断や意思決定において，選択を強いられる場面や複雑な事象に直面するようになる。

　一方，キャリア教育は，中学校の発達段階の特質を，「現実的探索と暫定的選択の時期」とし，3年間の総体的なキャリア発達課題として，「肯定的自己理解と自己有用感の獲得」「興味・関心等に基づく勤労観・職業観の形成」「進路計画の立案と暫定的選択」「生き方や進路に関する現実的探索」を掲げている。また，教育活動全体を通じてキャリア形成を促すための各学年の発達課題を，以下の通り設けている。

中学校のキャリア発達課題

1年生　①自己の良さや個性がわかる

　　　　②自己と他者の違いに気づき，尊重しようとする

　　　　③集団の一員としての役割を理解し果たそうとする

　　　　④将来に対するおおまかな夢やあこがれを抱く

2年生　①自己の言動が，他者に及ぼす影響について理解する

　　　　②社会の一員としての自覚が芽生えるとともに社会や大人を客観的にとらえる

　　　　③将来への夢を達成する上で現実の問題に直面し，模索する

３年生　①自己と他者の個性を尊重し，人間関係を円滑に進める

　　　　②社会の一員としての義務と責任を理解する

　　　　③将来設計を達成するための困難を理解し，それを克服する

（文部科学省，2011）

　キャリア教育概念が，生涯を通じた「在り方生き方」に関する諸能力の育成を目指すものという立場に依拠すれば，道徳教育の教育理念に通底することはいうまでもない。キャリア教育の意義を踏襲した学習活動は，知識理解のみならず体験活動の意義や自覚的行為を体得するための機会と場となり得る。キャリア発達は，ガイダンス機能の充実と共に体験活動や周辺学習など，道徳教育と同様に学校の教育活動全体から習得される力がスパイラルし，統合していくものと考えられていることから，道徳教育とキャリア教育相互が，子どもの発達段階を考慮しその関連を意図して，計画的，系統的な学習を展開していくことが効果的であるといえる。また，発達の連続と統合を前提とするならば，小学校，高等学校，異校種間の接続と連携を重視した教育実践や教師間の情報共有は必要不可欠である。これらの実践からは，教育課程編成の工夫により創出される相乗効果が期待されるのである。

　人間の意思を伴う判断，心情，行為のいずれもが複雑，多様であることは，人が人である所以であり特性である。一人の人間においても，その時々の環境や立場，条件で「生き方」の価値観は変容する。また，いかなる状況にあっても意識の状態を制御する作用要因により，心情や判断，行為を転換させる力を有しているのも人である。人の心情や判断，行為は，それぞれが独立しているわけではなく，一人の人間において固定化されるわけでもない。道徳的価値の理解，経験知，思考経験の累積と再構築を繰り返し形成されてきた価値観を基盤として，さまざまな要因の連関により作用，発動するものと考えられる。道徳教育，キャリア教育が謳う「在り方生き方」は，人として目的的によりよく生きていくことを示唆している。人の「生き方」は，恣意的，意図的にかかわらず，その基盤にある価値観は，あらゆる意思決定に反映される。価値観は，個別的，相対的であり，獲得する資質・能力も異なるがゆえに，「生き方」は

44

個々に違うのである。道徳教育とキャリア教育は，よりよい人格の陶冶を目指して生きる人間の，生涯にわたって必要とされる教育に他ならない。

• 引用・参考文献 •·······························

国立教育政策研究所（2013）『教育課程の編成に関する基礎的研究報告書5　社会の変化に対応する資質や能力を育成する教育課程編成の基本原理』
中央教育審議会（2011）「今後の学校教育におけるキャリア教育・職業教育の在り方について」（答申）：25-26
中央職業能力開発協会（2004）『若年層就職基礎能力習得のための目安策定委員会報告書』厚生労働省
道徳教育の充実に関する懇談会（2013）「今後の道徳教育の改善・充実方策について（報告）〜新しい時代を，人としてよりよく生きる力を育てるために〜」：11
林泰成・白木みどり（2010）『人間としての在り方生き方をどう教えるか』教育出版
文部科学省（2004）『キャリア教育の推進に関する総合的調査研究協力者会議報告書』
文部科学省（2006）『小学校・中学校・高等学校キャリア教育推進の手引き』
文部科学省（2011）『中学校キャリア教育の手引き』教育出版：119
文部科学省（2017）『中学校学習指導要領（平成29年告示）解説　特別の教科　道徳編』教育出版：8
文部科学省（2020）「GIGAスクール構想の実現へ」及び追補版
吉田武男監修，藤田晃之編著（2018）『はじめて学ぶ教職　キャリア教育』ミネルヴァ書房
渡辺三枝子（2008）『キャリア教育―自立していく子どもたち―』東京書籍

第 II 部

中学校における
「特別の教科 道徳」の
学習指導の具体的展開

概　要

柴原　弘志

　道徳教育，とりわけその要として位置づけられてきた道徳の時間が十分にその役割を果たしていないといった課題については，これまでも指摘され続けてきた。たとえば，「学習指導要領等の改善及び必要な方策等について（答申）」（2016 年 12 月 21 日）ではそうした課題について，次のように説明している。「これまでの間，学校や児童生徒の実態等に基づき充実した指導を重ね，確固たる成果を上げている学校がある一方で，たとえば，歴史的経緯に影響され，いまだに道徳教育そのものを忌避しがちな風潮があること，他教科に比べて軽んじられていること，発達の段階を踏まえた内容や指導方法となっていなかったり，主題やねらいの設定が不十分な単なる生活経験の話合いや読み物の登場人物の心情の読み取りのみに偏った形式的な指導が行われていたりする例がある」と。こうした課題を克服するためには，道徳教育及び道徳科の目標に対する正しい理解に基づく「考え，議論する道徳」などを意識した「主体的・対話的で深い学び」へとつながる質の高い学習指導が，道徳科の特質を損なうことなく展開・確立されることが必要である。そこで，生徒を取り巻く教育上の今日的課題も踏まえ，本巻第Ⅱ部「中学校における『特別の教科　道徳』の学習指導の具体的展開」についての内容を設定した。

　第 6 章においては，道徳と音楽との関連についての論究より，音楽を通して育成される美的情操が，善なるものや崇高なるものに対する道徳的情操の育成と深く関わり，「主として生命や自然，崇高なものとの関わりに関する」道徳の内容項目との関連が深いことを明らかにした。その具体的事例として，「生命の尊さ」について考える道徳科の授業を紹介している。

　第 7 章においては，生徒の発達の段階や課題を考慮した道徳授業の意義について論究したうえで，役割取得や対話的な学びを効果的に支える授業づくりについて，具体的な道徳授業の事例をもとに説明している。最後に，答えが一つ

ではない道徳的課題を「考え，議論する道徳」授業の展開事例を紹介している。

　第8章においては，対話を深める道徳授業について，その意義と展開するためのポイントを明らかにしたうえで，特に対話を組織化するための発問について，ソクラテスの「問答法」から論究している。次に，そうした工夫がみられる具体的な道徳授業の事例を紹介し，その授業に対する分析と考察を加えている。

　第9章においては，道徳教育と人権教育の共通性と「価値理解」がつなぐ両者の接点について論究したうえで，人権との関わりの深い内容項目のみでなく，道徳の全内容項目を着実に授業実施することが，人権教育を推進するうえでも重要であることを明らかにしている。さらに，いじめ問題に係る道徳授業を核とした具体的な取組事例を紹介して，道徳授業における振り返りの他の教育活動への効果的な活用についても言及している。

　第10章においては，授業への強い参加意欲のもとに主体的に学ぼうとする道徳授業や「自己有用感」の高まりが期待できる道徳授業について論究している。次に，そうした道徳授業の事例として，「考えずにはいられない発問から，一人一人が主体的に参加し，自己有用感が高まる」授業等を紹介して，その意義を生徒の反応から検証している。

　第11章においては，今や生活の一部ともなっている生徒のインターネット利用とネット媒介問題への関与の実態を確認したうえで，改めて学校における情報モラル教育の重要性について訴えている。さらに，道徳教育の内容が情報モラル教育においても大切だとする認識と共に，道徳科における情報モラルの指導にあっては，ネット世界と現実世界に関係なく，生徒が理解・実践すべき道徳的諸価値に違いはないという認識に立って，ネット上での適切な道徳的判断力と実践力の涵養を目指すことの重要性について言及している。

第6章 中学校における豊かな情操・崇高な生き方へつなぐ道徳授業
―道徳と音楽との関連を図り，保護者と共に考え，議論する道徳授業づくり―

――――石黒　真愁子

第1節　道徳と音楽との関連

　哲学者西田幾多郎は，著書『藝術と道徳』のなかで，「私は美の対象を数に比べた。併し美の対象と数とは固より同一の性質ではない。数は単なる判断の対象であるが，美は価値判断の対象である。対象そのなかに作用を含むといってよい。すなわち人格的内容を含むのである。此点において美の対象は道徳的対象とその性質を同じくするのである。動機，性格，行為を離れて道徳的判断のない様に，主観的状態や創造作用を離れて審美的判断はない。自然美の如きも主観を其中に射影することによって美の対象となるのである」と述べている。古来，音楽は道徳と深く結びつき尊重されてきた。古代ギリシャの哲学者プラトンは著書『国家論』のなかで，音楽教育の目的は美的に陶冶された道徳的情操であり，審美の教育が究極の理想であると述べている。また，プラトンの弟子であるアリストテレスも著書『政治学』において，音楽が心の浄化を促すものと論じている。一方中国では，紀元前より，音楽は礼儀と結びつけられ発展してきた。特に周の時代に書かれた『礼記』「楽記」篇では，音楽が道徳と明確に関連づけ論じられている。なぜこのように音楽は道徳と結びつきながら，長い年月にわたり尊重され続けてきたのであろうか。古より音楽が尊重され発展した根本的な考え方に，学校における道徳と音楽との関連を考える窓口があると考える。『礼記』に登場する孔子は，斉国に滞在していた時に聴いた「韶」の音楽があまりにも素晴らしく，3ヵ月間食事の味を空虚なものと感じたほど感動し，自らも音楽を好み，琴に親しんでいたという。それだけでなく音楽を「禮，樂，射，御，書，数」の六藝の教科のひとつとして位置づけてい

た。『論語』には「興於詩，立於禮，成於樂」（詩に興り，禮に立ち，樂に成る）と「楽」を学問の最終段階と考えていたほどである。音楽が人間形成に働きかける意義を孔子も深く感じ取っていたのである。孔子以前にも礼や音楽は存在していた。しかし，それは外在的な儀礼のためのものであり，孔子は，礼や音楽がいかに人間の内面的な道徳性にまで働きかけるのかというところまで深い洞察力をもち，その意味を明らかにしたと考える。

第2節　『礼記』「楽記」篇における道徳と音楽との関連

『礼記』は儒教の学祖である孔子の教えをもとに，周の時代から漢の時代にかけて儒学者が礼について論じたものをまとめたものである。『易経』『書経』『詩経』『礼記』『春秋』の儒教の5つの経典のなかのひとつである。この『礼記』の19番目に「楽記」がある。「楽記」とは，儒教の経典『楽経』についての解説という意味であるが，その『楽経』は現存していない。「楽」は「礼」の思想と一体化し，儒教の「礼楽」として述べられているが，「楽記」篇には，音楽の本質に対する鋭い考察が示されている。つまり，音楽は，バランスのとれた人間としての成長を促し，一定の原理原則に従った音楽の安定は，人びとの精神状態や健康状態の安定を促進する。それにより，世の風紀がよりよくなり，政情が安定し，天下太平になると考えられていたのである。『礼記』「楽記」篇では，音楽の発生を，人の心の動きから始まるとしている。つまり，人の静かな心は外部の刺激で感情が湧き，感情が生じると声となり，声に一定の型ができると音になり，楽音を排列し曲調をつくることで演奏に至るとしている。そして，善い音楽により感情を制御し，善き感情の状態を導きだそうとした。また，「徳は性の端なり，楽は徳の華なり」という言葉にみられるように，人間の知覚を通して働きかける音楽は，人間の心情のみならず理性に対しても覚醒と秩序，制御などを促し，人間全体に働きかけ，肉体と精神が統合された人格の完成を助けるものであると示している。当時，音楽は人間の徳性の確立に欠かせない極めて重要な教養であった。人間の本能を自らの内発的な規範により制御するための価値判断である理性は，生まれながらに身に付いているも

のではない。中庸を保ち，規範意識を醸成することで，社会性が身に付き，社会生活が安定していくのである。孔子はこのように「礼」と「楽」を求めながらもその根底には，「形」を超えた「心」の重要さを主張した。

第3節　「楽記」篇の日本への影響

　日本において音楽が，国策として取り扱われた音楽統括の役所は，701年の「雅楽寮」と，伊沢修二（1851～1917）を中心とした「音楽取調掛」である。この2つの官署には，孔子の礼楽思想が息づいている。日本で最初に儒教思想の中核である「礼楽」に目を向けたのは天武天皇である。天武天皇は日本の国内の歌舞の収集，保存，教習にあたり国家の教化を図り，社会の秩序を規制しようとした。この政策は後の701年，日本の雅楽寮設置の基礎となった。また，文部省は1879年，「音楽取調掛」という調査研究のための官署を設けた。伊沢は，1879年10月に音楽取調御用係を拝命し，日本の国楽を興すために尽力した。伊沢の取調に関する主張は，①東西二洋の音楽を折衷して新曲をつくる，②将来国楽を興すべき人物を養成する，③諸学校に音楽を実施する，ことであった。伊沢が1884年文部省に宛てた『音楽取調成績申報書』（『音楽取調成績申報要略』1891年3月，東京音楽学校刊による）のなかの「音楽と教育との関係」の項目の「道徳上ノ関係」では，音楽教育と道徳教育との関連を，「音楽は人の心に働きかけ，悦びの歌は心を喜ばせ，悲しみの歌は心を悲しませるので，正雅の歌を歌わせることは，人間の心に調和と秩序をもたらす。快楽等邪悪の念が入らないように正雅の音楽をもって正しい身の制御が大事である」と述べている。ここには，前述した「楽記」篇の「移風易俗」の思想の影響を強く受けていることが窺える。

第4節　豊かな情操と道徳心

　教育基本法第2条（教育の目標）第1号では教育の目標として「豊かな情操と道徳心を培う」が規定されている。中学校学習指導要領解説「音楽編」（以下「解説」）においては，音楽科の目標である「生活や社会の中の音や音楽，音

楽文化と豊かに関わる資質・能力」を育成するひとつとして，「学びに向かう力，人間性等」の涵養を目指し「豊かな情操を培う」ことを示している。この「豊かな情操」を「解説」では，「豊かな情操を培うことは，一人一人の豊かな心を育てるという重要な意味をもっている。情操とは，美しいものや優れたものに接して感動する，情感豊かな心をいい，情緒などに比べて更に複雑な感情を指すもの」と示している。音楽によって培われる情操は，直接的には美的情操が最も深く関わっている。この美的情操は美だけに限らず，より善なるものや崇高なるものに対する心，すなわち他の価値に対しても通じ，道徳的情操の育成にも大いに関与している。美しいものを美しいと感じ，さらなる美しさを求める心情は，より善なるものを求め，よりよく生きようとする生き方に通じる。人は，素晴らしい自然，美しい芸術作品や崇高な生き方に触れた時，人間としてよりよく生きるよろこびが湧き上がり，その唯一無二の生命を精一杯輝かせて生きようとする意欲が生まれてくる。さらにそれは自分を取り巻く生きとし生けるものとの関わりのなかで，自他の生命を尊重しそれらと調和しながら生きようとする思いに広がっていくものである。そのような意味において，道徳教育における内容項目のDの視点「主として生命や自然，崇高なものとの関わりに関すること」との関連が深い。以上のこのことから，音楽教育は道徳教育との関わりが深く，両者の関連を図る指導を展開することで，相互に効果を高め合うことが期待される。

第5節　音楽との関連を図った道徳授業の具体的な取組

　道徳と音楽の関連を図った取組には，音楽科においての道徳的側面を捉えた指導を行うと共に，道徳の授業で音楽を活用すること，音楽科の教材そのものを道徳科で扱うことなどさまざまな切り口がある。今回は，道徳科の授業において，① 道徳の授業で音楽を活用する。② 歌の歌詞から読み物教材を開発し，音楽と一体化を図った道徳授業を行う。③ 授業に保護者が参加し，生徒が多様な価値観に触れながら，多面的・多角的に生命を考える授業を構築する。④ 授業の導入と終末で，繰り返し「生命とは何か」というテーマを問うこと

で，道徳的価値の自覚を促し，生徒自身が自己の変容や成長を実感できるように配慮した。開発教材「天使の舞い降りた朝」は，乳癌により母を亡くした主人公の実話と，その主人公が作詞・作曲した歌「天使の舞い降りた朝」の歌詞から教材化したものである。母の病を知り，残された母との時間を精一杯生きようとする主人公の姿を考えることを通して，「生命」の重さをかみしめ，自他の生命を慈しむ心情を養うことを目指した。中学生のこの時期は，生かされていることの有り難さを感じて生活している生徒も多いとはいえず，人の「死」に直面するという体験も希薄である。生徒には，親から受け継いだ限りある命を精一杯燃焼し，夢や希望に向かって努力することの大切さを考えさせたい。

　ここで，授業の実際を紹介する。授業では，「生命とは何だろう」とテーマ発問を導入で問い，再び終末で同じ問いについて考えさせることや，保護者が母親の立場に共感し自分自身の言葉で生命について語ることを通して，生徒が生命を多面的・多角的に見つめ深く捉えることを目指した。この教材では，なぜ，主人公は生き方を変えて路上ライブを始めたかという生き方の変容にある。その変容のきっかけは生徒によりさまざまな捉え方があり，その多様な意見を交流させた対話的な学びを通して，多面的・多角的に生き方を見つめることで深い学びへと誘った。授業の導入では生命を「命は大切なもの」と漠然と捉え，なぜ大切なのかという深い捉え方まで至っていなかった生徒も，授業後には深まりと広がりをもって「命の連続性」「命の有限性」「命の神秘性」「命の唯一性」など生命を多面的・多角的に捉えていた。授業の終末では，静まり返った教室にむせび泣くような主人公の歌「天使の舞い降りた朝」が響き渡った。生徒たちは身じろぎもせず歌詞を見つめながら音楽に聴き入っていた。なかには涙さえ流す生徒もいた。音楽を聴いたときの鳥肌のたつような感動体験は，全身をつらぬくほどであり，音楽には心を浄化する作用がある。感想には，「心が洗われる思いがした。心の底から家族や命の重さについて考えた。生きているからこそ，互いに支え合って生きていくことができる有難さを感じた」「保護者の意見を通して母親の思いや願いに気付き，あらためて受け継い

道徳科学習指導案（保護者参加型）

1 **主題名** かけがえのない生命
　　　　　D　生命の尊さ　関連価値　C　家族愛，家庭生活の充実
2 **教材名** 自作教材「天使の舞い降りた朝」（出典　廣済堂あかつき　自分をみつめる２）
3 **ねらい**
　母親が末期の乳がんであるという事実を知ることを境に，母の思いに気づき生き方を変えていく主人公の姿を考えることを通して，生命の重さと向き合い，限りある生命を精一杯生きようとする道徳的実践意欲を養う。

学習活動と主な発問【○主な発問◎中心発問★保護者への発問（補）補助発問】	◇指導上の配慮事項●評価
○生命って何だろう。 　・一つしかないもの。・大切なもの。	◇生命について考えることで，道徳的価値への方向付けを行う。
○手術の傷跡を見せた母はどのような思いだったのだろう。また，傷跡を見せられた主人公はどのようなことを考えただろうか。 （主人公）・そんな信じられない。・生きて欲しい。 （母）・時間が無い。・しっかりとして欲しい。 ★（保）病気が進行する中，母はどんなことを考えていたのだろう。 　・息子には幸せになって欲しい。・生きたい。 ◎僕はどんなふうに母との残された時間を生きようとしたのだろう。 　・母親に頑張っている姿をみせるんだ。 （補）主人公はなぜ，生き方を変えたのだろう。 　・母を勇気付けたい。・よくなって欲しい。 ○傷跡に触れながら，主人公はどんなことを心の中で叫んでいたのだろう。 　・かあさんからもらった生命を燃焼させるんだ。 （補）「かあさん…」の一言にこめられている主人公の思いはどのようなものだろう。 　・頑張るから見守っていてね。・大好きだ。 ★（保）「やっちゃんの歌が聞きたい。」と言った母の最後の言葉にこめられた思いはどのようなものだったのだろう。 　・いつまでも聴いていたい。・私の分まで生きて。	◇主人公と母の双方の思いを問うことにより，母の重い病状を知った時の主人公の衝撃や，母の極限の深い悲しみと焦り，子供を思う愛情を感じ取るようにする。 ◇保護者に母親の心情を問うことで，より，母親の切実な思いにせまるようにする。 ●母から受け継いだ生命を精一杯燃焼させようとする主人公の思いに共感することができたか。 【発言，観察】 ◇主人公はなぜ，生き方を変えようとしたのかという補助発問を通して，母との限りある時間をどのように生きようとしたのか，その変容の本質に迫るようにする。 ◇「かあさん…」の後に続く言葉を考えることで，主人公の母への思いや決意に迫るようにする。 ◇保護者への問いを通して，母親の無念さや，主人公への深い愛情をとらえるようにする。
○生命って何だろう。 ○「天使の舞い降りた朝」を聴く。	◇再度，テーマ発問することで多面的・多角的に考え，道徳的価値の自覚を深めていく。

4 **評価**　生命を多面的・多角的に考えることを通して，その有限性や連続性，唯一性などを捉えることができたか。

だ命というものを深く感じ取ることができた」という意見が多く見られた。道徳の授業において，音楽を効果的に活用することは，深く生徒の心を動かすものであり，ねらいとする道徳的価値により迫る思考を促すきっかけになると考える。生命に対する「畏敬の念」という言葉が学校教育に登場したのは「人間として重要なことは生命の根源に対して畏敬の念をもつことである」とした1966年の「後期中等教育の拡充整備について」（中央教育審議会答申　文部省）の「別記」の「期待される人間像」においてである。「生命に対する畏敬の念」は，葛藤の克服や気高い生き方を獲得する人間の「よりよく生きる喜び」を支えるものであると考える。

第6節　道徳と音楽との関連を図る有効性

　音楽は人間が創造的に対象と向き合い，より高次の深い関わりを探求しその自己実現のために鍛錬し続けることから生まれるものである。その姿勢は，よりよい生き方をどこまでも追求していくことに重なっていく。この点において，「美を価値判断の対象であるとし，美の対象は道徳的対象とその性質を同じくする」という本章の冒頭の西田幾多郎の言葉に帰結する。そうした音楽を，道徳教育と関わらせた実践の有効性は生徒の感想からも実感できた。音楽を活用した道徳授業についての感想では，「音楽を活用することで，純粋に心で思っていることを表すことができるようになった」などの意見が多くみられた。また，道徳と音楽との関わりについては，「道徳と音楽はどちらも人の心を深く動かし，生きる力が湧いてくる」などの感想がみられた。道徳も音楽も，生徒自身の幸せと，社会の幸せのために学ぶものである。そのような学ぶ意義を生徒が実感をもって認識できる道徳授業の構築が必要である。そのためには，道徳の授業と音楽との関連を図り，感性を働かせながら，対象となる価値の判断や関わりを創造的に捉え，感知融合の学習を通して，よりよい人生を切り拓く素地を育成していくことが有効であると考える。

● **参考文献** ●‥‥‥‥‥‥‥‥‥‥‥‥‥‥‥‥‥‥‥‥‥‥‥‥‥‥‥‥‥‥‥‥‥‥‥‥‥‥

アリストテレス著，山本光男訳（1969）『アリストテレス全集　15　政治学』岩波
　　書店

石黒真愁子（2021）「道徳教育と音楽教育との関連を図った道徳性の育成」麗澤大
　　学大学院修士論文

伊沢修二・山住正己校注（1971）『洋楽事始　音楽取調成績申報書』平凡社

江文也（2008）『上代支那正楽考―孔子の音楽論』（東洋文庫 774）平凡社

竹内照夫（1977）『新釈漢文大系 28「礼記（上・中・下）」』明治書院

西田幾多郎（1923）『藝術と道徳』岩波書店：5

プラトン著，藤沢令夫訳（1979）『国家（上）』岩波書店

第7章 中学生の発達段階や課題を考慮した道徳授業の展開

—————野本　玲子

第1節　中学校の道徳授業において発達段階や課題を重視する意義

1　中学生の発達段階

　中学校学習指導要領（平成29年告示）解説「特別の教科　道徳編」では，第3章道徳科の内容，第1節内容の基本的性格で，生徒の発達的特質に応じた内容構成の重点化として，「中学校の段階は，小学校の段階よりも心身両面にわたる発達が著しく，他者との連帯を求めると同時に自我の確立を求め，自己の生き方についての関心が高まる時期であり，やがて人生観や世界観ないし価値観を模索し確立する基礎を培う高等学校生活等につながっていく」と記されている。その一方で，思春期から青年期にかけては道徳的規範に対する同調性が低下し，親や教師などの権威者や既存の社会的組織に対する反抗的態度や逸脱行動が芽生えてくる時期でもある。道徳授業に対しても，生徒全員が最初から意欲的で素直な態度であるとは限らない。

　ヌッチ（Nucci, L.）は，『青年期における道徳性のU字型発達』のなかで，次のような道徳性の発達段階を提示し，13〜14歳の青年期初期はU字の底に当たり，規範に背を向ける最悪の段階だと述べている。①「慣習肯定」の段階（児童期）―小学生，②「慣習否定」の段階（青年期初期）―中学生，③「慣習が社会の調和に重要なものとして肯定される」段階（青年期中期）―高校生，すなわち，ルールや規則は権威の恣意的な命令と感じられるため拒否され，道徳的な状況での積極的な道徳的行動も退行する漸減期になる者もいると思われ

58

る，過渡的な段階である。

　したがって，中学校の道徳授業においては，特に「きまりだから守るべき」
等のインドクトリネーションではなく，あたりまえだと思っていることを突き
抜け，たとえば答えがひとつではない葛藤のある道徳的課題において「人間と
してどうあるべきか，どう生きるべきなのか」という問いに，いかに本気で考
えさせることができるかが大切である。

2 中学生の課題

　前述の解説において，第2章道徳教育の目標　第1節道徳教育と道徳科のな
かでは発達段階について次のように述べられている。「学校における道徳教育
は，生徒の発達の段階を踏まえて行われなければならない。その際，多くの生
徒がその発達の段階に達するとされる年齢は目安として考えられるものである
が，生徒一人一人は違う個性をもった個人であるため，それぞれ能力・適性，
興味・関心，性格等の特性等は異なっていることにも意を用いる必要がある。」
つまり，「道徳科においては，発達の段階を前提としつつも，指導内容や指導
方法を考える上では，個々人としての特性等から捉えられる個人差に配慮する
ことも重要となる。生徒の実態を把握し，指導内容，指導方法を決定してこ
そ，適切に指導を行うことが可能となる」わけである。それゆえ発達段階にふ
さわしい計画と，目の前の生徒に合わせて，すべての子どもたちを授業に引き
こみ，みんなで道徳的課題を考えていきたいという想いの両方から，より効果
的で魅力的な授業が生まれてくるのではないだろうか。

① 道徳性発達段階と個人差

　中学生は，コールバーグ（Kohlberg,L.）の道徳性発達段階においては，図表
7-1のように段階三，四に位置するものが多いが段階一，二で，褒められた
い，叱られたくない，こうするからこうしてほしいと考える生徒もいる。また
段階五に達する者もいて，幅広い対象への授業設計が求められる。さらに，道
徳性発達に必要とされる役割取得能力についても，個人差が大きい。

図表7-1　道徳性の発達と構造

年齢	認知能力	道徳性の発達			役割取得能力
		水　準	段　階		
大人／高校生／中学生	形式的操作	Ⅲ　慣習以降の自律的, 原理的原則水準	六	普遍的な倫理的原則の道徳性	全人類を含む普遍的な視点
			五	人権と社会福祉の道徳性	社会システムに先行する個人の視点
		Ⅱ　慣習的水準	四	社会システムの道徳性	抽象的な社会的な視点
			三	対人的規範の道徳性	他者との関係における視点
小学生	具体的操作(可逆的)	Ⅰ　前慣習的水準	二	個人主義, 道具的な道徳性	具体的な個人的な視点
			一	他律的な道徳性	自己中心的視点
	前概念的操作		〇	自己欲求希求志向	

出所）荒木（2017）

②　道徳性のU字型発達と道徳学習のモチベーション

　前述のとおり，道徳的規範に対し反抗的態度や逸脱行動もある中で，あたりまえのことを押し付けられる感じを拒否して自分の想いを素直に表現しにくいことがある。また，道徳的価値を深く考え，自分のこととして考えさせるために必要である「自我関与」の方法についても，直接的に「あなたはどうですか？」と問うことがベストではない場合もある。安心できる学級風土づくりをベースに，導入，展開での工夫が求められる。

③　さまざまな学力やスキルの開きと困り感

　小学校段階よりもさらに他教科の一般的な学習習熟度の差が開いており，読み物教材からの読み取り，コミュニケーション能力の差がある場合や，発達上の配慮や支援がより必要になっている場合も考えられる。

第2節　インクルーシブな視点を取り入れた道徳授業の展開

1 道徳的課題に向かうまでのさまざまな困難

　中学生が道徳科の授業で道徳的課題に向かう時には，さまざまな配慮の必要な生徒にとって，そのこと自体に取り組むまでに乗り越えなければならない困難がある。「思いやり」という道徳的価値を理解する時，一例として図表7-2のようなことが考えられる。

図表7-2　生徒が道徳的価値に向かうために超えなければならないさまざまなハードル

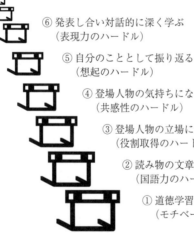

出所）野本（2019）を修正

2 『賢者の贈り物』の授業での具体的取組と効果

　『賢者の贈り物』オー・ヘンリー（Henry,O.）作（『私たちの道徳』）を読み，困難を乗り越えるための取組を行った。

①　道徳学習のやる気を出す（モチベーションのハードル）

導入で「思いやりって何？」「人の気持ちがわかること」「じゃあ，詐欺師は思いやりがあるね？」と「認知的不均衡を促す発問」をすることにより，「どうせ知ってるあたりまえのこと」から「えっ？」と，自分のなかの認知のずれに気づき，これがモチベーションとなった。

②　読み物の文章を読み取り，内容を理解する（国語力のハードル）

展開で「このお話を4コマ漫画で表現してみよう（棒人間でもいいよ）」と指示したことで，文章を読んだだけでは素通りしてしまうことも，自分が主体的に絵を描いて視覚化するために必要なことを丁寧に読み直すことになり，国語力をカバーしてストーリーを理解した。

③　登場人物の立場に立つ（役割取得のハードル）

「ジム，デラ，それぞれの人から見たストーリーを描いてみよう」という指示は，物語をすべてわかっている神の立場から，その人物の立場に立つことを

図表7-3　賢者の贈り物ワークシート

出所）荒木ほか編（2015：76）野本生徒作品

具体化する。自分自身が役割演技や動作化をすることは照れがあってできなくても，漫画の主人公としての「役割取得の機会」を得て，体験的な学びと同様の効果が期待できる。

④　登場人物の気持ちになって考える（共感性のハードル）

「思ったこと，言ったことを，吹き出しの言葉で書いてみよう」という学習活動は，いわゆる主人公の着ぐるみを着て，心を言語化する作業となる。思いと会話の吹き出しの形を変えて書かせた。相手を喜ばせたい，だけどお金がない，自分のことを想ってくれた幸せを感じる……等。共感的理解ができた。

⑤　自分のこととして振り返る（想起のハードル）

展開後段で，教師が作成したスライドを見る。教師は，容易に自分を振り返る作業を求めるが，考えにくい生徒もいる。学校生活全体で取り組んだ道徳教育の活動や身の回りの「思いやり」に気づくしかけを入れておくと，道徳教育の「要」の役目も果たし，「自己理解」のステップにもなる。

⑥　発表し合い対話的に深く学ぶ（表現力のハードル）

漫画を見たり見せたりし合いながら「自然と」意見交流が始まる。手を挙げて発表する勇気を出しにくい生徒も，表現を楽しみ，スモールステップで積み上げたなかでアウトプットの欲求もできてくる。対話的な学びは，「他者理解」「価値理解」においても，深い学びとなる。

キーワードを用いた文章を書く指示で，授業前後で，「人の気持ちがわかる」だけでなく，「相手の幸せを本気で願っていることが大切」と「思いやり」の本質についての学びと成長がメタ認知された。

第3節　答えが一つではない道徳的課題を「考え，議論する道徳」授業の展開

1 ねらいに近づく問いの立て方と学習者の立ち位置の違い

前述の解説 第1章総説において，「『多様な価値観の，時に対立がある場合

を含めて，誠実にそれらの価値に向き合い，道徳としての問題を考え続ける姿勢こそ道徳教育で養うべき基本的資質である』との答申を踏まえ，発達の段階に応じ，答えが一つではない道徳的な課題を一人一人の生徒が自分自身の問題と捉え，向き合う『考える道徳』『議論する道徳』へと転換を図るものである」としている。

　一定の決まっている正しさに，強い自分と弱い自分が葛藤する課題ではなく，道徳的な価値を深く考えようとすることで起こる葛藤について考え，議論する道徳である。学習者の立ち位置と発問によって，回答そのものも，考える領域，広さ，深さ，方向も大きく変わってくるので，どのようなねらいを立て，どう問うのか，教師の意図とファシリテーターとしての教師の役割が重要となる。

2　『最後の酸素ボンベ』の授業での具体的取組と効果

　ボスニア内戦時に，国境なき医師団のメンバーとして医療援助活動をしていた貫戸朋子さんが，限りある緊急医療キットを使うなか，助かる可能性の低い子どもの酸素ボンベを切って，次の人のために残す決断をしたという実話を元に，貫戸さんへのインタビューを踏まえて筆者が教材化した。2020年からの新型コロナの感染拡大による順序づけや命の選択等を耳にし，子どもたちは，社会の在り方を考え続けるだろう。授業のねらいは，「かけがえのない命，生命の尊さ」について，多面的・多角的に考え，他者の判断理由や意見を聞いてその価値を理解し，成長するところにおいている。

①　「貫戸さんはどうすべきだったのでしょうか」（当為）

　コールバーグのモラルジレンマ授業は，本来，この「should（当為）」を問うことで，道徳的判断を求め，判断がどちらであっても，討論でその判断理由の段階があがり，道徳性の発達をねらうものである。実際に授業を行うと，二択でも，数直線の割合や5択でも「医者は自分の感情に流されずに，より可能性の高い命を多く助けるために，酸素ボンベを切るべきである」という方に大きな山ができる。意見は，「医者という仕事」「トリアージ」「社会全体のシステム」「最大多数の最大幸福」「命の公平性」のあるべき姿に触れるものが多い。

授業前後で，判断自体はあまり変わらないが，友達の意見を聞いて，判断理由が増えたり，「他者理解」が進んだりしたという内容がよく記述される。

② 「あなたが貫戸さんだったらどうしますか」（自我関与）

他人事として考えず，自分自身の問題と捉えることは重要である。判断は，酸素ボンベを切らない方に比較的大きい山ができることが多い。判断理由や意見は，「男の子や母親の立場」に立って考え，その後の「自分自身の後悔や罪悪感」について述べる者も多い。授業前後で，最初，トリアージの知識で切るとしていた生徒が，助けてと泣き叫ぶ母の前に自分がいる状況を想像し，やはり切ることができないと変化することもある。意見を聞いて「そういう考え方や気持ちもわかる」という表現も多く出る。

③ 「貫戸さんは酸素ボンベを切りました。この決断にあなたは賛成ですか，反対ですか」

実際には，医者が非常時の判断をし，時が流れたことに対して「自分」をいかに関与させながら，目の前の患者の命を最後まで救いたい素朴な想いと苦しい決断を想像させられるか。時間をかけると，この問いがもっとも多岐にわたる意見が出て，「唯一無二の命の大切さ」「医者の真の使命」などに触れられていた。また，貫戸さん自身の「今でもあれでよかったのか迷っている。」という誠実で深い苦悩に，オープンエンドの本当の意味を感じる。中学生も教師も考え続ける道徳の授業を創っていきたいと考える。

• 参考文献 •

Nucchi,L.（2008）（渡邊ひとみ訳〔2009〕「青年期における道徳性のU字型発達」『道徳性発達研究』4(1)）

荒木紀幸ほか（2015）『考える道徳を創る「私たちの道徳」教材別ワークシート集　中学校編』明治図書

荒木紀幸編著（2017）『考える道徳を創る　中学校　新モラルジレンマ教材と授業展開』明治図書

NHK「課題授業　ようこそ先輩」制作グループ（2000）『国境なき医師団：貫戸朋子—別冊課外授業ようこそ先輩』KTC中央出版

野本玲子（2019）『日本道徳教育学会第91回大会』自由研究発表資料

第8章　対話を深める道徳授業

─────── 佐々木　哲哉

第1節　道徳授業において対話を重視する意義

　道徳授業が教科化され，アクティブ・ラーニングを具体化した「主体的・対話的で深い学び」の考え方が盛り込まれ，「考え，議論する道徳」として理念づけられた。道徳授業における対話が，思考を深め，自己を振り返させたりする教育作用をもつことが新たに意味づけられたといえよう。

　対話は，他者とお互いの見方・考え方などを交わす言語活動である。単なるおしゃべりや情報交換などとは違い，自分の認識を高める高度な教育的営みである。対話を道徳教育の視点からみると，次のような意義があると考えられる。

ア　多面的・多角的に見たり考えたりする機会が得られる。

イ　異なった理由づけや根拠を自分のものと比較することができる。

ウ　論理的に考え，筋道を立てて論証する力が養われる。

エ　自分の考えを見つめたり，自分の価値認識を検討し直す機会が得られる。

オ　思い込みや理解不足を知らされ，独り善がりを是正する機会が得られる。

　以上のことから，道徳的価値への論理的思考による理解を図ることで，道徳的判断力を鍛えることにつながると考えられる。また，自分の価値認識の再構成を図ることにもつながると考えられる。さらに，他者との対話から新しい視点を獲得し，自分の考えを見つめることで，「自分の考えはこれでよいのか」と問い直しを図る自己内対話を促すのである。

66

第2節　対話の方法論的源流と道徳科に生かす視点

1 方法論的源流としてのソクラテスの問答法（διαλεκτική）

　これまで多くの先哲や研究者などが教育における対話の意義や重要性について指摘し，その理論やその解釈をその時代に合わせて唱えてきた。彼らの多くは，源流としてのソクラテスの問答法を意識していると考えられる。プラトンの対話篇のなかで描かれたソクラテスの問答法による対話は，論理を積み重ねていく弁証法的性格をもち，対話相手に思い込み（ドクサ：δόξα）や無知（アマティア：αμάθεια）に気づかせたり，新たな視点を生み出させる産婆術（マイエウティケー：μαιευτική）としての特徴をもつなど，教育方法としての卓越性が指摘されている。また，ソクラテスによる対話は「善く生きるとは何か」「徳は教えられるか」といった問いによって，自らの生き方の問題，すなわち道徳や道徳教育の問題を議論することで，対話相手の認識を深めさせている。道徳科の授業においても，教材を通して道徳的価値に関わる問題を対話によって議論することで，新たな気づきを得たり，自らを省みたり，解決策や，新たな考えを産み出したりする可能性をもっている。ソクラテスの問答法に見られる対話の教育的効果は，現代の道徳教育の方法にも多くの示唆を与えている。

2 ソクラテスの問答法の考え方を道徳科に取り入れる視点

　ここでは，ソクラテスの問答法に見られる方法論的要素を抽出し，道徳科で対話の手法として応用できるものを考察する。

①　産婆術としての道徳教育

　産婆術は，本来もっているものを引き出す手助けをする方法のことである。教師が教えるのではなく，生徒たちから対話によって引き出すことを意味し，「精神の産をみとる」（プラトン著, 田中, 1966）産婆としての教育的役割を担う教師の立場を象徴している。

　道徳科で応用できることは，教師が対話のお膳立てを行い，対話を深化させ

るために話し合いの組織化を図っていく視点である。基本発問や中心発問を精選すると共に，補助発問を駆使して生徒の心のなかにあるものを引き出し，価値に気づかせたり，価値を吟味させたりするためのはたらきかけを行う。

② 　エレンコス（ἔλεγχος：論駁：反対論証）による議論の展開

エレンコスは，論理的推論を積み重ねる議論による考え方の検討を意味する。自らの認識を言葉によって定義づけ，相手の反対論証やそれに対する反論を積み重ねて吟味を重ねていく。

道徳科では，教材の主人公の考え方や行動について，自分の判断と理由づけを発表し合い，互いの違いを明確にして，具体例の提示や反論の根拠を示すなどの論証的に議論を進めていく視点が取り入れられる。

③ 　ドクサの排除

ドクサは，思い込みを意味する。人間は誰しも自分の知識，経験をもとに価値観を作り上げてきている。そして，自分の価値観が適切であると，知らず知らずのうちに思い込んでしまう傾向がある。対話により，他者との見方や考え方が異なっていたり，それを形づくる根拠の違いを知ることは，自分の認識が正しいかどうか，独善的，主観的なものではないかどうかの吟味を通して，自分の価値認識の構造に気づく機会となる。価値観が異なる他者の存在を知り，自分の認識不足や思い込みに気づくことは，新たな視野を得る機会となる。ドクサは，価値認識の再構成を図るために乗り越えなければならない壁である。

道徳科の対話のなかで「ドクサの排除」という観点から理解すべきことは，個人としての見方，考え方は一面的で，独善的になりがちな点である。他者から異なる視点を与えられ，多面的・多角的にみる視野を広げることで，価値認識を深化させられるような対話を組織化することが重要である。

④ 　弁証法的性格をもつ問答法

ヘーゲルがソクラテスの問答法を「主観的弁証法」と位置づけたことは，よく知られている。問答法は異なる考え方を止揚（アウフヘーベン：aufheben）して，新しいものを産み出す性格をもっている。そのためには対話によって視点の次元を高め，新たな考え方を生むための厳しいエレンコスが必要となる。

　道徳科における対話では，対立する判断や，見方・考え方の違いを発表させ，その理由づけや根拠の違いを明らかにしていくことが重要である。対話の授業では，互いに反証し合う議論の中で，今まで気がつかなかった解決策や新たな合意できる考え方を引き出すような話し合いの組織化として生かせると考えられる。

　⑤　「魂（Ψυχή）への配慮」としての道徳教育の視点

　「魂への配慮」は，ソクラテスが金銭や名誉，地位のことばかり気づかうアテネ市民（陪審員）に，「魂を最善にするように配慮する」（プラトン著，納富，2012）ことを訴えたことに由来している。人間の欲，見栄，利己心や打算とは対極にある人間の生き方を意味しており，「ただ生きることではなく，善く生きること」（プラトン著，山本，1968）という魂の浄化としての視点をもつ。これは，道徳や道徳教育を考える視点でもある。

　道徳科で応用できることは，「利己」を乗り越えて他者の幸福を考える「利他」から人間の生き方を考える視点である。

第3節　授業への取組と考察

　ここでは，前節の①〜⑤に示したソクラテスの問答法から抽出した内容について，実際の授業でどのように対話が深まったかを考察する。

1 弁護派と批判派の意見について協働的に議論させる対話の授業実践例

　ここでは，『足袋の季節』の協働的議論の授業記録から分析する。

　『足袋の季節』は，「人間の弱さ醜さの克服」が授業のテーマである。主人公の考え方や行動について，異なる見方・考え方を表明し合うことで，対話が②のエレンコスとしての性格をもちながら発展する。T_1の判断とその理由づけを求める基本発問は，その基盤をつくるねらいがある。

　S_1，S_2は「仕方ない」という弁護的な判断，S_3，S_4は「ダメだと思う」という批判的な判断を示している。S_1，S_2の弁護的な判断の理由づけは，人間誰しももつ心の弱さや利己心の肯定に依拠した理由づけである。

図表8-1　『足袋の季節』の協働的議論の授業記録から（一部抜粋）

T1　主人公がおばあさんに「五十銭玉だったね。」と言われて「うん」とうなずいたことをどう思うか。
S1　仕方がなかった。足袋さえ手に入れば足の冷たさから逃れられる。
S2　仕方ない。貧しいから，お金が欲しいと思うのは当たり前だと思う。
S3　ダメだと思う。足袋が欲しくて人をだますのはダメだから。
S4　ダメだと思う。盗んだも同然で犯罪になるから。
S5　仕方ない。お金が欲しいという気持ちをもつのは当然だし，おばあさんも「ふんばりなさいよ」と言ったのは計画的（知っていた）。
S6　仕方ない。ふんばりなさいよというのは，足袋が欲しいというのはわかっていたのだと思う。
S7　似ていて，おばあさんはわかっていて，ふんばりなさいよと言ったのだと思う。
S8　足袋が欲しいと思うのは仕方ないと思うけれど，だますのは悪だ。
S9　ちらっと見て踏ん張りなさいよと言ったのは，「これで足袋を買って，将来頑張りなさいよ」という意味だと思う。
S10　主人公の行動に対しては悪いことだと思う。
S11　おばあさんがわざと間違ったとしても，主人公はだましたことになるので悪い。

図表8-2　授業実践した『足袋の季節』の学習指導略案

第3学年　道徳科学習指導略案
1　主題名　　人間の弱さや醜さの克服
2　教材名　　『足袋の季節』（中江好夫：PHP 177号）
3　ねらい　　人間の弱さや醜さを克服し，自分に恥じない生き方や誇りある生き方を目指そうとする態度を育てる。
4　本時の展開

学習活動（主な発問等）	◇指導上の配慮事項
1　資料を読む。 2　あらすじを確認する。 3　感想を発表する。 　（主人公の考え方や行動についてどう思うか） 　・過ちは犯したけれど，このことをきっかけに自分に厳しく，強く生きられたと思う。 　・おばあさんは優しい人だと思ったが，それに甘えてはいけないと思う。	・筆者が置かれている厳しい状況を感じ取らせ，苦しい生活に共感させる。 ・時代背景，筆者の苦しい生活，なんとかして足袋が欲しい状況を解説する。
4　主人公の行動や気持ちについて話し合う。 （1）主人公がおばあさんに「五十銭玉だったね。」と言われて「うん」とうなずいたことをどう思うか。 　〈弁護派〉 　・おばあさんが間違えたのだから，悪くない。 　・悪いとはわかっていても，厳しい生活をしていたから仕方ない。 　・もし自分がその状況にあったら，自分もうなずいてしまうと思う。 　〈批判派〉 　・おばあさんも貧しいはずなのに，主人公はよくないことをしている。 　・これは犯罪も同然である。 　・自己中心的な考えだと思う。 （2）おばあさんの死を知った主人公がむしょうに自分に腹が立ったのはなぜだろうか。 　・もう謝ることができないから。 　・お金を返しておけばよかったと後悔したから。 　・償うことができず，罪を一生背負うことになるから。 （3）「おばあさんがくれた心」とはどういう心だろうか。 　・「ふんばりなさいよ。」という温かい心。 　・自分の心の甘さや誘惑に負けない心。 　・失敗を生かしてそれを乗り越え，強く生きようとする心。 　・人間として恥ずかしくない生き方をしようとする心。	・悪いことと知りながらも，苦しい状況に負けてしまう人間の弱さに気づかせたい。 ・「おばあさんが間違えた」という考えが出たら，この点について話し合わせたい。 ・人間は誰でも，失敗やあやまちを悔い，もとにもどしたい気持ちがあることに気づかせたい。 ・おばあさんの死によって，もとにもどせないつらい気持ちに共感させたい。 ・人間の弱さを非難する意見ではなく，本時のねらいとする価値にせまりたい。
5　教師の説話 6　本時の学習を通してあらためて考えたことや，今後の生き方に生かしていきたいことを書く。	・人間の心の弱さや醜さを克服し，自分に恥じない生き方や誇りある生き方を目指そうとすることの大切さを伝えたい。

　ところが，批判派のS_3は「人をだますのはダメ」，S_4は「盗んだも同然」という表現で，心の弱さや利己心を乗り越えて生きる生き方，つまり「善く生きる」を志向する在り方を示そうとしている。これに反論してS_5は「お金が欲しいという気持ちをもつのは当然」という人間誰しももつ心の弱さを肯定しつつも，「おばあさんは，わかっていて…計画的（知っていた）」という考え方を示した。S_6やS_7も，S_5の意見に賛同する形で「ふんばりなさいよ」というおばあさんの言葉が主人公を助けようとする考えが内在するという類推から根拠づけている。

　しかし，S_8は，「足袋が欲しいと思うのは仕方ない」と人間の弱さを認めつつも，「だますのは悪」と述べ，人間として許されない悪を示し，反証する。これについて，S_9は，「踏ん張りなさいよ」の解釈として「これで足袋を買って，将来頑張りなさいよという意味」だと類推して反論する。

　しかし，S_{10}は，「主人公の行動については悪い」と表現し，その行動は，おばあさんの意図の類推とは区別して行動自体に着目させている。S_{11}は，S_{10}の発言をさらに推し進め，「わざと間違ったとしても，主人公はだましたことになるので悪い」と主人公の行動は，虚偽であることを免れないから悪いという論理的結論を導いている。

　この展開は③のドクサの排除に関連している。おばあさんの善意だから許されるという弁護的な意見の中枢にある考え方は思い込み（ドクサ）であり，おばあさんの行動を自分の都合から独善的に類推したに過ぎない。こうした思い込みに気づかせるのは，「思わず，うんとうなずい」たことが虚偽の行動をしているという事実に目を向けさせる理性的な判断の理由づけを示すことにある。そのことが，より納得させる力をもつといえよう。こうしたエレンコスとしての対話は，「善く生きる」ことが，厳しさと弱さの乗り越えを示唆することに気づかせる発言を引き出していると考えられる。

２ 二律背反する意見から新しい視点を生み出す対話の授業実践例

　ここでは『選手に選ばれて』の中心発問に関わる授業記録から分析する。

図表 8-3　『選手に選ばれて』の中心発問に関わる授業記録から（一部抜粋）

T₁　このままだと平行線のままだよね。両者の意見をうまく解決させる方法はないだろうか。対立する意見を解決させるにはどうしたらよいのだろう。
S₁　他の人が代わりにやればいい。
S₂　リレーの練習時間を少なくする。
T₂　リレーの練習時間を少なくするというのはA君に出てもらうという前提だね
S₃　A君が勉強できる時間を作ってあげ，練習の時間を少なくするといい。
T₃　みんな優しいね。Aくんのことを考えているね。他にもいたよね。
S₄　遅れた分をみんなで教えてあげればいい。
T₄　なるほどね。
S₅　A君にはクラスのみんなが期待して選んだのだから，A君のために学級が何かしてあげればいい。

図表 8-4　授業実践した『選手に選ばれて』の学習指導略案

第 1 学年　道徳科学習指導略案
1　主題名　権利と義務
2　教材名　『選手に選ばれて』（『中学生時代：NHK出版』）
3　ねらい　自己と集団との関係を理解し，権利と義務について考え，よりよい社会生活を営む態度を育てる。
4　本時の展開

学習活動（主な発問等）	◇指導上の配慮事項
1　初発の感想を発表する。 ・こういう場面は自分たちの学校生活でも起こりうることだ。 ・A君はわがままだ。 ・A君の気持ちも理解できる。	・選手に選ばれたA君の立場について感想を通して明らかにしておく。
2　資料を読んで話し合う。 (1)　A君の発言や行動について，どう思うか。 ・A君にとって勉強が大事なら，無理に選手にしなくてもいいと思う。 ・嫌だという人に無理にやらせるのはどうかな。 ・ちょっと自分勝手だと思う。 ・一方的だ。A君の気持ちを考えていない。 ・選ばれたとはいっても，A君は別に立候補したわけではない。	・状況をおさえた上でA君の言い分に対して判断を求める。
(2)　「いったん選ばれた以上は，出場する義務がある」というみんなの意見について，どう思うか。 ・A君の了解を得ずに決めたのは，だめだと思う。 ・体育祭はみんなの行事だから，みんなのことを思って言った意見だと思う。 ・誰にでもできることではなく，A君だから選ばれたのだから頑張るべき。 ・選手の決め方が悪い。 ・みんなが納得した上で決めた決め方ではない。	・学級のみんなの意見にも極端なものがあることを押さえつつ，A君を選んだ学級のみんなの思いも理解させる。
(3)　このようにもめる原因はどこにあるのだろう。 　（A君を含めた学級のみんなに足りなかったものは，何だろう。） ・お互いが自分の意見を押し通そうとしたこと。 ・勝つことだけを優先したこと。 ・選考方法。 ・自己中心的な考え方ではなく，相手を思いやる気持ちをもつこと。 ・思いやりの気持ちや我慢する気持ち。	・どちらが悪いという結論ではなく，この資料を基に学級の一員としても仲間としてもできることがたくさんあることに気づかせたい。
(4)　対立する意見を解決させるには，どうしたらよいだろう。 　（自分がこの学級の一員だったら，この後どうするか。） ・A君に納得してもらうようにはたらきかける。 ・選考の方法をもう一度みんなで確認し，選び直す。 ・A君に無理矢理押しつけようとしたことを謝り，A君が必要であることを話す。 ・一緒に頑張ろうと声をかけに行く。 ・体育祭を通して，学級として何を目指すのかを再度確認し合う。	
3　教師の説話	・このようなことは日常生活でも起こりうるということを踏まえ，よりよい解決策を探り実践しようとする態度が大切であることを伝えたい。
4　本時の振り返り	

　A君と学級の立場の違いは，権利と義務の二律背反するような対立の状況をつくり，行き詰まってしまう。授業での話し合いも，考え方が対立する形で進んできたが，T_1では，「このままだと平行線のままだよね。両者の意見をうまく解決させる方法はないだろうか」と，補助発問で前向きに問題解決を考えることを示唆しながら，「対立する意見を解決させるにはどうしたらよいのだろう」と中心発問に導いている。これは，④の二律背反する考え方を弁証法的性格をもつ問答法的手法を用いて，二者択一ではなく，「A君のために」「A君もみんなのために」という両者の統一的な考え方を産み出す，止揚としての対話に発展させる土台をつくっている。

　S_1は「他の人が代わりにやればいい」という，A君がリレーに出ないという発想で考えている。S_2の「リレーの練習時間を少なくする」という発言に対して，T_2は「練習時間を少なくするというのはA君に出てもらうという前提だね」と確認している。この補助発問で，A君に出てもらうためにどうしたらよいのかを考えさせる新しい視野を広げる役割を果たしている。S_3の「勉強できる時間を作って…」の発言に，T_3では「みんな優しいね。A君のことを考えているね」と認め，これまで批判的な眼を向けた学級の立場の生徒に，A君の立場を理解する「利他」の視点に気づかせている。このことが，S_4の「みんなで教えてあげればいい」やS_5の「A君のために学級が何かしてあげればいい」といった⑤の「魂への配慮」としての「利他」，つまり，「A君のために」という視点を広げさせている。

　こうした授業者の一連の補助発問のつなぎによって，生徒の心のなかに眠っていた視点を産み出させている。これは，①の産婆術としての教育的はたらきかけによる効果であると考えられる。

●引用・参考文献●・・・
　プラトン著，田中美知太郎訳（1966）『テアイテトス』岩波文庫：38
　プラトン著，納富信留訳（2012）『ソクラテスの弁明』光文社文庫：63
　プラトン著，山本光雄訳（1968）『クリトン』角川文庫：114

人権教育との関連から進める道徳教育

─────坂井　親治

　道徳教育と人権教育は，共に人間の生き方を考えることや全教育活動を通じて行うことなど重なり合う部分も多い。また，人権教育を道徳科の授業において実施することも多い。両者を共に推進するうえで，よりよい関連性を図りながら効果的に機能させることが重要である。このことは，多くの学校で長年模索されてきた課題でもある。この論理に基づき，両者の関連性について考える。

第1節　道徳教育に人権教育をどのように位置づけるか

1　道徳教育と人権教育のねらい

　道徳教育は，「人間としての生き方を考え，主体的な判断の下に行動し，自立した人間として他者と共によりよく生きるための基盤となる道徳性を養うこと」（平成29年　学習指導要領　総則第1章）であり，人権教育は，「人権尊重の精神の涵養を目的とする教育活動」（2000年，人権教育及び人権啓発の推進に関する法律）が，ねらいとなる。学校における人権教育の目標は，「人権教育の指導方法等の在り方について『第三次とりまとめ』」をベースとして，道徳の4つの視点に当てはめ，それぞれの関係性を意識して整理すると，次のように表現できる。「児童生徒が，発達段階に応じ，人権の意義・内容や重要性について理解し，『自分の大切さ（Aの視点）とともに，他の人の大切さを認めること（Bの視点）』ができるようになり，『それが様々な場面や状況下での具体的な態度や行動に現れる』とともに，『人間の尊厳（Dの視点）』を重視して，『人権が尊重される社会づくり（Cの視点）』に向けた行動につながるようにすること」

となる。

　このことから，人権教育は，道徳の内容項目４視点と重ねて捉えることができる。よって，それぞれの視点のなかにある内容項目は，人権教育とつながりが深いことを意味する。つまり，どちらの教育も，人間としてよりよく生きるという原点は同じで，双方の関連をしっかり位置づける必要がある。

2 「価値理解」がつなぐ道徳授業と人権教育の接点

　人権教育について，国連の「人権教育のための世界計画」の行動計画では，ⓐ 知識及び技術・ⓑ 価値，姿勢及び態度・ⓒ 行動の３点をあげている。また，「第三次取りまとめ」では，「知識的側面」「価値的・態度的側面」「技術的側面」を柱としている。道徳科の授業においては，人権教育を推進する上で，単に知識やスキル的な学習を求めるのではなく，価値志向的な内面の育みから人権感覚の育成や実践意欲の高揚を図る必要がある。

　また，人権教育の普遍的視点と個別的視点をつなぐ根底には，「価値」についての学びがある。たとえば「障がいをもつ（がある）方の人権」を学ぶことは，「部落差別解消」にどうつながるのか。それは「公正，公平，社会正義」「思いやり」「真理の探究」など，内容項目で捉えられている価値が個別の人権課題をつないでいる。また，知識やスキルなどの学びを必要とする内容は，各教科・領域等との関連を考慮し，横断的な取組が必要となる。つまり，「人権教育もすべての教育活動において行う」ことが肝要である。

3 道徳のすべての内容項目に人権の視点をあてる

　学校の教育計画においても，道徳教育と人権教育との関係性を整理・作成することが望まれる。道徳科での人権教育を扱った内容項目の取り扱いにおいて，「公正，公平，社会正義」等のみが人権の視点に関わりがあるのではなく，すべての内容項目に人権の視点は関わっている。そのときに言及される理論のひとつとして，金井肇の「構造化方式論」がある。

> 【構造化方式論】
> ① 内容項目に含まれているすべての道徳的価値の統合をつくる。
> ② 一つ一つの道徳的価値を心に受け止めさせる。

　道徳的価値が内面化されて道徳的な実践に至るために，道徳の内容項目をトータルで学習させる。道徳的諸価値が統合された道徳性は，それぞれの道徳的価値に何らかの関連性が存在する。また，人間が行為選択をする場合，「単一の価値だけを純粋に志向して」ということは少ない。よって，ある価値観や信条が一定の道徳性として構造化されることにより，人権教育に関連する価値や諸能力もしっかりと育まれるものと考えられる（※第3節にて道徳科の内容項目と人権教育の視点を提案する）。

4　道徳教育と人権教育の肯定的目標と相乗効果

　人権学習を道徳（科）で行うにあたり，「差別心に気付く，差別をしない。」と，「○○しない」という否定的な目標を据え，授業を展開してきた印象が強かった。しかし，道徳授業の真骨頂は，誰もがもっている「自分の中にある良質の芽」を育てることであり，道徳授業の主眼は「道徳的価値の自覚」を促すことにある。「差別心，差別をしない」という否定的な目標設定から，「差別をなくす力がある」という肯定的な目標を設定する。肯定的目標を柱として，「道徳教育と人権教育の相乗効果を高めるための方策」を提案したい。

> ① 　人権教育で推進する「知識的側面，価値的側面，技術的側面」の学習の中でも，道徳科の授業で「価値的側面」の学びから，内面的資質の向上を図る。
> ② 　道徳科の内容項目（22項目）すべてに，人権の視点を据え，道徳科の授業のねらいを外さず，確実に内容項目すべてを実施する。
> ③ 　「差別をなくす力がある」といった肯定的な目標をもたせ，道徳的価値の自覚を促し，「自分を大切にすることや他者を大切に思う気持ち」を培う。
> ④ 　「道徳性の育成・人権感覚の育成」のために，道徳科の評価にしっかりと目を向ける。

　上記4点を基に，道徳教育と人権教育の関係性を十分に踏まえた教育活動を展開する取組が求められる。

第2節　いじめ問題に係る道徳授業を核とした取組事例

　いじめ問題に係る道徳授業から，学級活動，全校での取組に発展した事例を紹介する。

【実践事例】道徳科の授業より

1　主題名　誠実な生き方とは主とする価値　【C―11　公正，公平，社会正義】
　　　　　　　　　　　　　　関連価値　【D―22　よりよく生きる喜び】
2　教材名　卒業文集最後の二行（出典：「私たちの道徳」）
3　ねらい
　人間には，愚かないじめを引き起こす弱さや醜さがあると同時に自分が犯した罪に向き合い，よりよく生きていこうとする心があることに気づき，正義と公正さを重んじ，差別や偏見のない社会の実現に努めようとする道徳的態度を養う。
4　人権教育の視点〔※道徳科の内容項目と人権教育の視点参照〕
　人間の弱さに共感しつつもそれを許さず，不正な言動や差別，社会的な傍観を憎み，断固として否定する人間としての強さにあこがれをもち，努力する。
5　本時の展開

	学習活動 主な発問と予想される子どもの反応	○教師の支援と工夫 ◇評価の視点
導入	1．本時のテーマを知る。 過去の過ちに対して，人はどのように生きていくとよいのだろう。 ○今もつらい記憶は消えないでいる過去の過ちに対し，これからどのように生きていくとよいのか。	○問題意識をもたせることで，ねらいとする価値への方向付けをする。
展開	2．教材「卒業文集最後の二行」を読む。 ○三十年余りが過ぎた今でも　忍び泣いてしまうのは，どんな思いからか。 ・謝れなかったことへの後悔 ・本当に申し訳なく心からの反省 ・卑怯で弱かった自分が情けない ・情けない自分からよりよく生きたい ◎私は，あの二行をどのように捉えて，今を生きているでしょう。 ・過去に犯してしまったことを忘れず，しっかり向き合うこと ・相手の気持ちを理解しながら同じ過ちを二度としないこと ・ずっと後悔を背負うこと	○いじめをしていた頃の自分を「弱かった」と捉えさせることで，激しく後悔していることや心のつらさを強調する。 ○私がまだ「心の弱さ」を引きずっていることをおさえる。 ○いじめられていた子の側に立場を変えて考えることで，過去の過ちの重大さを認識させる。 ○謝りたくても謝れず，ときどき思い出しては苦しみ続ける私のこれからの人生を想像させる。
終末	3．本時の授業を振り返る。 ○自分のことばで，テーマについて多面的・多角的に考えまとめる。	○子どもの言葉で内容を吟味しながら，まとめる。 ◇正義と公正さを重んじ，差別や偏見のない社会の実現に努めようとする道徳的態度が育っているか。

【授業後の意見】

> ○とても勉強になりました。すごく納得できました。しかし，私が卒業した小学校でも道徳などの時間に「いじめはいけない」「絶対にしない」「見ていたら止める」などと言っているけれど，止められませんでした。「いじめ」は生きていく中で絶対に起こります。みんながその場で言っているのは，きれいごとです。いじめがあってほしいわけではありませんが，なくならないと思います。これが私の意見です。

　この意見は，「いじめはだめだ」という判断と「いじめはなくならない」と考える狭間の意見である。この意見から「人権を守ろうとする実行力」や「道徳的実践」へとつなげたいと考え，特別活動（学級活動）を行った。

【特別活動（学級活動）でまとまったこと】

> ○学級で「いじめ問題をなくすには」を話し合う。全校的に，「いじめ撲滅宣言」を考える。
> ○学級から生徒会に働きかけて，全校でいじめをなくす取組を考える。
> ○いじめがなくなっていないのではないか。本気でいじめのない学校にしたい。

　生徒の思いは集団のなかで共通理解されただけでなく，学級，学校からいじめをなくすため，生徒会が中心となり実効性のある取組へと広がりを見せた。

【全校生徒の合意により完成した「いじめ撲滅宣言」】

> 学校は一人一人に安らげる居場所があるところです。
> 誰もが明るく楽しい学校生活を送る権利をもっています。
> いじめは当事者も周りの人も不幸にします。
> お互いのことをよく知り，良いところを見つけ信じ合いましょう。
> ○○中学校からいじめをなくすために以下のことを守ります。
> 一．人の痛みを自分の痛みとし　自分がされて嫌なことを他人にしません。
> 一．勇気を出して相談し　一人で抱え込みません。
> 一．いじめを見たら自分にできる一歩を踏み出し見ているだけになりません。
> そして，先生や友達への相談はチクリじゃない！みんなの人権を守るために大切なこと。インターネットやSNSなどは，相手の立場になってよく考えて利用しよう。心から笑顔になれる学校生活を信じ合える仲間と。
>
> 　　　　　　　　　　　　　　　　　　（愛媛県西条市立河北中学校提供）

「いじめ撲滅宣言」を採択し宣言したことで，次のような効果があった。

○生徒，教師，保護者等が一緒に作成することによって共通認識が生まれた。
○いじめの抑止力。注意しやすい環境になった。
○いじめた経験のある生徒が，いじめをなくすためのリーダーとなった。

第3節　道徳の内容項目と人権教育の視点

　道徳科の授業においては，すべての価値項目が人権教育と関わっていることを認識し人権の視点を見据えながら丁寧に授業を実施することが肝要である。

道徳科の内容項目と人権教育の視点一覧表（中学校学習指導要領解説参考）

内容項目	道徳の内容項目（一部省略）	人権教育との関わり（※太字の部分）
A-1 自主，自律， 自由と責任	自律の精神を重んじ，自主的に考え，判断し，誠実に実行してその結果に責任をもつこと。	自分の内部に自ら規律を作り，外部に対し自ら決定する。そのため，**自らを律し，自分や社会に対して常に誠実であることを自覚し，人間としての誇りをもった，責任ある行動がとれる。**
A-2 節度，節制	望ましい生活習慣を身に付け，心身の健康の増進を図り，節度を守り節制に心掛け，安全で調和のある生活をすること。	節度と節制を心掛けることは，望ましい生活習慣を身に付けることにつながっている。日々の生活だけの問題だけでなく，**自らの生き方そのものの問題であり，**人生をより豊かなものとする。**自尊感情の高まりや進路保障としても重要**である。
A-3 向上心， 個性の伸長	自己を見つめ，自己の向上を図るとともに，個性を伸ばして充実した生き方を追求すること。	自己を見つめる中で，向上心がおこる。また，自分のもち味をよりよい方向に伸ばしていく「個性の伸長」によって，**自分自身が納得できる深い喜びを伴った意味ある人生を生きることである。**
A-4 希望と勇気， 克己と強い 意志	より高い目標を設定し，その達成を目指し，希望と勇気をもち，困難や失敗を乗り越えて着実にやり遂げること。	不安や恐れを抱いて**躊躇する気持ちに屈せず，自分が正しいと思うことをやり遂げようとする積極的な気力**である。「**勇気**」をもって，**いじめや差別を正していく。**
A-5 真理の探究， 創造	真実を大切にし，真理を探究して新しいものを生み出そうと努めること。	**偏見や先入観にとらわれず，うそ偽りのない真理を追究することが，**差別をなくす生き方につながる。
B-6 思いやり， 感謝	思いやりの心をもって人と接するとともに，家族などの支えや多くの人々の善意により日々の生活や現在の自分があることに感謝し，進んでそれに応え，人間愛の精神を深めること。	**人間尊重の精神，**生命尊重や畏敬の念に基づく人間理解を基盤として，他者に対する思いやりと感謝の心を通して具現化される。根本において，**自分も他者も，共にかけがえのない存在であることをしっかり自覚する。このことは，自分を大切にし，他者を大切にする人権尊重の精神の根底**である。
B-7 礼儀	礼儀の意義を理解し，時と場に応じた適切な言動をとること。	**相手に対して尊敬や感謝などの気持ちを具体的に示すことであり，人間尊重の精神**が肝要である。
B-8 友情，信頼	友情の尊さを理解して心から信頼できる友達をもち，互いに励	友達への信頼関係を通して，人間一般への信頼感が育つ。**仲間づくりの根底であり，生涯にわたって尊敬と信**

	まし合い，高め合うとともに，異性についての理解を深め，悩みや葛藤も経験しながら人間関係を深めていくこと。	頼に支えられた友情を育てる。相手の成長を心から願う。異性の特性や人格を尊重し，互いに信頼と敬愛の念をはぐくみ互いに向上していく。人間として認め合うことで，心は安定し異性に対する誤った考えは無くなっていく。
B-9 相互理解，寛容	それぞれの個性や立場を尊重し，いろいろなものの見方や考え方があることを理解し，寛容の心をもって謙虚に他に学び，自らを高めていくこと。	**相手の存在の独自性を認め，相手の考えや立場を尊重することが大切である。**開かれた心で他に対して謙虚に学んでいくことが，よりよい人間としての成長を促すために大切である。**個性の尊重や他に学ぶ広い心が人間として成長させる。**
C-10 遵法精神，公徳心	法やきまりの意義を理解し，それらを守り，自他の権利を大切にし，義務を果たして，規律ある社会の実現に努めること。	法やきまりは，自分自身や他者の生活や権利を守るためにあり，それを**遵守することの大切さは，自分や他者を大切にすることとつながる。**
C-11 公正，公平，社会正義	正義と公正さを重んじ，誰に対しても公平に接し，差別や偏見のない社会の実現に努めること。	**不正な言動や差別，社会的な傍観を憎み，断固として否定する人間としての強さ**にあこがれをもち努力する。あらゆる差別や偏見をなくし，正義が通り，公平で公正な社会の実現に努める。
C-12 社会参画，公共の精神	社会参画の意識と社会連帯の自覚を高め，公共の精神をもってよりよい社会の実現に努めること。	学級，学校，部活，生徒会など自分の所属する集団の一員としての自覚を高める。自分の所属以外の集団も認め，**広い意味の仲間意識を育てていく。集団の中でのびのびと自分のよさを発揮する。**
C-13 勤労	勤労の尊さや意義を理解し，将来の生き方について考えを深め，勤労を通じて社会に貢献すること。	**人間としての生き方に直接関わる内容である。**体験活動を生かす工夫など，内面的資質として道徳的実践力を育成する。**進路保障に関わる。**
C-14 家族愛，家庭生活の充実	父母，祖父母を敬愛し，家族の一員としての自覚をもって充実した家庭生活を築くこと。	過去から受け継がれた**生命の流れの中で生きている**こと。**温かい信頼関係，愛情**によって，**互いが深い絆で結ばれている**こと。家庭は「道徳のふるさと」であること。よりよい家庭を築く一員であることを自覚する。
C-15 よりよい学校生活，集団生活の充実	教師や学校の人々を敬愛し，学級や学校の一員としての自覚をもち，協力してよりよい校風をつくり，様々な集団の意義や自分の役割と責任を自覚して集団生活の充実に努めること。	生活の大半を過ごす学級や学校が重要な生活の場であること。関心・愛着・誇りがもてるようにする。日常活動・運動会・合唱コンクールなどを通じて**仲間づくり**を行う。何より**教師の深い愛情に裏打ちされた温かいまなざしと慈しみある態度が肝要である。**
C-16 郷土の伝統と文化の尊重，郷土を愛する態度	郷土の伝統と文化を大切にし，社会に尽くした先人や高齢者に尊敬の念を深め，地域社会の一員としての自覚をもって，郷土を愛し，郷土の発展に努めること。	地域の人々との人間関係を見直し，地域社会の実態を把握し認識を深める。先人や高齢者への尊敬と感謝の**気持ちを育む**ことが大切。**住みよいふるさととは，差別のない人権の尊重されるところである。**
C-17 我が国の伝統と文化の尊重，国を愛する態度	優れた伝統の継承と新しい文化の創造に貢献するとともに，日本人としての自覚をもって国を愛し，国家及び社会の形成者として，その発展に努めること。	地域社会に尽くした先人や高齢者などの先達に**尊敬や感謝の念を深め，**伝統の継承，新しい文化の創造，さらなる発展に努めることを考える。豊かな伝統と文化をとおして，**先人の生き方から，自らの生き方を考える。**人権が尊重される国民として自覚する。
C-18 国際理解，国際貢献	世界の中の日本人として自覚をもち，他国を尊重し，国際的視野に立って，世界平和と人類の発展に寄与すること。	様々な文化や価値観を背景とする人々と相互に尊重し合いながら，**差別や偏見を持たずに公正・公平に接する**生き方を考える。(例：マザー・テレサ) **国際的視野**に立つことは，人権尊重の視点にもつながる。

D-19 生命の尊さ	生命の尊さについて，その連続性や有限性なども含めて理解し，かけがえのない生命を尊重すること。	すべての道徳性は，**生命が価値あるものとして尊重されること**を前提として，はじめて成り立つ。**一人一人の生活，居場所が保障される**ことで，人間は，その生命を全うできる。
D-20 自然愛護	自然の崇高さを知り，自然環境を大切にすることの意義を理解し，進んで自然の愛護に努めること。	**自然の崇高さを知る**ことは，生命の尊さ，人間として生きることの素晴らしさの自覚につながる。感動する心，**豊かな心**を育て，人間として広い視野に立ってより成長していく。
D-21 感動，畏敬の念	美しいものや気高いものに感動する心をもち，人間の力を超えたものに対する畏敬の念を深めること。	**豊かな感受性の育成**とともに，自然や人間の力を超えたものに対して，美しさや神秘さを感じる。美的な情操を高め，**感動する心を育て，豊かな心を育て**，人間としてより成長していく。
D-22 よりよく生きる喜び	人間には自らの弱さや醜さを克服する強さや気高く生きようとする心があることを理解し，人間として生きることに喜びを見いだすこと。	**人間がもつ強さや気高さについて十分に理解すること**により，内なる自分に恥じない**誇りある生き方**，夢や希望など喜びのある生き方を見いだすようになる。**自分の弱さを強さに変え**，確かな自信をもち**自己肯定でき，よりよく生きる喜びを見いだす**ことが求められる。

●参考文献● ···

金井肇（2008）「第2部　第4章　構造化方式論と展開」『道徳教育入門』教育開発研究所

柴原弘志（2013）「道徳教育と人権教育」『部落解放研究』No.198，部落解放・人権研究所

柴原弘志編（2015）『「私たちの道徳」完全活用ガイドブック』明治図書

文部科学省（2008）「人権教育の指導方法等の在り方について『第三次とりまとめ』」

第10章 生徒一人ひとりの参加意欲と自己有用感の
高まりのなかで展開される道徳授業

――――増田　千晴

第1節　一人ひとりが主体的に授業に参加する
"参加意欲の高い"道徳科の授業

　どの教科の授業でも一人ひとりが全員，自分を意識して参加することが重要である。特に道徳科の授業では一人ひとりが参加することは，道徳科で学ぶ根本的な基盤である。その一人ひとりは個として孤立して学ぶのではない。一人の考えが互いに影響し合い，また，一人の考えが広がり深まっていく。さらに，自分の考えが更新されたり，再構築されたりする。道徳科では，この学びのために，一人ひとりが授業に参加する意義が高いと考える。

　では，生徒が意欲的に参加する授業はどのように生まれるのか。

　「自己の中に違和感が生じて，気づいたら主体的に考えていた。」という状態になっている時，生徒は意欲的に授業に参加できる。

　それは，以下の2つの時である。

　①「考えたくなる」「考えずにはいられない」発問によって，「そんなことわかりきっている」が崩れた時

　② 自己内対話で一生懸命考えても自分一人では考えや答えが生み出せない時

　① では，「そんなことは考える必要がない」自分のなかでは，すでに明白であることと安心しきっている自分がいた。しかし，「そうではない」と今までの自分に疑いの目を向けた時に，深く生徒は考え始める。主体的に意欲的に授業にのめりこんでいく姿が見られるようになる。

　② では，自分の考えが不安になり自分のなかで自己と対話をするが，自分

の考えが生み出せない時，今までの自分の価値観では無理と感じ，他者の考えを聴いてみたくなる。級友の考えが聴きたくて仕方なくなる。"今までの自分と同質の考え"と"今までの自分と異質の考え"の両方を，身を乗り出して聴きたくなる姿である。真剣に聴くと，何が自分と同じで，何が違うのかが自分のなかで少しずつ明確になってくる。そうなると，生徒は語りたくなる。自分（自己）から級友（他者）に向けて語っている姿が見られるようになる。

「考える」，「聴く」，「語る」が生徒の自己のなかと他者との空間のなかでさかんに行き来している時，一人ひとりの参加意欲が十分に高まっている授業といえる。

第2節 "自己有用感の高まり"のある道徳科の授業

自己内対話で一生懸命考えても自分一人の考えでは考えや答えが生み出せない時，他者との対話が必然となる。他者の考え（自分と同質の考え＋自分と異質な考え）を聴くことで自分の考えが広がる。他者と自己の対話からまた新しい自己内対話（異質な考えの同質化作業）が始まる。それは，他者のおかげである。それが互いに考えを伝え合い，新しい考えを生み出しつくることができれば，他者も自分もお互いが役に立ち合う，自分も役に立ったことが実感できる。

道徳科の授業のなかや生徒の生活のなかで，自己有用感を生徒が感じるとはどのような状態をいうのか。

自己有用感＝ ① 自分がみんなの（誰かの）役に立ったと実感できる

② 学級（集団）での自分の存在意義を実感できる

③ 自分の人生のなかでの今の自分の存在意義を実感できる

① の実感は，授業で「あの考え方，あの意見が自分にはない発想だった」「あの意見は自分にとってとても参考になった」と級友が語ったときに得られるものである。

② は，生徒が学級のなかで期待を寄せられている一人であることを実感するということである。「多くの他者に自分が影響を与えることができる存在であるかもしれない。」と感じることである。「あのことはあの子の考えを聴いて

みよう，このことはこの子の考えを聴いてみよう」と集団のなかの一人ひとりが学級のなかの誰かに期待を寄せている。それは出会いの**意外性**があり，対話の**新鮮性**でもある。授業の内容項目ごとで期待される人が違うこともまた，生徒自身楽しみになってくる。それがわかると，自分も期待されていることがわかり，自分の学級（集団）での存在意義に気付くことができる。集団のなかの自己有用感を実感する。

　③は，自己のなかの自己有用感である。"今の自分"が自分の人生のなかで意味あるものとして実感できることである。「たった一人の他者でも自分の考えや意見を知りたがっている人がいる。」「自分なんて」と思っていたが，それでも誰かが自分を必要としてくれている「生きていていいんだ」と感じる時である。

　①は1時間の授業で，②は毎時間の授業を重ねるたびに，③は①②の両方で生徒が感じ，心に浸透していく。①②③の実感があって，自己有用感が高まった授業と考える。

第3節　具体的な取組

1 「考えずにはいられない発問から，一人ひとりが主体的に参加し，自己有用感が高まる授業」学習指導例

【第3学年：「変わりゆく地球」『とびだそう未来へ』（教育出版）自然愛護】

1）**ねらい**：学習指導要領解説・教材・生徒の実態で決める。

　① 自然のなかで生かされている人間が，② 自然に対して謙虚に向き合うことの大切さを理解することを通して，③ 独善的になりやすい人間の心を反省し，④ 生きとし生けるものに対する感謝と尊敬の心を生み出し，自然を大切にしようとする道徳的な実践意欲を高める。

2）**授業イメージ**：授業の前と後の（生徒の変容）イメージをもつ。

「考えずにはいられない発問から，一人一人が主体的に参加し，自己有用感が高まる授業」
学習指導案

1　**主題名**　自然愛護
2　**教材名**　「変わりゆく地球」（教育出版3年）
3　**ねらい**：本文中に記載

	学習活動（主な発問と予想される反応）	指導上の留意事項
導入	1．「自然を大切にする」とはどういうことか考えることを知る。 2．教材の写真を見て，感じたことを発表する。	・ねらいとする価値への方向付けと資料への導入を図る。
展開　ねらいとする価値の追究把握・自己の生き方の自覚	3．「変わりゆく地球」を読み話し合う。 ①自然を大切にということは知っている。地球がこうなってしまったのは，私たちのどんな考えが足りなかったのだろうか。 ア　人は楽したい，快適な生活を捨てるという考えがなかった。 イ　人間の損得を優先し，将来のことを考えていなかった。 ウ　いつか技術が進歩すれば，問題を解決してくれる。 ②（①'の意味）そう考える理由は，何ですか。 ア　地球の破滅は，快適な生活のみ追う…人間の考えの浅さにあるから。 イ　地球や自然や生き物のことなど…広く先のこと考えられないから。 ウ　人は人間の科学技術の力を過信してるから。発想を変えないから？ ③わたしたちは，これから，まずは，せめて，どういう気持ちをもって自然の中で生きていけばいいのでしょうか？ ア　自然と人が共に生きていくと考える。まだ，スタートラインに立ててもいない。 イ　自然に生かされていることを頭に入れて，自然に感謝しながら，人間の自分たちが生きていく…を頭に入れて生きていきたい。 ウ　人は取り返しのできないところまで来て反省・後悔する。すべてのことにもいえると思う。一歩目に戻って考えることが大切。 エ　地球の支配者のようだけど自然があって初めて人間がある。人間の生き方の考え方（傲慢）を直さなければいけない。（エ＝ア＋イ＋ウ） ④（③'の意味）参考になった，自分にはない発想や考えを教えてください。 ア　アを聴き，お金や技術のことのみだった自分が恥ずかしいです。 イ　私たちは「自然に生かされている」ということが，自分の中に無い表現でとても印象に残りました。 ウ・エ　人がいて，自然があるのでなく，自然があって初めて人間があるという意見，とても納得です。考え方がすごく変わりました。	・教材の写真から地球の現状を受け止め，今までの人間の自然に対する行動や考えについて振り返って考えるようにする。 ・①では，意見を分類しながら板書する。 ・②では，自分に近い意見を選び，理由・根拠を伝え合う。 ・意見を聴き，自分たちは視点が人間中心になっている傾向があることに気付かせる。 **評・多面的・多角的視点** 級友の多様な考えを聴き，自分の考えを広く深くしようと話し合いに真剣に関わっていた。 **評・自分事としての捉え方** 今後自分が自然の中でどう生きていきたいか，考えを再構築しようとする意欲を持ったか。 ・④では，「参考になった」等，刺激を受けた考えに注目するように促す。 **評・多面的・多角的視点・自分事としての捉え方** ・級友から学んで変化・成長したことを互いに出し合い認め合う。
終末	4．今日学んだことを道徳ノートに書く。	・自分の変化・成長を振り返る。

4　**評価**：自然に対して謙虚に向き合うことの大切さを理解することを通して，地球や大自然，自然物等の生き物に対する感謝と尊敬の心を持ち，生かされている地球上の同行の徒として生きようとする意欲が高まったか。

〈授業の前〉　　　　　　　　　　　　　　〈授業の後〉

• 自然の中で生かされている人間という実感が薄い。①   • 人間中心の独善的になりやすい心に気付いていない。③

• 自然に対して謙虚に向き合い，自然の中で生かされている人間を実感したいと感じ始める。①②   • 生きとし生けるものに対する感謝と尊敬の心を生み出し，自然を大切にしたいと思い始める。③④

3）**発問構想**：もった授業イメージを生かし，以下ように発問構想をもつ。

指導案発問①＝（考えずにはいられない発問）

指導案発問②＝（自分の価値観では無理と感じ，級友の考えを聴きたくなる発問）

指導案発問③＝（考えたくなる発問）（級友の考えを聴きたくなる発問）

指導案発問④＝（自己の成長と存在意義を実感する発問）

　発問①は，第1節で述べた①の発問であり，生徒は自分のこれまでの生活を振り返りながら，視線を社会全体に広げて必死に考えた。発問②は第1節での②の発問となり，自分たちの考えの視点が人間中心であることに気づく。発問③で学級という空間のなかで，「考える」，「聴く」，「語る」という学習状況を生み出し，一人ひとりの参加意欲が高まる。互いの存在を認め合う。発問④で第2節で述べた①②③の実感．へとつながるのである。

2 「問いを生徒にもたせて対話を生み，主体的な参加意欲と自己有用感が高まる授業」学習指導例

　生徒一人ひとりが「問い」をもち，考えずにはいられなくなり "参加意欲と自己有用感を高める" 自己内対話と級友（他者）との往還頻繁な対話空間をつくる。

【第1学年：「オーロラの向こうに」『とびだそう未来へ』（教育出版）感動，畏敬の念】

１）ねらい，２）授業イメージ，３）発問構想と実践…❶の事例と同じ

　１）ねらい① 美しさと厳しさを併せもつ自然の中で，② 感動と自らの力の有限性とを痛感し，③ 人間として生かされていることの自覚や謙虚な受け止めを話し合うことを通して，④ 自然や人の力を超えたものからうける恩恵に感謝し，畏敬の念や感動を人間らしく受け止めようとする心情・判断力を育てる。

〈導入〉課題（問い）づくり「感動って私たち人間になぜ必要？どんな意義が…？」私たち人間にとっての感動の意義・必要性を考え，深く捉えていないことを意識させる。

指導案発問① ＝（考えずにはいられない発問）

　課題（問い）を生かし「話し合いたいこと１点に絞ろう！このままにしておけないことを出そう。」

指導案発問② ＝（自分と級友に対話したくなる発問）

　「毎年異なる感動で病みつきになる感動だから」「自然だからこその美しさ，人間が作ったものでないから」「心洗われる。純粋なものから受ける感動」「毎回未経験な驚くような出会いが待っている感動」「みんなに毎回違うオーロラを見せてあげたいから（写真家だから）」「自然だからこその感動，これから自然を見たとき，この場合どうだろうって見つかるから」（自分と級友に対話したくなる発問）

　「何回も失敗するから成功したとき感動が生まれる。努力があるから」「オーロラを見るとき，それまでの努力とかをいっぺんに体感するから」「苦労と感動は比例するから」（拍手「すごい」の声）

指導案発問③ ＝（考えたくなる発問）

　「感動することによって嬉しくなり行動力になる」「感動がないと生きられない。ずっと詰まらない。涙もない。感動があるから生きている」「感動は成長の元，毎日が思い出に…」（…発言が続く）

指導案発問③' ＝（自己の成長と存在意義を実感する発問）

「問いを生徒に持たせて対話を生み，主体的な参加意欲と自己有用感が高まる授業」学習指導案

1　主題名　感動・畏敬の念
2　教材名　「オーロラの向こうに」(教育出版1年)
3　ねらい→本文中に記載

〈授業の前〉　授業の前と後の（生徒の変容）イメージ　〈授業の後〉

- 自然など人の力を超えるものから受ける感動は少ない。①③
- 人間の有限性を自覚し，自然や人を超えるものへの畏敬の念を実感することは，あまりない。

⇒

- 美しさと厳しさの自然の中，感動を大切に生き方を考えることは，人の生き方の充実に繋がると考え始めた。①③
- 人間の有限性を自覚し，自然等人を超えるものへの畏敬の念を実感し，感動から受けることを大切にしたいと思い始める。②③

	学習活動（主な発問と予想される反応）	指導上の留意事項
導入	1．課題創り「感動って私たち人間になぜ必要？どんな意義が…？」。 ・うーん。考えたことない。なんで必要？　・元気になるから。 2．教材を紹介し，簡単にオーロラの説明をする。	・課題を持たせ，価値への方向付けと終末までの意欲を高める。
展開　ねらいとする価値の追究把握・自己の生き方の自覚	3．「オーロラの向こうに」を読み，話し合う。 ①話し合いたいこと（このままにしておけないこと）を出し合おう。 ・"魂が震えるような体験""生まれてから一度も体験したことのない感動体験"ってどんなもの…人間にとっての意義⇒㋐ オーロラから受けた感動 ・失敗してもやめない。成功につながるとき，失敗が感動になる。…人間にとっての意義。⇒㋑ 失敗と感動体験 ②…㋐ オーロラの感動って，何？　（「僕」＝松本さんの考え） ・自然の力は歯が立たない。…なぜ頑張るか→挑戦したいから。 ・なぜ止めないで続けるか→美しい自然に感動の嬉しさが忘れられないから。 ②…㋐ 自分は，そのことをどう思うか，理由・根拠を言おう ・実際，異なる感動に出会える。オーロラは自然だから，同じことは二度とないから。　根拠・理由を述べると生き方論が深まる。 ・自然だから，その美しさに出会いたいから。触れたいから。 ・自然だから，その感動，なんかある。これからの人生，豊かにしたいから。 ②…㋑ 失敗と感動体験→失敗と感動の大きさ（「僕」＝松本さんの考え） ・苦労して出会うと，出会うとき余計に感動的…ありがたさ，貰い物。 ②…㋑ ㋐と同じ発問 ・何回か失敗するから，感動が生まれる。 ・感動を得るために努力する。努力（苦労）するから，感動が生まれる。 ②「感動」って，私たち人間にとって，どんな意義があるんだろう。 ア．自然などの感動は，感動を大きくすることが分かる。 イ．苦労して，感動を大きくする。　自分の考え ウ．新しい世界が広がり，元気になる。生きるってうれしくなる。 ③級友から貰ったハッ，ギクッ，新しい見方，考え方は…。 ・人間は自然より小さいと思うと，感謝と有難みが湧く。これが現実なんだと。 ・感動はその人次第。人間の力の小ささを知れば，感動は有難く大きく感じる。　意見の異同は自分で判断し，自他の意見を見比べながら，皆が納得の分類分けとする。	■①では「オーロラの向こうに」を読み，話し合いたいことを生徒自身で出し合い決めさせるために「何かを感じこのままにしておけない」と思ったことを話題に…と話す。 ■②…㋐，㋑は，主人公の考えに生徒が疑問が湧いたことを"問い"とするため，発問そのものを「なぜ」「どうして」を生かし疑問形にする。 ■②は4つとも，中心的な発問であり，対話を深め主体性を持たせるために対話を深めるに，理由・根拠を「深ぼりのどうして・なぜ」等を合い言葉に使えるようにする。 評・多面的・多角的視点 評・自分事としての捉え方 ▣■③は価値把握の発問とし導入と比較し，成長実感を持てたか。 ▣■③'は学び空間の中，役に立ち合えたことを語り合い，成長実感を喜び合う。
終末	4．導入の「感動って私たち人間になぜ必要」を振り返り，道徳ノートに書く	▣振り返りカードに成長実感を。

4　評価：感動と自らの力の有限性とを痛感し，人間として生かされていることの自覚や謙虚な受け止めを話し合うことを通して，自然や人の力を超えたものから受ける恩恵に感謝し，畏敬の念や感動を人間らしく受け止めようとする心情・判断力を育てることができたか。

多面的・多角的視点：受けた感動や人の力を超えたものにどう関わるか，多様な級友の意見から多面的・多角的に学び取っていこうとしていたか。

自分事としての捉え方：受けた感動や人を超えているものにどう関わっていくか，自分の生き方として，考えを再構築しようとしていたか。

88

「感動は行動力になる」「苦労と感動は比例する」「感動は成長の元」（発言と拍手続く）

　生徒に話し合いたいことを決めさせる時は，生徒が教材に感動できていることが大切になる。話すより聴き学ぶことを大切に協働で納得解づくりを目指すなか，生徒は自己有用感を高める（当学習指導案は，柴田八重子作成による）。

第4節　参加意欲と自己有用感が高まる道徳科の授業の意義

　参加意欲と自己有用感が高まる道徳科の授業の意義は，以下の2つである。
①　互いの存在に驚きと尊敬を生み出す。それにより，相互に必要でかけがえのない存在の集団になる。
②　新しい問いが生まれ，問い続け，道徳的価値を更新し続ける生徒になる。
　学校において，勉強ができるできない，力の強い弱いがあるのだが，それぞれのものの見方や考え方を聴くと驚きがある。それは，「こんなふうに考えるのか」「こんなに深く考えているのか」と自分の級友に対する予想を超える発言があった時である。自分のなかにないものを語ってくれる級友を尊敬するようになっていく。確かに生きているという互いの存在を認め合うようになる。相互に必要でかけがえのない存在という意識が生まれるのである。その集団のなかで，授業で考えたことを基に，新しい問いが自分のなかに沸き起こる。その問いを自己に向けたり，他者に向けたりして共に対話し，自分の生き方を更新していく。他者から得られる考えが同時に問いになり，自分の生き方をよりよくすることを実感した生徒は，常に問い続け，生き方を豊かにしていく。これが道徳科の授業の意義であり，可能性である。

● 参考文献 ●
柴原弘志（2019）『板書＆指導案でよくわかる！　中学校1・2・3年の道徳授業35時間のすべて』明治図書
多田孝志（2018）『対話型授業の理論と実践』教育出版

第11章　生徒の情報モラルの育成との関連を考慮した道徳授業

金綱　知征

第1節　ネット媒介問題の実態と情報モラル教育の内容

1 生徒のインターネット利用とネット媒介問題への関与の実態

　今日，スマートフォン（以下，スマホ）などの情報通信機器の急速な発展と普及に伴い，多くの生徒にとってインターネット（以下，ネット）はかつてないほど身近な情報ツールとなった。内閣府（2020）の調査によれば，中学生のネット利用状況は95％に達しており，その内の69％がスマホから，また32％がタブレット端末からの利用である。急速なスマホ化が進む一方で，携帯ゲーム機（32％），据置型ゲーム機（11.5％），携帯音楽プレイヤー（8.5％）など，従来ネットの利用を想定していなかった機器からの利用も指摘されている。これらの機器による1日の平均ネット利用時間は176分と少なくない。さらに3時間以上利用している者の割合が50％に近いという結果は，ネット利用に対して自制が効かず過度に利用してしまう「ネット依存」のリスクを抱えた生徒の存在を窺わせる。ネットの利用内容をみると，動画視聴（80.5％）とソーシャル・ネットワーキング・サービス（以下SNS）などの対人コミュニケーション（80.3％）が中心であり，音楽視聴（66.2％）や情報検索（58.6％）が続く。文部科学省（以下，文科省）は，2016年に策定した「教育の情報化加速化プラン」のなかで教育現場におけるICT活用の必要性を主張し，2019年には児童生徒1人1台端末化と校内高速大容量通信ネットワークの整備による個別最適化された教育の実現に向けたGIGA（Global and Innovation Gateway for All）スクール構想を提唱している（文部科学省，2016；2019）。こうした状況を鑑みれば，今

後さらに多くの生徒がネットを生活の一部としてさまざまな場面で利活用していくことになるのは明らかである。

ところが，情報の適切な利用や内容の真偽などの判断が未熟な子どもたちは，ネットいじめをはじめ，ネットやオンラインゲームへの依存，SNS上での他者からの誹謗中傷や個人情報の暴露や拡散，売春やリベンジポルノなどの性犯罪や暴力犯罪への巻き込まれなど，さまざまなネット上のリスクに無自覚なままに晒されている（警察庁，2019）。近年は生徒自らが他者への加害行為に加担する事例や，自らの不適切行為によって被害を誘発してしまう事例の報告も見られる（警察庁，2019；警察庁・文部科学省，2020）。このような状況のなか，生徒がネット上での自他の権利を理解・尊重し，自身の言動に責任をもつと共に，種々のリスクへの接近・接触を回避し，情報を安全かつ適切に利用できるようになるためには，学校における情報モラル教育の充実は極めて重要かつ喫緊の課題である（文部科学省，2019）。

2 情報モラルの定義と内容

「中学校学習指導要領解説　総則編」において，情報モラルは「情報社会で適正な活動を行うための基になる考え方と態度」と定義され，「教科等の枠を超えた全ての学習の基盤となる資質・能力」のひとつと位置づけられている（文部科学省，2017a：85）。その具体的内容は，情報社会の倫理，法の理解と遵守，情報の安全な利用と危機回避，情報セキュリティ，情報機器の使用と健康との関わりなど多岐にわたるが，特に道徳科においては，情報社会の倫理や法の理解と遵守が中心的に扱われることが想定されている（文部科学省，2017b：99）。

今日の情報技術の急速な進展を背景に生徒が直面するトラブルも多様化・複雑化するなか，情報モラル指導に困難を感じる教員も少なくない（文部科学省，2019；森山ほか，2020）。玉田・松田（2004，2009，2014）は，教員が修得すべき情報モラルの指導内容について，「情報化が進展しても変化しない（不易な）問題と，情報技術が進化することによって変わる技術的側面に依存する（変化する）問題」（玉田・松田，2014：11）とがあり，教員はこの構造を理解すること

で，指導しようとする情報モラルの内容と，従来の道徳的内容とを関連づけた
指導が可能になると主張する（玉田・松田，2004，2009，2014）。

　玉田らによる「3種の知識による情報モラル指導法」は，この構造に基づい
て，従来の道徳教育で指導してきた「道徳的規範知識」に，状況判断の材料と
なる「情報技術の知識」を加え，それらを組み合わせて判断するための考え
方，すなわち「合理的判断の知識」を指導することによって，生徒の情報社会
における適切な判断力の育成を目指すものである。指導において重要な点は，
これら3種の知識の多くは変化しない「不易なもの」という点である（玉田・
松田，2004，2009，2014）（図表12-1参照）。情報モラルを指導する際には，表面
的な機器やサービスの変化に惑わされず，従来の道徳教育における指導内容が
情報モラル教育においても同様に大切であるとの認識のもと，情報モラルの判
断に必要となる最小限の情報技術に関わる知識の教授と，各状況において適切
な判断が可能となる「見方・考え方」の指導を意識することが重要となる。生
徒には，自らの経験を振り返りながら，情報化の「プラス面」と「マイナス
面」とについて十分に考え，議論する機会を与えることで，情報の利活用に対
する主体的・自律的な態度を身につけさせたい（玉田・松田，2009）。

第2節　留意すべきインターネットの特性と 道徳科における指導の在り方

1 匿名性への信念とその影響

　玉田らが示した「情報モラル判断に必要となる情報技術の知識」および「メ
ディアを介したコミュニケーションの心理的・身体的特性」（図表12-1）のう
ち，「信憑性」「記録性」「非対面」はネットの特性のひとつといわれる匿名性
と関連が深い。

　モリオとブッフホルツ（Morio & Buchholz, 2009）は相手を視覚的に確認でき
ない状態という最も低次かつ基本的な「視覚的匿名性」から，ネット上のアイ
デンティティと現実世界のそれとが切り離された状態である「アイデンティテ

図表 12-1　情報モラル指導における必須項目

【ア】情報モラル判断に必須の道徳目標（不易）		
道徳目標	下位目標	具体的な目標項目
自分自身に関すること	節度・思慮	1．欲しいものを我慢できる 2．自分の身を守ることができる 3．正しいかどうかを判断できる 4．やって良いことと悪いことの区別がつく
他人とのかかわりに関すること	思いやり・礼儀	5．相手を思いやる気持ちがある 6．相手が傷つかないかどうかを考えられる 7．相手に迷惑をかけないように努力できる 8．相手を不快にしないように気をつけられる
社会とのかかわりに関すること	正義・規範	9．正しいことを実行できる 10．ルールを守ることができる

【イ】情報モラル判断に必要となる情報技術の知識（不易：状況の知識）	
情報技術の知識	情報技術の知識の具体的内容
信憑性	11．インターネット上では誰でも発信できるので信用できない情報もあるので，必ず真偽を確かめなければならない 12．不適切な情報もたくさんあるので，そのような情報は見るのをやめた方が良い
公開性	13．インターネット上での書き込み（SNS・掲示板・プロフ・ブログなど）は，全世界に公開されているので，世界中の誰からでも見ることができる 14．著作権・肖像権を守って発信しなければならない
記録性	15．一度発信した情報は，絶対に取り戻せないので，必ずどこかに記録が残ってしまう 16．名前を書いていなくても匿名ではなく，誰が発信したかという記録が残っている
公共性	17．費用は発信者だけではなく，受信者も支払わなければならない 18．インターネットは公共の資源なので，無駄遣いをしてはいけない
流出性 （侵入可能性）	19．接続しただけで，自分のコンピュータに侵入されたり，何かを取り出されるような危険なページもある

【ウ】メディアを介したコミュニケーションの心理的・身体的特性（不易：状況の知識）	
心理・身体	具体的内容
非対面	20．対面では言えないようなことが言える 21．感情的になりやすい 22．真意が伝わりにくく，誤解が生じる 23．相手の状況が分からない 24．受け取る状況や場面によって感じ方が違う
1対1　多対多	25．警戒心がなく，情報発信をする 26．議論がエスカレートしやすい
依存性	27．夢中になって，やめられなくなる 28．人とのつきあいで，やめられなくなる 29．やめたくてもやめられなくなる
電磁波	30．微量な電磁波を発している 31．持つ場所に気をつける必要がある（心臓，頭） 32．公共の場所でも，使ってよい場所，悪い場所がある

【エ】変化する技術特性（変化：状況の知識）	
変化する技術特性	具体的内容
機器性能・形態の変化	33．サイズが小型化しどこにでも持ち運べるようになった 34．さまざまな機能が追加され，いろいろなことができるようになった 35．通信できるデータ容量が増大し，通信速度が非常に早くなった 36．通信できる場所が増え，どこでもネットにつながるようになった
サービスの変化	37．定額制によって，費用負担感が軽減した 38．長時間利用を促進するエンタテイメント性が向上した 39．利用者増加を意図してサービス側からのさまざまなアプローチがある 40．無料と称して，利用者を勧誘する

出所）玉田・松田（2014）

ィの乖離」，そして現実世界とネット上のいずれにおいても相手を特定／識別できない状態という最も高次で匿名性の高い「識別性の欠如」まで匿名性を 3 段階に分けて階層的に説明している。特に第一段階である視覚的匿名状態は，今日の生徒間のネットいじめやネットトラブルの中心的な場のひとつである LINE などの無料通信アプリによるコミュニケーションに代表され，道徳科における情報モラル教育の題材にも用いられている。この非対面状況下でのコミュニケーションについて考える際に，留意すべき心理的影響として以下の 3 点があげられる。

　ひとつ目の影響は，コミュニケーション相手の不確実性で，いわゆる「なりすまし」の問題に関わる。たとえば，ネット上の第三者が特定個人のニックネームを意図的に名乗って不適切な発言をしても，閲覧者にはそれが本人によるものなのか，当該人物になりすました第三者によるものなのかの判断は難しい。非対面状況下では，仮にそれが友人を名乗る人物であっても，安易に相手を信頼することが，時に危険を伴うことを理解しなければならない。

　2 つ目の影響は，相手の表情や身振り手振りなどのいわゆる非言語的手がかりの欠如である。対人コミュニケーションにおける非言語的手がかりの主たる役割のひとつは，自身の感情の伝達や，相手の感情の読み取りといった感情の相互交換である（深田, 1998）。この感情の相互交換がスムーズに行われないと，話し手の意図と，聞き手の解釈にズレが生じやすくなり，時に誤解や勘違いの原因となる。ネット上では些細な会話のすれ違いが，発言者本人の自覚もないまま，トラブルのきっかけになることもある点に留意しなければならない。

　3 つ目は，相手からうける社会的衝撃の減少である。社会的衝撃とは，対人場面で個人が他者からうける影響の強さである（Latané,B., 1981）。一般に，①相手の社会的地位や勢力，②相手との空間的接近度，そして③相手の人数の三要素によって決まる。視覚的匿名状況による二者間コミュニケーションでは，特に 2 つ目の「相手との空間的接近度」による衝撃は大幅に軽減される。社会的衝撃の減少は，対人的な緊張感を低下させ，ひいては相手に対する配慮や気遣いを欠いた言動の原因にもなるので注意が必要である。

　ここに示したネットの匿名性に関わる影響は，ネットが完全な匿名の世界であることを示すものではない。むしろ多くの場合，それは利用者の思いこみに過ぎない（折田，2009）。しかしながら，匿名であるとの強い信念は道徳の不活性化を引き起こし，他者への安易な誹謗中傷などにつながるのである（竹内・戸田・高橋，2015）。誤った知識が安易で不適切な言動につながること，そして相手の顔が見えないネットだからこそ，より慎重な行動判断が求められることの理解が不可欠である。

2 無境界性と想定観衆の問題

　近年，SNSを中心にネット上での不適切な情報発信が事件化する事例が多数報告されている。たとえば，2018年8月に愛知県で女子高校生の裸を撮影した動画を拡散したとして，高校生男女14人が児童買春・ポルノ禁止法違反の容疑で書類送検された（朝日新聞，2018）。これは先述した「情報技術の知識」のうち，「公開性」「公共性」「流出性」と関連した問題であり，「無境界性」ともよばれる「誰でも，いつでも，どこからでも」自由にアクセス可能な公共の場であるというネットの特性のひとつと関わる（Pornari & Wood, 2010）。

　多くの不適切投稿事件にみられる，検挙された者たちの「まさか特定されるとは思わなかった」の供述からは，ネットの匿名性に対する誤った信念が窺えるが，同時に「拡散するつもりはなかった」「身近な友人と共有したかっただけ」との供述からは，無境界性への意識の乏しさが窺える。自らが想定した投稿画像などの閲覧者（身近な友人）と，実際の閲覧者（ネット上の不特定多数の人間）との間に大きな隔たりがあるのだ。仲間内だけで楽しんでいるつもりでも，その情報は世界中に発信される可能性があること，そして一度発信された情報は，自分たちの意図とは無関係に誇張・歪曲され，回収が不可能となるほどに拡散されてしまう可能性があることを理解しなければならない。

3 群集性と加害行為への関与の問題

　ネット利用に関わる留意すべき3つ目の特性は群集性（1対1　多対多）であ

る（Pornari & Wood, 2010）。ネット上で何かしら不適切ととられる言動をした個人に対して，不特定多数の人びとが一斉に非難する発言を繰り返す（いわゆる“炎上”）事態は珍しくない。時に度を越した暴言や差別的発言にまで発展することもあり関与すればリスクは大きい。こうした炎上状態が起こる背景には，同じ価値観をもつ人びとが結びつきやすいというネットの特性がある（千葉, 2011）。ある人物の言動について「許せない」と感じる人びとが集い，当該人物は非難されて当然という偏った正義の意識が共有されてしまうのである。ネット上にはさまざまな価値観をもった人びとが集っていること，そして，たとえ自身の価値観とは相容れないと感じる言動に遭遇しても，その発言者を無分別に誹謗中傷する行為は「加害行為」であり，決して許されないことを理解しなければならない。

第3節　情報モラル教育の充実とネット媒介問題への適切な対応に向けて

　ネットの利用態様がますます多様化・複雑化するなか，学校は生徒への早急かつ適切なリスク伝達と，予防・再発防止に向けた適切な情報モラル教育を喫緊の課題として求められている（文部科学省, 2019）。個々の学校によって生徒の実態や抱えている問題，対応する教員の意識や認識，予防や対応の在り方までさまざまであるが，生徒をネット上のさまざまなリスクから守るための基本は，① 問題の種類や深刻度など生徒の実態把握，② 実態に即した学校内外における予防・対応策の検討，そして ③ 効果的な実践に向けた教員間の問題意識の共有である。

　道徳科における情報モラルの指導にあっては，最も重要なことは，ネット上でも，現実世界でも，生徒が理解・実践すべき道徳的諸価値に違いはないということである。その認識のもと，本章で紹介した道徳的実践を妨げる要因となるネット独自の特性について理解を促し，ネット上での適切な道徳的判断力と実践力の涵養を目指したい。デジタル世代と呼ばれる生徒自らが主体性・自律性をもって，ネットを適切かつ効果的に利用するための手立てを見つけ出せるよう導く指導が望まれる。

●引用・参考文献● ………………………………………………………………………

Latané,B.（1981）"The psychology of social impact", *American Psychologist*, 36（4）: 343-356.

Morio,H. & Buchholz,C.（2009）"How anonymous are online? Examining online social behaviors from a cross-cultural perspective", *AI and Society*, 23（2）: 297-307.

Pornari,D.C. & Wood,J.L.（2010）"Peer and cyber aggression in secondary school students: The role of moral disengagement, hostile attribution bias, and outcome expectancies", *Aggressive Behavior*, 36: 81-94.

折田明子（2009）「ネット上のCGM利用における匿名性の構造と設計可能性」『情報社会学会誌』4（1）: 5-14

警察庁（2019）「平成30年におけるSNSに起因する被害児童の現状」警察庁生活安全局少年課

警察庁・文部科学省（2020）「2020年版 ネットには危険もいっぱい〜あなたは本当に大丈夫？〜」

竹内和雄・戸田有一・高橋知音（2015）「青少年のスマートフォン＆インターネット問題にいかに対処すべきか─社会と教育心理学との協働に向けて─」『教育心理学年報』54: 259-265

玉田和恵・松田稔樹（2004）「『3種の知識』による情報モラル指導法の開発」『日本教育工学会論文誌』28（2）: 79-88

玉田和恵・松田稔樹（2009）「3種の知識による情報モラル指導法の改善とその効果」『日本教育工学会論文誌』33: 105-108

玉田和恵・松田稔樹（2014）「教師が修得すべき情報モラル指導内容の検討」『Informatio：江戸川大学の情報教育と環境』11: 9-15

千葉和矢（2011）「ウェブ空間における炎上の社会学─意図を超えた言説の普及」『千葉大学人文社会科学研究プロジェクト報告書』231: 24-37

「同級生の裸の動画拡散の疑い　高校生ら14人書類送検」『朝日新聞』（2018年8月17日付）

内閣府（2020）「令和元年度青少年のインターネット利用環境実態調査」

深田博己（1998）『インターパーソナルコミュニケーション─対人コミュニケーションの心理学─』北大路書房

森山潤・二木唯斗・黒田昌克・中尾尊洋・小倉光明・山下義史・近澤優子（2020）「高校共通科目『情報』における情報モラル指導に対する担当教員の困難感」『兵庫教育大学研究紀要』56: 31-38

文部科学省（2016）「教育の情報化加速化プラン（骨子）」

文部科学省（2017a）『中学校学習指導要領（平成29年告示）解説　総則編』東山書房

文部科学省（2017b）『中学校学習指導要領（平成29年告示）解説　特別の教科道徳編』教育出版

文部科学省（2019）「教育の情報化に関する手引」

第III部

カリキュラム・マネジメント
の充実による
「社会に開かれた教育課程」
としての道徳教育

概　要

七條　正典

　現在，学校における道徳教育について「社会に開かれた教育課程」の視点から見直し，カリキュラム・マネジメントの充実を図ることが求められている。第Ⅲ部では，このことについて，① 学校で一体的に取り組む道徳教育，② 各教科における道徳教育，③ 体験活動・体験学習などで展開する道徳教育，④ 異校種連携による道徳教育，⑤ 家庭や地域社会との連携による道徳教育の視点から論述している。

　第12章では，学校で一体的に道徳教育に取り組むために，まず，「道徳教育の目標」や「重点指導項目」を明確にし，生徒の道徳性の育成を目指して，道徳科を要としてすべての教科，領域において行うことの必要性を述べている。そして，その具現化に向けて，全体計画および道徳科の年間指導計画がどのような役割を果たすものであるかについて述べている。さらに，全体計画がその役割を果たし，具体的に機能するためには，各教科・領域での指導を時系列で示すと共に，教科や学年などのさまざまな場面や指導において道徳教育や道徳科の授業との関連性を具体的に示した「別葉」に関して，その役割や作成上必要な項目，作成に当たっての留意点などについて述べている。最後に，カリキュラム・マネジメントの視点から全体計画，別葉の活用について述べている。

　第13章では，各教科における道徳教育をどのように展開するのかについて，まず，その前提となる今回（2017）の学習指導要領改訂の基本となる考え方を確認している。そして，「学力」の「三層構造」と「育成すべき資質・能力の三つの柱」を対応させ，そこから，教科指導における「学力」と「道徳性」を育む学習活動との関連を図ることに言及している。具体的には，道徳の「内容」にある，個々の「内容項目」と教科固有の学習内容を関連づけて指導することが求められるとしている。最後に，「中学校外国語科（英語）」を例として，教科指導における道徳教育の具体的な展開について述べている。

　第14章では，体験活動・体験学習等で展開する道徳教育の可能性について，全校朝会における校長講話を中心に述べている。まず，全校朝会の校長講話を，生徒にとって身近な体験活動・体験学習のひとつとして，また道徳科の授業同様に大きな意味をもつものとして位置づけている。その上で，「三方よし」の考え方を踏まえ，「三方よし」を目指した校長講話を意図的に構想している。その講話例を紹介し，そのような校長講話を子どもたちがどのように受け止めたかについてのアンケート調査を実施し，その結果を分析考察して，意図的な構想の下に行う校長講話が効果的であることについて述べている。

　第15章では，幼稚園・小学校・高等学校等との異校種連携による道徳教育の展開について述べている。まず，異校種連携の意義として①子ども同士の交流の促進，②教員の子ども理解の深まり，③発達の見通しをもったカリキュラム・マネジメントの展開という3点をあげている。次に，校種ごとの連携の特徴と課題を，①幼・小の連携，②小・中の連携，③中・高の連携それぞれについて述べている。そして，異校種連携による道徳教育の実際について，①幼・小の連携と，②小・中の連携の具体事例を紹介している。最後に，異校種連携を進めるためには教員間の連携と細やかな準備，そしてカリキュラム・マネジメントの視点からは目指す子ども像や道徳教育のねらいの共有，児童生徒の発達段階や学習内容への共通理解の必要性を述べている。

　第16章では，家庭や地域社会との共通理解・相互連携による道徳教育の推進について述べている。まず，家庭や地域社会において道徳教育を行うことの重要性を確認すると共に，そこにはさまざまな問題があり，課題が山積していることを述べている。次に，中学校において，家庭や地域社会とどのように連携し，道徳教育を推進していけばよいかについて，①学校，家庭，地域社会が当事者意識をもてるような協働体制，②豊かな体験を拡充するような取組，③道徳科を中心に深い学びを実現する取組，④豊かな心を育む地域と共にある学校づくりという4つの視点から述べており，そこでは，学校と家庭，地域社会の協働関係の構築と，校長のリーダーシップのもとチーム力を発揮できるマネジメントの強化が求められている。

第12章　学校で一体的に取り組む道徳教育の在り方

———賞雅　技子

第1節　道徳教育の目標

学校の教育活動全体を通して行われる道徳教育の目標は，以下の通りである。

> 教育基本法及び学校教育法に定められた教育の根本精神に基づき，人間としての生き方を考え，主体的な判断の下に行動し，自立した人間として他者と共によりよく生きるための基盤となる道徳性を養うことを目標とする。
> 平成29年学習指導要領　第1章総則の第1の2

学校は，民主的な国家社会の形成者を育成するための責務を負っている。その実現のために，教育目標や校訓を掲げ，地域の実態や保護者・生徒の希望を実現する教育課程を編成する。コミュニティ・スクールのように，教育課程の作成に地域・保護者などが組織的に参加している。こういった「社会に開かれた教育課程」であることが望まれている。教育課程の実施に向けて，教職員は計画的・組織的に教育活動に取り組み，生徒の心身共に健康な成長を目指し指導を展開する。同時に学校は，その教育を実践展開し，折に触れ，その進捗状況を公開し，保護者・地域に発信していかなければならない。

ところで，教育目標や校訓は少ない言葉で，たとえば「自主，自律」や「生命の尊重」「友情」「役割と責任」などのキーワードを用いて，わかりやすく表現されている。

学校の教育課程は，特色ある教育を実現するための方針や具体的な方策を盛り込むことが責務となっている。そのうち，道徳教育については，「道徳教育の目標」や，学校の「道徳教育の重点指導項目」を明確にし，学校教育の全活動を通して，児童・生徒の道徳性の育成を目指し，「特別の教科　道徳」の授

業を要に，全教科，領域など行うことなどについて記す必要がある。

　児童・生徒が「人間としての生き方」を考える態度を身につけ，目標をもって自分の未来に向かって生きる力をはぐくむ道徳科の内容の充実は，35時間の単位時間の充足と共に重要な課題である。

第2節　道徳教育の具現化

1 全体計画

　道徳教育の全体計画は，学校の教育目標の下，道徳科を要とした道徳教育が，教科・特別活動・総合的な学習の時間・各学年や生活指導などと，どのような関連をもっているのかを示したものである。

　道徳教育の全体計画は，学校教育法や地区教育委員会の教育目標とつながり，道徳教育目標や重点指導項目を掲げ，教科・領域・分掌の目標と関連しあっていることを可視化したものである。そこに，実効性のある指導を展開しようとする組織としての意欲をみることもできる。また，全体計画は，その学校の道徳教育の目標と重点指導項目を中心に，学校教育が有機的につながり，各教科・総合・特活・学年・分掌が，大きな輪となって，生徒一人ひとりの心身共に健やかな成長と道徳性を養う組織力を示すものでもある。

2 道徳科の年間指導計画

　2019年度4月から中学校でも道徳が教科化したことにより，中学校でも教科書が配布された。年間指導計画は学年間や内容項目間の関連性及び，発達の段階に十分配慮した指導を展開することが必要である。学校あるいは地区教育委員会として，地域開発資料などを用いる場合は年間指導計画に組み込み，授業の教材名，主題名，ねらい，主発問，指導方法，評価などについて，年間指導計画で一覧できる。

　全体計画では道徳教育の全体像を，指導時期を含む教材名を記載した年間指導計画では道徳科の時間の概要を，確認することができる。また，年間指導計

画は，重点とする内容項目の配置を明確にし，進行管理だけではなく，道徳科指導の充実を図る基盤になる。ローテーション指導を取り入れている場合も，生徒が一定の期間で学ぶ内容を教師が共有し，効果的な指導を行うことができる。

第3節　全体計画と別葉

1 全体計画について

　道徳教育の全体計画は学校教育全体を総覧できると共に，教育を通して教育法規との関わり，保護者地域との連携までも一覧できる。

　また，学校教育の教科・領域・道徳教育などとの関連と育てたい生徒像に向けた，つながりのある指導体制を読み取ることができる。ただし，1年間を通して，いつ，どこで，どのように展開されるのかという具体的な情報は記載されない。道徳科を要とした道徳教育の視点からのつながりを示すものである。

◎全体計画の例

　縦置きの用紙，上段の右上（または左上）に日本国憲法・教育基本法があり，その左端（右端）に都道府県や区市町村の教育目標などを記載する。上段の中央は学校の教育目標，その下に道徳教育の重点目標というように順次内容は詳細になっていく。学年ごとの道徳教育目標，その指導方針などを記載する。道徳科の指導方針を記載する場合は，「多面的・多角的に考えることができるようになるために問題解決的な学習や体験活動など多様な方法を取り入れる。」あるいは「地域に貢献する人びとの授業参加を年間に1回実施するとともに地域への公開授業を実施する。」など，具体策を簡潔に盛り込むこともできる。全体計画は道徳科の年間指導計画とは異なり，教科・特別活動・総合的な学習の時間などを通して行う道徳教育を示すものである。

　全体計画は，学校で行う道徳教育の全体像を反映するものである。

　作成に当たっては，道徳教育推進教師だけが担当するのではなく，主幹や各主任が協働することで道徳教育に対する意識の向上が期待できる。教師の道徳

104

教育にかかる共通理解を図ると共に，道徳教育の充実と推進を図る重要なツールである。毎年必ず全面的に更新する必要はなく，年度末の学校評価の時期に加筆・修正をすることで十分である。

教科などにおける道徳教育に関連した目標の例

国語科　教材を通して人間としての生き方についての考えを深める。

社会科　社会の課題について理解し，正義や秩序の実現について考える。

数　学　課題に対し，自立して考え，論理的に思考する。

特別活動　学校行事において集団の一員として役割を果たし協力する態度を身につける。

2 別葉について

(1) 別葉について

　一方で，別葉は，各教科・領域での指導を時系列で示すと共に，教科や学年などのさまざまな場面や指導において道徳教育や道徳科の授業との関連性を具体的に示すものである。各教科・領域の指導時期や内容，道徳科の指導内容との関連について，みることができる。

　道徳教育の目標と道徳科の指導内容，および他の教科，特活，総合との関連について，時期や内容などを網羅していることなど，その果たす機能が全体計画とは異なっている。

　全体計画には，指導時期や期間などは記載されておらず，これを補うものとして別葉が重要な役割を果たす。別葉は，これまで各校で作成に至らないことがあり，場合によっては地区教委の指導で作成した例もある。別葉の果たす役割を理解することも重要である。生徒の育成に携わる教職員がどの教科・領域でも道徳教育の目標や重点指導項目を意識し，一致した言葉かけや指導を行うためのものである。

　別葉は，学年ごとに作成する。生徒の発達の段階を踏まえた発展的な指導を行うことを視点において作成することも重要である。さらには，学年会や分掌などでこれを活用する努力も必要となる。

　全体計画の別葉は,「社会に開かれた教育課程」を実現するための重要な鍵になる。とりわけ別葉は, 道徳教育の視点から, 各教科・領域・分掌における指導の重点を質的にも時間的にも明確にできる。保護者や地域へ向けて, 公開可能な情報であることも, 忘れてはならない。

(2)　別葉に含まれる項目

　別葉の形式は学校によって異なる。縦軸にすべての内容項目を A ～ D まで置き, 横軸は学校行事・学年行事・教科・特別活動・総合を置き, 内容項目に関連する活動や行事などを置く形式がある。また, 縦軸に月・週を置き, 横軸に道徳科・学校行事・学年行事・教科・特別活動・総合を並べる形式もある。前者は内容項目に対しての関連性をみることに便利である。後者は縦軸に時間と道徳科の教材・指導内容が併記されることで, 道徳科と他の教育活動との関連性と指導時期の差異を読むことができる。教科と道徳科の指導時期が前後しても, 関連づけた指導を行えるように配慮されている。

　縦軸に月・週を置く表では, たとえば, 全校地域清掃を C12 社会参画と位置づけ 12 月初めに実施するが, 道徳科での学習は 7 月であるとき, 12 月の特別活動欄に全校地域清掃と記入し【C12 社会参画】と記入する。

　道徳の内容項目 22 を縦軸において作成するのか, 縦軸に月・週・道徳科の内容を基本に作成するのか, いずれにしても教科・特別活動・総合などと道徳教育との関連づけを明確にできるのが別葉である。特に, 縦軸に月・週・道徳科を置く形式のほうが, 今後のカリキュラム・マネジメントにも関わり, 重要な役割を果たせると考える。

　別葉は学年別の表になるので, 学年の道徳教育の目標なども加えるとよいだろう。

　また, 道徳科の教材・ねらい・「内容項目」のほかに, 指導方法を記入することもできる。指導方法を記載することで「どのように学ぶのか」他の教科や特活の指導方法と連携することができるようになる。

　ワールド・カフェ方式の話し合いやロール・プレイなどの指導方法を具体的

に記載することで，内容項目と共に指導方法にかかる情報交換も活発になるであろう。多くの教師の手で作成する別葉なので，他教科とのより深い連携を生み出すことが重要である。

(3) 別葉の作成について

作成に当たっては，道徳教育推進教師が中心となる。各教科や特活の情報を，データベースに各担当者が記入する。このことにより，担当教科や生徒会指導における道徳的価値について考え，別葉への意識も高まり，内容項目と教科などとの連携を実現させる基盤になる。

ところで，道徳教育推進教師が，こういった企画を円滑に進めるために，管理職は，学校経営計画などに具体的に記載する必要がある。学校教育全体を通して行う道徳教育の要としての道徳科が発展する契機にもなる。

道徳教育推進教師は，別葉の作成に続いて，道徳科授業の進行管理を行うと共に，課題や成果を学期ごとに集約したり全体に周知したりすることで，次年度への情報整理を進めることも必要な活動である。

ところで，別葉はデータ上に保存しておいても活用につながらない。たとえば，職員室など校内に紙ベースで掲示し，進行状況を記入していくなど，「進行状況が，目に見える」ことは進行管理の鍵になる。

なお，別葉は，すでに教科書作成各社がフォーマットをもっているため，作成に負担がかかることはなくなったが，特色ある学校の取組や方針が見えるよう工夫する必要がある。

年度末には，次年度のための加筆修正を行い，シラバスや教科の年間指導計画とすり合わせなければならない。

第4節　カリキュラム・マネジメントの要として —全体計画，別葉の活用—

学習指導要領総則（2017）において，カリキュラム・マネジメントについては，「生徒や学校，地域の実態を適切に把握し，教育の目的や目標の実現に必

要な教育の内容等を教科等横断的な視点で組み立てていくこと，教育課程の実施状況を評価してその改善を図っていくこと，教育課程の実施に必要な人的又は物的な体制を確保するとともにその改善を図っていくことなどを通して，教育課程に基づき組織的かつ計画的に各学校の教育活動の質の向上を図っていくこと」とある。

　また，目指す資質・能力の三つの柱のうち「学びに向かう力，人間性等」は道徳教育に直結する事柄であり，生きる力は，将来社会において必要になる人間力であり，「自らを律しつつ，他人とともに協調し，他人を思いやる心や感動する心などの豊かな人間性」を目指すと述べられている。

　新たに，カリキュラム・マネジメントの視点から，教育課程の編成，実施，評価，改善を行うと共に，学校教育全体を通して育成すべき資質・能力の相関・関連を図ることを打ち出している。

　道徳教育の全体計画とその別葉に示される学校教育の全体像は，カリキュラム・マネジメントを展開する重要な基盤となると考える。とりわけ全体計画は，学校教育目標と道徳教育の目標や重点指導を具現化する全校の取組を示す。別葉は，いつ，どこで，どのような指導を行うのか，教育の具体を把握できる。

　たとえば，ある中学校の教育課題が「生命尊重の教育の充実，自主・自律の態度を養うこと」であるとき，中・長期的な学校経営目標に，「生命尊重の教育の充実，自主・自律の態度を養う」を掲げ，その理念や指導方針，計画，実施方策が記される。

　これに基づき，道徳教育の全体計画や別葉には，「生命尊重，自他の尊重」について中学校教育を通して，いつ，どのような場面で，生命尊重や自他の尊重に関わる指導を行い，深めていくのか，その連携や相関関係を示すことができる。異なる教科が連携して横断的指導を行ったり，総合的な学習の時間のテーマを学年段階で深めたりするなどの具体的取組を，別葉を用いて見える化し，学校として実践・展開することを可能にする。

　道徳教育の全体計画や別葉はその作成過程も，カリキュラム・マネジメント

の重要な活動のひとつである。教師が協働して，別葉を作成することで，学校の教育目標や道徳の重点指導項目の実現についてそれぞれの立場から，教員が考え始める。あるいは分掌や学年で自分のこととして考え，言葉にして議論する。さらには，目標の実現につながる手立てや具体策をチームとして考えることになる。

　カリキュラム・マネジメントは管理職の仕事ではなく，教師一人ひとりが担うものである。教師が「横断的な視点に立」つことや，生徒の成長や学校教育を見ようとすることが求められる。組織的かつ計画的に教育活動を行い，その過程においても自己評価を行い，早急な改善につなげることも可能になる。別葉の作成は，学校の教育課題について一人ひとりの教師が正対する契機になる。そのことによって，地域・保護者の期待に応える学校教育を実現することが期待できる。

　カリキュラム・マネジメントを進めるためには学校内の情報集約と進行管理が鍵である。教科・領域などの関連ある指導の実施状況について評価・改善していかなければならない。カリキュラム・マネジメントの目標は教育活動の質の向上である。その実現のために，道徳教育や道徳科は，教師間，教科間の壁を低くし，生徒の成長や問題の把握，指導方法などについて横断的な視点で見たり，実践したりすることを可能にする。

　学校教育全体をつなげる道徳教育の全体計画と別葉の作成は，カリキュラム・マネジメントを実現するための重要な情報基盤である。

・引用・参考文献・

赤堀博行（2020）「道徳教育とカリキュラム・マネジメント」校内研修シリーズ68，教職員支援機構

平野良明（2017）『教室の窓』北海道版，東京書籍，3：2-3

文部科学省（2017）『中学校学習指導要領（平成29年告示）解説　特別の教科　道徳編』教育出版社

第13章 各教科における道徳教育の展開

————齋藤　嘉則

　文部科学大臣は，「教育課程の基準の在り方について」を中央教育審議会へ諮問するまでの2年間，学識経験者を集め，「育成すべき資質・能力を踏まえた教育目標・内容と評価の在り方に関する検討会」（以下，「検討会」という）を平成24年から26年まで13回にわたり開催している。そこでは，「学力」の捉え方を学術的に整理した。そして，「学力」構造を広範に捉え，学校教育法で規定している「学力」の3本柱との整合性を明瞭に説明している。このことを踏まえつつ，各教科における道徳教育の展開を考えたい。

第1節　「検討会」の論点整理―「学力」構造の確認―

　「検討会」の論点を整理して今回の学習指導要領改訂の基本となる考え方を確認する。そこから各教科における道徳教育の展開につながる視点を得たい。

1　「検討会」で何が話し合われたか―「学力」構造の確認―

　文部科学大臣の諮問の前に，前述の「検討会」が開催された。そこでは「学力論」が話し合われ，学術的な整理がされている。学校教育法との整合性をもたせることも念頭に置きながら，「学力」を「三層構造」で捉えている。
　まず，ここで「検討会」が提案したものを確認したい。この「検討会」においては，「学力」を3つの層として示している。その3つの層を奈須正裕（2017）が簡潔にまとめているが，その概要を次に示す。

　ア）教科等を横断する汎用的なスキル（コンピテンシー）等に関わるもの
　　①汎用的なスキル等としては，例えば，問題解決，論理的思考，コミュ

　　ニケーション，意欲など
　②メタ認知（自己調整や内省，批判的思考力等を可能にするもの）
　イ）教科等の本質に関わるもの（教科等ならではの見方・考え方など）
　ウ）教科等に固有の知識や個別スキルに関するもの

　まず，ウ）の「教科等に固有の知識や個別スキルに関するもの」についてであるが，これがいわゆる教育内容，コンテンツという層である。これは従来から学習指導要領に示されているそれぞれの教科等の「内容」，すなわち，知識や技能である。次に，その対極に，ア）の「教科等を横断する汎用的なスキル（コンピテンシー）等に関わるもの」がある。いわゆるコンピテンシーという層である。このア）とウ）の間に，「教科等の本質に関わるもの（教科等ならではの見方・考え方）」という層をおいた。これが，それぞれの教科等ならではの「見方・考え方」であり，各教科の本質であるということが述べられているのである。この層を通して，教科を超えた汎用的なスキルと，各教科などに固有の個別的な知識や技能を繋ぐという構成になっている。

2 「教科等の本質に関わるもの（教科等ならではの見方・考え方）」とは何か

　「教科等の本質に関わるもの（教科等ならではの見方・考え方）」はその教科等の本質である，と示されているが，その「本質」とは何か。それは各教科にはその教科特有の「対象」と「方法」があることから，その本質が導き出される，という考え方である。たとえば，「生命」については複数の教科で扱っている。複数の教科で「対象」としているのである。しかし，同じ「対象」ではあるが，それをそれぞれの教科等ならではの認識・表現の「方法」で取り扱うことで，その教科の系統性，知識の体系を構築している。このことはそれぞれの教科の背後にある学問（以下，「親学問」という）が，その「対象」とその「対象」に挑む特有の認識・表現の「方法」により異なる知識体系，学問体系を構築していることに由来する。

　そこで，「三層構造」の真ん中にある，イ）の「教科等の本質に関わるもの（教科等ならではの見方・考え方）」はどんな役割，機能を果たしているのだろうか。たとえば，ある学問において，学問の対象である事物と事物を比較して検討したり，対象の事象について論理的思考を働かせて問題解決に挑んだりしながら，それぞれの親学問は，ウ）にある膨大な知識と技能を生み出してきた。また，この過程でそれぞれ固有の膨大なスキルが育まれてきた。ある時，そのなかからそれぞれの学問から離れてア）にある汎用的なスキルとなるものもあった。たとえば，問題解決や論理的思考である。この様にして，イ）はア）にとっても，ウ）にとってもなくてはならないものなのである。

　ただし，ここで確認しておきたいことは，イ）がウ）の膨大な知識・技能を生み出すといっても，教科を学ぶとは単に膨大な知識の量を増やすことではない。その知識を如何に構造化するか，そして，その教科の親学問がもつ固有の構造に似かよったものに組み込むこと，洗練させていくことなのである。そしてその結果として，生徒はこれまで自分たちの身の回りにある現象や事物をその教科の知識を活用して構造的に把握することができるようになる，ということなのである。脈絡もなく闇雲に知識や技能をただ教え込むことではないのである。活用できる知識とするため知識の質を高めるということが本来大切にされるべきものなのである。

第2節　「学力」と「道徳性」を育むための学習活動

　ここまで確認してきた内容から実際に日常の授業実践の過程で生徒たちに育む学力が道徳性の育成につながる具体的な指導の在り方を確認する。

1 「育成すべき資質・能力の三つの柱」と「三層構造」

　学校教育法に規定されている「育成すべき資質・能力の三つの柱」と「検討会」で検討された学力の「三層構造」は，同じ「学力」という立体的な構造体のモデルであると理解できる。奈須正裕（2017）は講演の中で，「この2つについて『学力』という同じ立体的な構造体をどの面で切ってみせているか，そ

図表13-1 「三層構造」と「育成すべき資質・能力の三つの柱」対応表

三層構造		育成すべき資質・能力の三つの柱
教科等を横断する汎用的なスキル（コンピテンシー）などに関わるもの	→	思考力・判断力・表現力等
	→	学びに向かう力・人間性等
教科等の本質に関わるもの（見方・考え方）	→	×
教科等に固有の知識や個別スキルに関するもの	→	知識・技能

　の切り口が違うだけであって，どちらも『学力』というモデルを表現しているに過ぎないが，妥当性は高いものである」と述べている。

　また，改訂後のそれぞれの教科の目標を確認すると，この「育成すべき資質・能力の三つの柱」は，それぞれ該当する各教科の目標として，(1)，(2)，(3)として書き出されている。ここで「検討会」で検討された学力の「三層構造」と「育成すべき資質・能力の三つの柱」の対応関係を上の図表で確認したい。

　ここでは，「三層構造」の「教科の本質」が残り，「育成すべき資質・能力の三つの柱」には対応するものがないのであるが，これはそれぞれの目標のなかに別建てで，「見方・考え方」として教科の目標に位置づけられている。すなわち，「見方・考え方」と「資質・能力の三つの柱」からなる4文構成での目標の表現となっている。各教科の目標を確認してほしい。

　たとえば，中学校，高等学校外国語科の目標を道徳教育の視点から確認すると，目標の(3)には，「聞き手，読み手，話し手，書き手に配慮しながら」との記述がある。外国語科の目標はコミュニケーションである。社会的な行為なのである。その行為行動に人としての道徳性が内包されていることがわかる。それが欠落していたのではコミュニケーションは成立しない。いかに外国語の語彙や表現などの言語知識を習得し駆使できるようになったとしても，それだけでは教科の目標であるコミュニケーションは成立しないのである。

2　教科指導における「学力」と「道徳性」を育む学習活動

　道徳の「内容」にある，個々の「内容項目」と教科固有の学習内容を関連づけて指導することが求められている。このことは重要なことである。しかし，ここではさらに一歩進めて，「内容」全体に関わる教科指導の在り方の改善が大切であると考えられることから，そのことについて述べる。

　まず，それぞれの教科固有の内容には，その教科の背景にある親学問の学術的な研究の成果として人類が営々と築きあげてきた知の体系がある，と述べた。本来，人として，森羅万象，この世の摂理を知れば知るほど，理解すればするほど，その摂理に反することが行為行動として出現することはない。すなわち，「知識」がある，ということはそのことで人の行為行動の規範となりうるのである。万一，人の「知識」がそのようなはたらきをしない場合は，その「知識」が内面化されていない証拠と考えるのが順当ではなかろうか。先哲が主張したように，人が人として「知識」を得るということは人の善なる行為行動の規範となりうるものとするということである。そのようなはたらきをしない「知識」は人の「知識」の体系に組み込まれた，真に身についた「知識」ではない。表層的な理解に止まった「知識」であり，学習指導要領等でも説明されている，「生きて働く確かな知識や技能」の域には達していないのである。

　そこで，教科指導が教科書の内容をただ闇雲に習得することだけを求めていたのでは，道徳性を育てることなどはできないのである。そのために学習指導要領の改訂において，各教科固有の「見方・考え方」を働かせた，教科等の本質を踏まえた教科指導が志向された。その方法論のひとつとして，「主体的・対話的で，深い学び」が求められているのである。

　すなわち，知識や技術をどのように学ぶのか。そして，その知識や技能をどのように活用して社会や世界と関わり人としてよりよい人生を送るのか，ということを視野に入れた教科指導や学習活動が求められている。このことがまさに道徳教育につながる教科指導や学習活動の在り方であると考えられる。

第3節　教科指導における道徳教育の展開
―実践事例「中学校外国語科（英語）」―

　前節では，「知識」を習得することが人の行為行動の規範となりうる，と述べた。ここでは，その具体的な姿を学校における，「授業」の様子から考えたい。ここでは，中学校外国語科（英語）の一般的な授業例を取り上げた。

1 「授業」の構造と「学習集団」の育成

　そもそも教科の「授業」とは何か。授業の構造はどのように，構成されているのだろうか。私たちは学校において，「授業」という用語を多用する。大学においても同様に，「授業」という用語を頻繁に使用するのである。しかし，類似した用語として，「講義」という語も用いられる。「授業」と「講義」，この違いは何であろうか。用語が違う，言葉が違うのであるからその指し示す内容は異なる，と考えるのが自然である。

　そこで，「授業」には2つの場面がある，と考える考え方がある。それらは，教師の「教授活動」の場面と，生徒の「学習活動」の場面である。「講義」は主に前者がその時間の大部分を占める傾向にある。「授業」の「教授活動」の場面では主に教師が各教科固有の基礎的，基本的な知識や技能を教える。「学習活動」の場面では，それらの知識や技能を活用して生徒が課題を解決する。「授業」とは，これらの場面のバランスの取れた学びであり，それらを通して，生徒は自律的に，他の生徒と共に協働的に，課題を解決することのできる「学習集団」を形成する。この「授業」の学びから知識や技能がそれぞれの生徒の知識の体系に組み込まれれば，それらが生徒の行為行動の規範の素地ともなる。それと共に協働する過程で情動的に他者に対する思いやりや，さらに集団のなかでの規範意識などが醸成されるなどして道徳性が育まれるのである。

2 「中学校外国語科（英語）」の授業の実際

　中学校の英語科授業においては，PPP という伝統的な指導過程がある。こ

れについては教師主導であるとの批判もあるが日常的な授業の多くがこの指導
過程で行われていると思われる。最初の P（presentation）で新出語句や新出文
構造を教師が Picture Card などを活用して導入する。次の P（practice）では，
生徒が新出語句や文構造を実際に練習する。発音練習や文型練習をする。そし
て，最後の P（production）では，ある場面状況を意図的に設定して新出語句や
文構造を実際に活用する，という指導過程が組まれることが多い。

　P（presentation）と P（practice）は前述の教師の「教授活動」に相当し，最
後の P（production）は生徒の「学習活動」と考えられる。この P（practice）や
P（production）においては，生徒は教師の発音をよく聴いてまねる。また，教
師の求めに応じて発音する。

　最後の P（production）においては，たとえば，その時間の新出文構造，We
are playing baseball with our friends in the park now. という英文をもとにコ
ミュニケーション活動が行われる。P（presentation）の場面で示された Picture
Card のなかの人物になりきり隣の生徒と英語で問答をする。さらに，既習の
語句や文構造をも駆使しながら英文のやり取りをしてコミュニケーション活動
を進めていくことが求められるのである。

　この際，P（practice）や P（production）の場面では教師の発音はもとより他
の生徒の発表を親和的に聴くことが求められる。次に，時には生徒が語句を発
音できなかったり，英文をうまく整えて発話できなかったりする場面も出てく
るが，周囲の生徒はそれを笑ったり揶揄したりせず聴き入ることや時には助け
船を出したりして共に学ぶ協働的な雰囲気を醸成することが必要である。この
ことで発表する生徒も安心して間違いを恐れず発表することができる。言語習
得論上からもそのような環境が強く求められている。さらに，最後の P
（production）では言葉によるコミュニケーションが求められているのである。
「聞き手，読み手，話し手，書き手に配慮しながら」活動することが求められ
るのである。このことは，多様な背景をもつ他者を理解し，時には相手をおも
んぱかり配慮して言葉のやり取りを成り立たせようとすることが求められてい
る。まさに人と人とのふれ合い，人と人との人間的な交流なのである。

116

　すなわち，学級集団を授業の指導を通して一人ひとりの生徒が安心して，自律的に，そして，他の生徒と協力して協働的に学ぶことのできる，「学習集団」に育てることが必要なのである。各教科指導における道徳教育の展開のひとつの姿である。

　繰り返しになるが，この章の主題は，「各教科における道徳教育の展開」である。各教科固有の知識や技能を学んで習得する。習得するということはその知識や技能が人の行為行動の規範となるものと考えた。生命誕生の神秘に触れれば触れるほど，真に理解すれば理解するほど，森羅万象，この世の摂理として生命を尊重する，尊重せざるを得ないという心情が育まれ，そのことが人としての行動規範たるものとして内面化されるのである。

　最後に，道徳の「内容」は他教科とは趣旨が異なり，「教師と生徒が人間としてのよりよい生き方を求め，共に考え，共に語り合い，その実行に努めるための共通の課題である」と解説書に明記されている。「課題」なのである。どの内容項目にも共通することは，「善」か「悪」かの「道徳的な判断」が求められる。人がある場面に遭遇したときに右にするか左にするか自らの頭で，額に汗して考え抜き自分自身が培ってきた「判断基準」に沿って判断することなのである。その「判断」を支えるのは知的な素養，教養，そして人としての理性である。そのためにも，教科指導の在り方の改善が強く求められる所以なのである。

● 参考文献 ●··
奈須正裕（2017）『「資質・能力」と学びのメカニズム』東洋館出版社
廣松渉編著（1998）『岩波哲学・思想事典』岩波書店
文部科学省（2017）『中学校学習指導要領（平成 29 年告示）解説外国語編』開隆堂
文部科学省（2017）『中学校学習指導要領（平成 29 年告示）解説特別の教科道徳編』教育出版

第14章 体験活動・体験学習等で展開する道徳教育の可能性

――――松原 好広

第1節 体験活動・体験学習としての校長講話

1 全校朝会の校長講話

　児童生徒にとって一番身近な体験活動・体験学習の一つとして，全校朝会の校長講話があげられる。本章で紹介する校長講話は小学校における実践事例であるが，その内容は，中学校においても十分対応できるものと考える。

　校長講話は，ある特定の学級ではなく，全学級の児童生徒，全教師の前で行うものである。児童生徒や教師にとって，校長講話は，校長の考えや思いに直接触れ，普段，考えることのない貴重な話を聞く機会となる。朝会後，担任は，校長講話の補足説明をしたり，噛み砕いて自分の思いを説明したりする。

　このことから，校長講話を充実させることは，大いに価値あることではないかと考えた。校長講話は，校長が自分の考えを語り，自分自身を語るものでなければならないと考える。まさに，校長講話は，校長が行う道徳科の授業であり，校長のつくる自作教材であり，一番身近な体験活動・体験学習といえる。

　年間35時間の道徳科の授業で，児童生徒の道徳性を育成することは大切である。しかし，児童生徒の道徳性を育成することは，道徳科の授業だけとは限らない。全校朝会における校長講話も，児童生徒にとっては，貴重な体験活動であり，体験学習である。したがって，校長講話は，道徳科の授業と同じか，それ以上に大きな意味をもつのである。

2 校長講話の理論的展望

　では，校長は，どのような理論的展望をもって，校長講話に臨めばよいのか。

　かつて，NHKで，『生き物地球紀行』という番組が放送され，そのなかのひとつの特集に，「森が育む魚オショロコマ」という番組を視聴する機会に恵まれた。その番組は，次のような内容だった。

　イワナの仲間であるオショロコマは，主に水生昆虫を食べて生きている。しかし，その水生昆虫を育んでいるのは，川の周辺に広がる森の木々から枯れ落ちた木の葉などだった。

　水生昆虫は，川に落ちた木の葉などを食べて生息しており，オショロコマは，その水生昆虫を食べて生きている。しかし，そのオショロコマも，時として，水中ダイビングを得意とするヤマセミの餌食になってしまう。このように川と森が共存する世界では，川の生き物と森の生き物が互いに支え合い，「大きないのちの輪」を形づくっているのである。

　しかし，これはオショロコマやヤマセミに限ったことではない。人間をはじめ，すべての生き物も，あらゆるものとのつながりのなかで，支え合って生きている。その姿は，まさに，「大きないのちの輪」を形づくっているといえる。

　筆者は，この番組には，「大きないのちの輪」を説明する重要なメッセージが含まれており，それを道徳教育で生かすことができないかと考えた。そこで，児童，教師が，「すべての存在が，大きないのちの輪の一員として存在している」ことを心から理解し，その「大きないのちの輪」を豊かにすることを，道徳教育の中核に据えていくことができないかと考えた。

第2節　「三方よし」の考え方を活用した校長講話

1 「三方よし」の考え方

　『道徳科学の論文』の著者，廣池千九郎は，その「第二版自序文」その他において，「すべての存在は，互いにつながり合い，支え合う関係にある」こと

を強調している。廣池の門人であった中田中によれば，廣池が実践した「三方よし」の考え方は，「大きないのちの輪」の関係をわかりやすく示すものということができ，その実践とは，自分，相手，第三者，社会，自然など，すべての存在の「よし」を目指すという考え方に立っている。

　2017（平成29）年に告示された小学校学習指導要領は，道徳教育の内容として４つの視点に分類された19–22の内容項目をあげている。これらの内容を全体としてつきつめて考えれば，「すべてのいのちは，つながり合い，支え合う関係にある」ということがいえるのではないか。そこで，筆者は，校長講話を行う際，新しい枠組みのひとつとして，廣池の提唱する「三方よし」の考え方を活用することが効果的ではないかと考えた。

　また，この「三方よし」の考え方は，ただ「自分よし」「自分と相手よし」だけではなく，常に，その向こう側に存在する第三者の「よし」，すなわちすべての存在の「よし」を願って考え，行動することといえる。しかし，このような「三方よし」の考え方は，児童にとって理解することも，実践することも，決して容易なことではない。

　そこで，筆者は，「三方よし」の実践を，「まず自分が相手，他者と出会う」段階，次に「その相手，他者とつながりを深めていく」段階，そして「その先に存在するすべての第三者の『よし』を目指す」段階と捉えることができるのではないかと考えた。

2 「三方よし」のための３つの校長講話

　以上のことから，筆者は，「三方よし」を目指した校長講話は，ただ「自分よし」「相手よし」「第三者よし」の順に話を展開すればよいというものではなく，人間の生き方，もしくは，自分の周囲にいる他者と，いかに関わるかの問題として話をするように考えた。

　そこで，その出発点として，まず，そうした他者と出会い，その存在に気づくこと。次に，そうした他者とつながり，その関わりを深めていくこと。そして，最後に，その向こうにいるすべての他者に出会い，つながるということを

考えた。

　また，順番については，児童の実態に応じて，臨機応変に，順不同で行うことにした。たとえば，4月，5月は，他者と出会うための，挨拶や礼儀の講話を意図的に行った。

　以上のことから，具体的には，次の3つの校長講話を計画した。ただし，季節的なことなどに関した講話もあり，すべての校長講話が，「三方よし」に関連したものではない。

(1) 「あなたと出会う」段階の講話

　この段階の講話は，他者と出会い，その存在に気づく講話であり，具体的には，挨拶，礼儀などの講話である。

(2) 「あなたとつながる」段階の講話

　この段階の講話は，他者とつながり，そのかかわりを深めていく講話であり，具体的には，他者に対する思いやり，勇気，感謝などの講話である。

(3) 「その向こうにいるあなたと出会い，そしてつながる」段階の講話

　この段階の講話は，その向こうにいるすべての他者と出会い，つながるための講話であり，すべての第三者の「よし」を目指し，実現しようとする講話である。具体的には，第三者，いじめなどの講話である。

第3節　校長講話の実践

1 具体的な校長講話例

「タクシーでみんなよし」（第三者の「よし」を目指す校長講話）

　以前，校長先生は，知り合い3人と土日に地方に出張に行きました。ちょうど仕事は午後からの予定だったので，午前中，早めに到着して，半日，大型タクシーを使って観光をしようと思ったのです。大型タクシーの運転手さんには，「1人5,000円，3人で15,000円払うので，貸し切りにして観光地を回ってくれませんか」と頼んだのです。タクシーの運転手さんは，すぐに引き受けてくれました。

　そして，荷物をトランクに乗せていると，そこに知り合いが２人やってきました。じつは，その人たちも午前中，観光をしようと思って，早目にやってきたのです。先生たちが，事情を説明していると，「もしよかったら，私たちもご一緒できませんか」といってきたのです。私は，さっき，タクシーの運転手に，３人で，15,000円と約束してしまったので困ってしまいました。皆さんだったら，どうしますか。

　すると，知り合いの１人が，タクシーの運転手さんに，「申し訳ありません。２人増えてしまいました。２人増えると，窮屈になるし，ガソリン代もかかりますよね。でも，せっかくご一緒できたので，５人で，20,000円で載せてくれませんか」と頼んだのです。５人で20,000円ならば，１人4,000円の支払いになります。合流した２人も4,000円で観光ができますし，運転手さんも5,000円多くもらえることになります。

　運転手さんは，「はい，わかりました」と快く引き受けてくれました。これは，自分もよし，後からやってきた知り合いもよし，さらには，タクシーの運転手さんもよしという，みんながよしになったというお話です。大島南央小学校も，自分もよし，相手もよし，その他の人もよしという，みんながよしとなる学校をつくってもらいたいと思います。

2 校長講話の自由記述のアンケート調査

　筆者は，年に一度，４〜６年生を対象に，児童から校長講話のアンケート調査を行っている。児童が校長講話をどのように受け止めたかを考えることは大切であると考えるからである。筆者が，校長講話を通じて児童たちに伝えたかったのは，「すべてのいのちはつながり合い，支え合っており，すべての存在を大切にしようとすることが『三方よし』」ということである。

　このような意図をもって行った校長講話が，児童にどのように受け止められたかを把握するために，自由記述の文章を校長講話の目標に沿って位置づけることができるのではないかと考えた。そこで，その方法のひとつとして，自由記述の文章を「校長講話の目指す目標にもっとも遠いものからもっとも近いも

図表 14-1　自由記述の5段階の尺度

①　ほとんど興味や関心がなかったことを示す記述
②　一部，関心があったことを示す記述
③　全体として，校長講話を楽しんで聞いていたことを示す記述
④　心が動かされ，理解が深まり，自分の生き方の参考になったことを示す記述
⑤　すべての人のためになること（「三方よし」）を実行しようと，行動を起こしていることを示す記述

のへ」という，ひとつの尺度上に位置づけてみることにした。たとえば，目標からもっとも遠いものとしては，「ほとんど児童の興味や関心を引かなかった」ことを示すような記述，目標にもっとも近いものとしては，「『三方よし』の意味を理解し，その方向に向けて自分の行動を起こしている」ことを示すような記述である。

　具体的には，図表14-1に示すように，目指す目標に遠いものから近いものに向けた5段階の尺度を考えてみた。

　そして，この5項目を用いて，児童の自由記述に表れた校長講話の受け止め方の5段階評価を行った。これは校長講話について児童に思うことを自由に書いてもらった文章をどのように扱うことがよいかを考え，採用したものである。自由記述であるがゆえに，児童はどのようなことでも書いてよいのであるが，これを校長講話のねらいという観点から見て，①もっとも遠く離れた文章から，⑤もっとも近い文章，へと至る尺度を構成した。

3　児童の自由記述の結果

　筆者は，自校の児童の自由記述文章の5段階評定に加えて，他の一般校における校長講話についての児童の自由記述の調査も実施した。これは自校児童の校長講話に関する自由記述を，一般の小学校の実情と比較するためである。

　統制群として，近隣D小学校のT校長に依頼し，同校における児童の校長講話に関する自由記述の調査を実施してもらった。結果は，図表14-2のようになった。

図表14-2　校長講話に関する児童の自由記述の５段階評価とその割合

記述の分類	自校調査	D校調査
①ほとんど興味や関心がなかったことを示す記述	4名（7％）	4名（4％）
②一部，関心があったことを示す記述	4名（7％）	5名（5％）
③全体として，校長講話を楽しんで聞いていたことを示す記述	16名（28％）	72名（74％）
④心が動かされ，理解が深まり，生き方の参考になったことを示す記述	20名（35％）	12名（12％）
⑤すべての人のためになることをしようと，行動を起こしていることを示す記述	13名（23％）	4名（4％）
合　　計	57名（100％）	97名（100％）

　図表14-2の結果から明らかなように，統制群のD小学校における児童の自由記述は，その多くが「③全体として，校長講話を楽しんで聞いていたことを示す記述」と評定されたことが大きな特徴だった。

　たとえば，校長講話に対して，「話が楽しい」「話がわかりやすい」などの感想や「パソコンを活用してわかりやすい」「ビデオや画像がいい」などの校長講話の手段や方法に対する記述が全体の74％に達していた。

　一方，自校の記述は，筆者の教育的意図にそったもの，つまり，⑤の「すべての人のためになること（「三方よし」）を実行しようと，行動を起こしていることを示す記述」が，全体の23％に達し，「④心が動かされ，理解が深まり，自分の生き方の参考になったことを示す記述」の35％との合計は58％になっていた。このことは，筆者が前述する教育的意図をもって取り組んできた自校における校長講話が，児童の心にある程度受け止められてきていることを物語るものかもしれないと考えた。

　たしかに，D校のT校長も，毎回，視聴覚教材を使い，わかりやすく，児童にとっても楽しみな時間として校長講話を行ってきた。しかし，「三方よし」という自由記述の尺度から比較すれば，このような結果がでたことは，大きな成果であったとも考える。筆者は，どちらの校長講話が良いとか，良くないとかを述べているのではなく，それぞれの校長講話に込めた思いの違いが，自由

記述評定の違いにあらわれるということを述べているのである。

4 校長講話の実践を振り返って

　筆者は，道徳の教科化に伴い，たとえ教師が児童の道徳性を評価することが容易でないとしても，児童が，「三方よし」という枠組みを理解し，自らの生き方を見つめ，それを向上させることは十分可能であると考えた。そこで，今回，全校朝会における校長講話に焦点を当て，「三方よし」という枠組みを通して，児童の道徳性の育成（「自分」「相手」「第三者」のそれぞれが同じように大切にされる）に向けた校長講話の実践を積み重ねてきた。その結果，「三方よし」の校長講話で，図表14-2で示した通り，児童のかなりの自由記述が，校長講話のねらいにもっとも近い第5番目の尺度（23%）と評定できるようになり，児童の道徳性の育成の一助となることができたのではないかと考えた。

　年間35時間の道徳科の授業で，児童生徒の道徳性を育成することは大切である。しかし，児童生徒の道徳性を育成することは，道徳科の授業だけとは限らない。校長講話も，道徳科の授業と同じか，それ以上に大きな意味をもつのである。校長は，その時々の思い付きで校長講話を行うのではなく，児童生徒の道徳性の育成のために，中学校においても「三方よし」という枠組みを通した校長講話を行うことが効果的であると考えた。

　さらに，道徳教育の充実に向けて，校長は道徳科の授業のスキルやマニュアル化を図ることよりも，教師一人ひとりが，道徳性の育成という意味を探究し，理解を深めることが重要であると考える。言い換えれば，「三方よし」を拠りどころとした校長講話を通して，児童生徒及び教師が，「三方よし」についての理解を深め，全教育活動を通して，道徳教育を積み重ねていくことが，児童生徒の道徳性の育成の一助となると考える。

●参考文献● ···
　中田中（1960）『思いでの旅　廣池博士に随行して』廣池学園出版部
　廣池千九郎（1986（初版1928））『道徳科学の論文（全10冊）』モラロジー研究所

幼稚園・小学校や高等学校等との
異校種連携による道徳教育の展開

————鈴木　由美子

第1節　異校種連携による道徳教育の意義

1 異校種連携とは何か

　学校教育法第1条に定められた学校種においては，それぞれの校種に応じた
教育課程を修める必要がある。異校種連携とは，教育課程による学習をより充
実させるために，異なる校種が連携をすることであり，一般的には幼稚園と小
学校，小学校と中学校というように，縦の校種の連携によって行う場合が多
い。本章では，特に道徳教育に関する異校種連携を取り上げることにする。

2 異校種連携の意義

　道徳教育における異校種連携の意義は大きく3点ある。1点目は，子ども同
士の交流の促進，2点目は教員の子ども理解の深まり，3点目は発達の見通し
をもったカリキュラム・マネジメントの展開である。

　1点目の子ども同士の交流であるが，近年兄弟姉妹の数が少なくなり，異年
齢の子どもと遊んだり関わったりする機会が減少している。同じ校種での異年
齢交流とは異なって，異校種での関わりは，子ども相互にものの見方や考え方
に違いがあることが自明なだけに，社会性の発達により効果的である。異校種
連携をすることで，同学年，同校種異年齢で得られるものとは異なった，多様
なものの見方や感じ方を学ぶことができる。

　2点目は，教員の側の効果である。教員は自分が勤務している学校種以外の
子どもと触れ合う機会が少ない。異校種連携を行うことで，幼稚園の教員は卒

126

園後の子どもの姿を，小学校の教員は小学校に来る前ならびに卒業後の子ども
の姿をみることができる。中学校，高等学校の教員も同様である。幼い子ども
が文字を覚え，人間との関わりを学び，社会のルールを守るようになる過程な
ど，具体的な発達の姿をみることで，それぞれの校種で何をすべきかが明確に
なる。加えて，教員の側に，長い目でゆったりと子どもを見守りながら，道徳
性の発達を促す力を育成できる。

　3点目は，発達を見通したカリキュラム・マネジメントの展開である。異校
種間の連携では，幼小連携の場合は8〜9年間，小中連携の場合は9年間の長
期的な見通しのなかで，カリキュラム・マネジメントの視点に立って子どもの
発達を促すことができる。また異校種連携を，子どもが生きる地域社会である
小学校区，中学校区を巻き込んで計画することによって，地域の実態に基づい
た「社会に開かれた教育課程」を展開することが可能になる。

第2節　校種ごとの連携の特徴と課題

1 幼稚園と小学校の連携

　幼稚園と小学校の連携においては，幼稚園には道徳科のような教科がないた
め，科目の系統性として行うというよりも，領域「人間関係」や「環境」など
に関わって行うことが多い。

　幼稚園と小学校の連携で多く行われるのは，年長児と5年生との関わりであ
る。年長児が小学校に入学したときに，6年生と1年生になるので，活動を通
して知り合った6年生が世話をすることで1年生が学校生活に慣れやすいと共
に，6年生が上級生としての責任感や思いやりなどをもちやすい。また，年長
児と小学校1年生との関わりも多く行われている。年長児が小学校に入学した
ときに一緒に活動していた1年生が2年生となっており，低学年として共に活
動することが多いので，入学した1年生が小学校に慣れやすくなる。また1年
の違いとはいえ，先に入学している2年生が率先して1年生の世話をすること
で，上級生としての自覚や思いやりなどをもつことに繋がる。

　運用上の課題は，幼稚園と小学校の時程や年間の行事計画，教育課程が異なっているので，活動時期や内容の調整が難しいことである。教員の打ち合わせの時間をとるのも難しいため，年間行事のなかに子どもの活動の時間だけでなく，合同の教員研修や打ち合わせの時間を組み入れておくなどの工夫が必要である。

2 小学校と中学校の連携

　小学校と中学校の連携は，比較的多く行われている。基本的に中学校区で行われており，中学校区の単数または複数の小学校と中学校という場合もあるし，小中一貫校の場合もある。道徳教育の場合，小中連携は，体育祭，文化祭，合唱コンクールのような学校行事や地域行事として行われる場合が多い。同じ学区の中学校なので，小学生にとっては，中学生になることへの憧れや中学生に対する尊敬・感謝などの気持ちが育ちやすい。中学生の方も，小学生に対して何かを教える立場に立つので，責任感や思いやりなどが育ちやすい。また，合同の行事を運用するための準備や話し合いを通して，普段はあまり話すことのない異校種の教員の交流が進み，相互理解が生まれていく。

　中学校区で研究指定を受けていたり，共同事業として小中連携を推進していたりする場合には，小学校，中学校の行事を共に行ったり，校内研修や研究会を合同で行ったりしやすく，教員の資質能力の向上にも役立つ。地域行事を合同で行うことで，地域との連携を強めることにもつながりやすい。ただ，校種が異なることで時程や年間行事の日程に違いがあるので，行事の時期や活動内容を合わせたり，教員の合同研修を組んだりするための工夫が必要である。

3 中学校と高等学校の連携

　高等学校では，2018年告示の学習指導要領によって道徳教育推進教師がおかれることになり，道徳教育の推進が求められている。高等学校には道徳科はないので，実際にはLHR等で行われることが多い。小中学校の道徳科での学びとの連続性を考えると，国際，環境，平和など，広い視野で，人間であれば

当然考えるべき課題を取り上げるのが望ましい。中高一貫校や研究指定校でない限り，一般的には中学校と高等学校との連携はさほど強くはないが，生徒の視野が社会へと開かれつつある点では共通している。例をあげると，広島大学附属中・高等学校では，ユネスコスクールの認定を受けていることもあって，中学校では道徳科で，高校では LHR で，異文化理解，多文化共生，平和問題，持続可能な開発など多様な内容を取り上げ，学びを継続させている。

このように，SDGs，ESD，環境問題，平和教育などグローバルな視点に立った，人類に共通する内容を取り上げることで，学校間が直接的に連携していなくても，生徒は学び続けることができる。校種にかかわらず考え続けるべき社会的課題を取り上げることで，実質的な連携が可能となるといえよう。

第3節　異校種連携による道徳教育の実際

1 幼稚園と小学校の連携―広島大学附属三原学園での実践―

広島大学附属三原学園で研究開発として設定された新領域「希望（のぞみ）」は，全教育課程の基幹となるプログラムであり，各学年において道徳の時間（当時）と特別活動をそれぞれ 10 時間含んでいる。ここでは，公開教育研究会で行われた幼稚園年長児と小学校 1 年生との連携の実践を取り上げる。

公開保育・授業は，小学校の方ではカリキュラム上，「希望（のぞみ）」の単元「みんなでいっしょに（きく組さんと一緒にこま回しをしよう！）」（全 20 時間）のうち，特別活動に関わる時間として行われた。この単元では，道徳科は 1 時間目「自分たちが年長児だったころを思い出し，今との違いを話す（B　親切・思いやり）」と 19 時間目「これまでの交流を具体的に振り返り，自分の学びや成長を確認する（A　個性の伸長）」であった。道徳科と道徳科の間に特別活動に関連づけた異校種の交流活動を行うという単元構成であった。

小学校では，本時の交流活動でペアの年長児との交流を通して考えたこと，感じたことを基に，次時の道徳科において自己の成長の確認することに繋ぐものであった。

　幼稚園の方では，1年を期で大まかにくくったうちの12期「信頼し合う仲間と話し合いながら，意欲的に遊びを作り出していく」の保育として行われた。小学生のペアを信頼して，教え合ったり競い合ったりして，一緒に難しい技に挑戦することを通して，意欲的に遊びを作り出すことに繋ぐものであった。

　公開保育・授業の概要は次の通りである。

図表15-1　幼小連携の公開保育の概要（2017年12月1日）

○年長児と1年生が1対1のペアとなって小学校体育館に集合する。
○今日の学習課題「今日も新しい技に挑戦するぞ！」を一緒に確認し，その後ペアで活動する。
※ペアごとに技の一覧表を持ち，同じ技に取り組むことでペア同士の教え合いや競い合いの場面を作り，ペアの人間関係が構築できるよう支援する。
○全体で活動し，一番長くこまを回せるなど，競い合ったり称賛し合ったりできる場を設定する。
○年長児と1年生が一緒に振り返りを行い，ペアの次の目標について見通しが持てるようにする。その後1年生だけで交流の振り返りを行い，交流の意義について再考させる。

出所）広島大学附属三原幼稚園・小学校・中学校（2017）を参考に筆者作成。

　公開保育・授業においては，ペア活動を取り入れ，1年生がペアの年長児に教えるだけでなく，お互いに競い合うという視点を入れることで，双方にとって学びのある方法をとっていた。また，競い合いだけでなく，助け合ったり称賛し合ったりすることで，思いやりや相手への尊敬・感謝の思いが育まれる活動となっていた。この連携は，年長児が1年生になったときに繰り返されるので，継続性がある。また，年長児と1年生はそのまま1年生，2年生として低学年を構成することになるので，発展性がある。このように継続性，発展性を伴った活動を仕組むことで，効果もわかりやすく，取り組みやすい連携となっている。

2　小学校と中学校の連携
—広島県三次市立三良坂小学校・三良坂中学校での実践—

　三良坂小学校，三良坂中学校（現在は小中一貫校みらさか学園）では，小中連携

の道徳学習プログラムを展開してきた。ここでは，総合的な学習を小中合同で行い，道徳科へと繋ぐ道徳学習プログラムを取り上げる。

　このプログラムは３段階構成となっている。第１段階は生命尊重の価値への意識づけの段階として，第２段階は，体験的な活動と道徳科を組み合わせることで生命尊重の価値観を高める段階として，第３段階は，第１段階，第２段階での学びを基に生命尊重の価値を深める段階として設定された。ここでは，道徳科は６年生の授業を取り上げる。

　第１段階では，「命の大切さや周りの人の思いを知り，精一杯生きようとする意欲を持たせる」ことをねらいとして道徳科の授業が行われた。

　第２段階では，総合的な学習の時間において小中連携による活動が行われ，それを道徳科と連動させた小プログラムが３つ行われた。

　総合的な学習の時間 ① の活動では，本時の目標を，「三良坂町について考え活動することにより，社会に生きる一員として何をすべきか考えることができる」「異年齢間の活動や調査活動の中で，共感し合えるようにコミュニケーションをとろうとしている」とした。具体的には，小学校５・６年生，中学校１年生（以下７年生）が町の良さと課題について話し合い，作成したマッピングを基に，自分たちのグループをアピールするキャッチフレーズづくりが行われた。道徳科では，この活動での体験を生かして，ねらいである「目標に向かって努力し続ける」により迫ることを目指した。

　総合的な学習の時間 ② の活動では，本時の目標を「自らの地域の人や施設などの教育資源に働きかけ，これまでと異なる角度から，地域に対する見方や考え方をさせる」「異年齢間の活動や調査活動の中で，共感し合えるようにコミュニケーションをとらせる」とした。具体的には，７年生がリーダーとなって各グループで地域の調査活動を行い，現状を把握すると共に地域の人びとの思いを知ることを行った。この活動の体験を通して，道徳科のねらいである「よりよい地域をつくっていこう」とする心情に，より迫ることを目指した。

　総合的な学習の時間 ③ の活動では，本時の目標を「地域のためにできることについて提案することを通して，異年齢で思いを交流し合い，三良坂をすて

図表 15-2　三良坂小学校・三良坂中学校の道徳学習プログラム

道徳科　内容項目 D 生命尊重「おかあさんへの手紙」

総合的な学習の時間① （小中合同） 自分たちの住む三良坂をもっと良い町にしたい。目指す地域の姿になるように努力していこう。	→	道徳科「神父さんはマスクマン」 内容項目 A　希望・勤勉・努力 ○目標に向かって努力し続ける。
総合的な学習の時間② （小中合同） ふるさと「三良坂」のために自分ができることはどんなことだろう。	→	道徳科「花かげの花守りたち」 内容項目 C　郷土愛 ○よりよい地域をつくっていこう。
総合的な学習の時間③ （小中合同） 5・6・7 年生で協力して，調べ学習をしていくためにどんなことが大切だろう。友達との関わりや地域の人に接する時の気持ちを考えていこう。	→	道徳科「ミレーとルソー」 内容項目 B　友情・信頼 ○相手の立場を思いやり行動する。

道徳科　内容項目 D 生命尊重「涙そうそう」

出所）鈴木由美子・宮里智恵・森川敦子編著（2014）『子どもが変わる道徳授業』溪水社：124 を参考にして筆者作成

きな町にするために自分たちでできることを考える」とした。具体的には，②の調査活動で得た資料をプレゼン資料や模造紙などにまとめて報告し，それぞれの発表を聞き合って，よりよい町にするために自分たちにできることを考えさせる活動を行った。この活動によって得られた思いを生かして，道徳科のねらいである「相手の立場を思いやり行動する」ことをより深めることを目指した。

　第 3 段階では，第 1 段階，第 2 段階での学習を基に，道徳科のねらい「命の大切さを知り，共に生きる力を持たせる」をより深めることを目指した。

　この実践では，道徳学習プログラムのなかに，総合的な学習の時間として小中連携の活動を組み入れている。小中連携の学習活動の目標が共通なので，子どもたちの協働での活動を促進しやすい。また，道徳学習プログラムとして，

小中連携の活動をカリキュラム上に位置づけておくことで，道徳教育の一環であることがわかりやすい。さらに，プログラムを通して生命尊重の価値観を深めるという道徳教育のねらいが，連携に関わる双方の教員にとってわかりやすく，カリキュラム・マネジメントにもつながると考えられる。

第4節　異校種連携を進めるために

　本章では，2つの実践を紹介して，異校種連携をするために基本的に必要とされる事項を取り上げた。異校種連携をうまく進めていくためには，教員間の連携と細やかな準備が不可欠である。またカリキュラム・マネジメントの視点から考えると，目指す子ども像や道徳教育のねらいの共有，児童生徒の発達段階や学習内容への共通理解が必要である。今後それぞれの学校種において異校種連携の取組が進められ，ゆとりのある温かな雰囲気のなかで実効性のある道徳教育が推進されることを期待したい。

・引用・参考文献・……………………………………………………………………

鈴木由美子・宮里智恵編著（2019）『やさしい道徳授業のつくり方　改訂版』溪水社

鈴木由美子・宮里智恵・森川敦子編著（2014）『子どもが変わる道徳授業』溪水社

広島大学附属中・高等学校（2020）『中等教育研究開発室年報』第33号

広島大学附属三原幼稚園・小学校・中学校（2017）『平成29年度第20回幼小中一貫教育研究会　文部科学省研究開発学校指定校　社会的自立の基礎となる資質・能力及び態度・価値観の体系的な育成のための，幼小中一貫の新領域を核とした自己開発型の研究開発【第6次（延長3年次）】』

宮里智恵・鈴木由美子（2019）「道徳教育を通した学校経営の改善―カリキュラム・マネジメントの視点から―」『教職開発研究』2：39-47

文部科学省（2017）「幼稚園教育要領（平成29年告示）」

文部科学省（2017）「小学校学習指導要領（平成29年告示）」

文部科学省（2017）「中学校学習指導要領（平成29年告示）」

文部科学省（2018）「高等学校学習指導要領（平成30年告示）」

第16章 家庭や地域社会との共通理解・相互連携による道徳教育の推進

─────田邊　重任

第1節　家庭や地域社会における道徳教育の重要性と課題

1 家庭における道徳教育の重要性と課題

　家庭は，子どもの道徳性の育成に大きな役割と機能を有している。つまり，家庭における道徳教育が学校における道徳教育の基礎となり，互いに補い合うことで道徳教育の定着が期待できる。

　家庭においては，家族を構成している一人ひとりが互いに影響し合い道徳性を育む。兄弟姉妹の関わりや親や祖父母との関わりを通して，家庭生活という体験を通して道徳性を育んだり，家族が互いに影響し合い，互いの生活の仕方を通してより良い生き方や在り方を学んだりする。特に，中学生の時期は，激しい心の揺れを経験しながら自己を確立する時期であり，家庭における家族の関わり方が生徒の生き方に大きく影響を与える。

　また，家庭教育については，基本的な生活習慣の形成の側面がある。しつけは，人間の生活に必要な行動様式を形成する教育的な働きかけであり，一人の人間として生きるうえで身に付けてほしいこととしての親の願いでもある。

　しかしながら，しつけをめぐる諸問題として「放任」と「過干渉」の問題が存在する。子どもの自由や主体性を尊重するという観点ではなく，教育放棄に近い形での「放任」であったり，過度に地域や社会の評価を気にするあまり「過干渉」として他律的に定着させるなど，健全な人間形成に課題を残すこともある。やはり，一人の独立した人間として生きるうえで身に付けなければならない行動様式として自律的に捉えるようにすることが大切であり，生活の仕

方としての外的な型が子どもの内面と響き合ってこそ身に付くものであるという教育的な考え方が求められるのである。

　家庭における親子関係は，愛と信頼に結ばれた関係ではあるが，親の愛情の注ぎ方が負に作用することもあり，教育を一層困難にしている現実もあるであろう。だからこそ，家庭以外の地域や学校の教育が求められるのであり，家庭でできない道徳教育の一面を考えなければならない。

　また，少子高齢化，核家族化と言われて久しい今，家庭をめぐるさまざまな問題が指摘されている。そのひとつとして児童虐待の問題があり後を絶たない。閉鎖された家庭空間のなかで，家庭教育とはほど遠い親子関係に苦しんでいる子どもたちも多くいるはずである。

２ 地域社会における道徳教育の重要性と課題

　地域社会における道徳教育を考えるとき，社会の変化に伴う教育力の低下を問題としてきた。特に経済の成長や産業化の進展に伴って，多くの労働力を都市部が吸収した。そのことで，過疎化と過密化の進行に拍車がかかり，伝統的な地域共同体が姿を消すと共に地域社会が以前のコミュニティの機能を失ってきた。このような地域の教育力の弱体化や喪失が，子どもの健全育成や豊かな心を育むうえでの課題であると指摘されて久しい。

　そもそも従前の地域社会については，地域社会自体が教育的な機能をもち，子どもたちにとって地域社会での生活は成長・発達の欠かせない条件であり，地域社会のもつ教育力が，ごく自然な形で子どもたちの豊かな心を育み，子どもたちの健全な育成を支えてきた。

　また，子どもの心の成長については，家庭や学校だけでなく子どもの生活のすべてを通して強い関わりをもっている。特に地域社会は子どもたちにとって豊かな体験の機会を提供してくれる場であり，学習指導要領解説においても「異年齢集団や異世代の人々との交流体験や自然体験，ボランティア活動等地域社会における体験の場は数多く考えられ，それらが自らの生き方についての考えを深める契機となる。」と示されているように，地域の教育力の重要性を

再確認しこれからの心の教育を展望する必要がある。その際，地域の教育力を回復させるために姿を消しつつあるさまざまな行事を復活させる取組そのものに教育的価値を見出すことや新しい地域の実態を生かした創造的な取組もできるであろうし，地域の子どもが主人公となることで地域の活性化にも繋がるであろう。

第2節　家庭や地域社会との連携による道徳教育の推進

1　今求められている家庭，地域社会との連携

　豊かな心は，学校だけで育まれるものではなく，家庭での教育や地域の人びとと関わるさまざまな体験を重ねていくなかで育まれるものであり，一貫した方針を保ちながら，学校，家庭，地域社会の三者がそれぞれの役割を果たすことの大切さが強調されてきた。

　また，家庭や地域社会の教育力がますます低下している状況のなかで，2015年12月の中教審答申では，学校の抱える課題が複雑化し課題解決の難しさを指摘すると共に「地域の未来を担う子どもたちの成長は，その地域に住む人の希望である。」とし，地域社会を構成する一人ひとりが当事者としての役割と責任を自覚し，子どもたちの学びに関わり支えていく必要があると指摘している。

　さらに，2016年12月の中教審答申では，社会に開かれた教育課程の重要性を強調し，「よりよい学校教育を通じてよりよい社会をつくるという目標を持ち，教育課程を介してその目標を共有していくこと。」と提言されている。

　一方，学校と家庭や地域社会の連携による取組が行われてこなかったわけではない。1998年6月中教審答申「新しい時代を開く心を育てるために」以来，各学校を中心にさまざまな工夫ある取組が展開されてきた。しかしながら，今なおその必要性や重要性が求められるのは，その後の社会の変化に対応しきれていなかったのか，あるいは取組が継続し発展するための仕掛けや在り方に問題がなかったのかを振り返ることも必要である。連携による道徳教育が持続可

能なものとして定着するためには，やはりそれなりの工夫ある取組が求められるのであり，行事や取組においては，学校，家庭，地域社会の三者が当事者意識をもつよう熟議と協働が必要なのである。

　まず各学校においては，道徳教育の全体計画の見直しから取りかかりたい。道徳教育の全体計画は，学校の教育活動全体を通して，道徳教育の目標を達成するための方策を総合的に示した教育計画であり，家庭や地域社会との連携を深め，保護者や地域住民の積極的な参加や協力を可能とするためのものになっているのか検討し，道徳教育の推進体制や家庭や地域社会との連携のための活動がわかるものを別葉にして加えるなど，年間を通して具体的に活用しやすいものになっているのか見直すことから始めたい。さらに，全体計画については見直しの段階から保護者や地域の人びとの意見に耳を傾け，全体計画に反映させることが大切である。全体計画を公表し，道徳教育の基本方針や家庭や地域社会との連携に関する方針を中心に意見を求めることが大切であるが，連携のための活動などを示した別葉に対する踏み込んだ協議をすることで当事者意識をより高めることができるであろう。そして協働によるさまざまな取組の成果を学校便りや道徳通信，ホームページなどで公表したい。連携による子どもを中心に据えた取組が地域に届けられると，地域の子どもをみる目が変わり，子どもが変わる。地域の人びとの温かい眼差しは地域の教育力として子どもを変える。大切なことは，学校と家庭や地域社会が子どもたちの豊かな心を育むという目標やビジョンを共有し，協働することが求められているのである。

2 豊かな体験を拡充する取組

　さまざまな体験活動を通して，豊かな心を育むことができる。たとえば，職場体験活動では勤労観や職業観を育むことができ，ボランティア活動では思いやりの心や豊かな心情を育む。さらに，自然体験活動では，自然や動植物を愛護する心を育み，地域の伝統行事へ参加する活動では，郷土を愛する心や社会に参画する態度を育てることができる。

　学校や地域社会では，「学校教育という枠の中では体験できない活動を通し

て，生徒が豊かな心を育むことができるのである。」といわれてきた。特に，家庭や地域社会では，実生活，実社会での生きた体験として，生徒の心に深く刻まれ，生徒の人間観や世界観を広げ，他者や社会，自然や環境との関わりのなかで自己の生き方について考えを深めることができる。そのためか，各学校においては，学校と地域と連携し社会的な体験や自然体験などの豊かな道徳的体験の場を設定し，生徒の自主的・実践的な活動を展開してきた。たとえば，地域の社会福祉協議会の協力を得て，高齢者施設や福祉施設を学年単位で訪問し，施設長の方や職員の方による講話を聞かせてもらうことや，高齢者疑似体験，車椅子体験，アイマスク体験を計画することもある。また，生徒会活動の一環として特別養護老人ホームとの定期的な交流活動をするなど自主的・実践的な活動を通して豊かな心を育んでいる事例も多くあり，多くの成果をあげてきた。その際，どんな取組をしたかという取り組む内容の工夫も大切であるが，体験を通して生徒がどんな道徳的学習をしたのかという視点を大切にしたい。できるなら企画の段階から生徒を参加させ，生徒の意見を反映する。また，参加を通して生徒がどんな学びをしたのかなど振り返りを大切にし，さらに話し合い活動を充実させ，互いの学びを共有したり深め合うことが大切である。生徒の道徳的な成長を意識した地道な展開とその取組の継続が求められる。

３　道徳科を中心に深い学びを実現する取組

中学校学習指導要領「第３章　特別の教科　道徳」の第３の２の(7)で「道徳科の授業を公開したり，授業の実施や地域教材の開発や活用などに家庭や地域の人々，各分野の専門家等の積極的な参加や協力を得たりするなど，家庭や地域社会との共通理解を深め，相互の連携を図ること。」と示されている。道徳科の授業を公開することや授業の実施や教材開発に家庭や地域の人びとの参加や協力を求めることは，家庭や地域社会との共通理解を深め，相互の連携に基づく道徳教育の一層の充実を目指すものである。

学習指導要領の改訂の経緯をみても，1977年7月の改訂において「家庭や

地域社会との相互理解，連携を図るべき」と示され，1989年3月の改訂においては「家庭や地域社会との共通理解を深め，相互の連携を図る」ことの配慮を求め，学校における道徳教育について保護者の理解を求め家庭教育と学校教育との関連性や一貫性の確立を通して学校における道徳教育の一層の充実を求めてきた。さらに，学校と地域社会との連携についても，家庭や地域社会との共通理解を深めることの意味や意義を明確にし，授業公開，教材開発などの工夫ある連携の必要性が示され，地域の実態に応じてさまざまな工夫ある取組も見られた。

　道徳科の授業を公開することについては，多くの中学校で授業公開をしているが，道徳教育の要となる道徳授業の公開は道徳教育への理解と協力を得るためにも重要である。通常の授業参観の形で行われることが一般的であるが，保護者が授業に参加し話し合い活動に加わることも効果的である。また，保護者の参加協力については，アンケートや保護者からの手紙などで協力を求め，事前，事後指導や道徳科の導入，終末で活用したり，「生命の尊さ」や「家族愛，家庭生活の充実」などの内容において，保護者からの聞き取りや返信などを教材として開発し中心的な教材として活用することもできる。

　また，地域の人びとの参加・協力を得ることは，道徳科の授業における深い学びを実現するためにも大切である。平成20年度の道徳教育推進状況調査において，道徳教育を進めるに当たり，参加や協力を得ている人びととして「地域の自治会，商店街，敬老会，青少年団体等の関係者（中学校53.5%）」「ボランティア活動などの奉仕活動関係者，福祉関係者（中学校48.0%）」「地域の公共機関の職員（中学校29.4%）」「地域の文化や伝統の伝承者（中学校24.2%）」などが高い割合を示し，自然体験活動関係者，スポーツ関係者，文化活動関係者など，地域や社会で活躍している人びとを授業の実施者として協力を得ることは効果的である。授業の講師として実体験に基づく講話などは生徒の心に響き，深い学びを実現することができる。さらに，地域を題材とした教材は，地域で生活している中学生にとって教材を身近に考え捉えることができ，自分の問題として生き方について深く考えることができる。

　道徳科の授業に保護者や地域の人びとの参加協力を得ることにより，生徒の学びをより一層深めることができる。また，深い学びを実現している道徳授業では，「生徒たちがこんなに深く考えていたのか」など参観者の深い感動をよぶ。道徳科の授業への参加，協力を通して，保護者や地域の人びとが生徒の学びの深さを実感することを通して道徳教育の理解も一層深まる。大切なことは，家庭や地域の人びとが授業創りに参画し，深い学びを実現している当事者であるという意識を育むことが真の連携を加速するであろう。

４　豊かな心を育む地域と共にある学校づくり

　学校と家庭や地域社会との連携による道徳教育については，開かれた道徳教育の展開が重要であり，学校における道徳教育について保護者や地域の人びとの理解を求め，共通理解に基づく一貫した道徳教育を展開することが大切であることから，「開かれた授業参観」や広報活動，相互交流の場を拡充するなど，家庭や地域と共に子どもを育てるという視点に立った工夫ある取組を通して多くの成果をあげてきた。

　しかしながら今までの連携では，学校が方針を示せば家庭や地域の人びとから賛同され協力が得られたが，どちらかといえば当事者意識が弱い「単なる学校支援」で終わることもあった。さらに，人の入れ替わりに伴い連携の仕組みが弱まったりする事例も見られた。

　中央教育審議会答申「新しい時代の教育や地方創生の実現に向けた学校と地域の連携・協働の在り方と今後の推進方策について」では，「これからの公立学校は，『開かれた学校』から更に一歩踏み出し，地域でどのような子供たちを育てるのか，何を実現していくのかという目標やビジョンを地域住民等と共有し，地域と一体となって子供たちを育む『地域とともにある学校』へと転換していくことを目指して，取組を推進」する必要性を提言している。

　地域と共にある学校とは，地域でどのような子どもを育てていくのか，そのためにどんな目標・ビジョンを共有するのかが重要であり，そのための議論の充実が求められるのである。このことを，道徳教育の視点から見れば，「開か

れた道徳教育」をさらに一歩踏み出し，地域と一体となって子どもたちの豊かな心を育むための「地域とともにある道徳教育」の展開ということになる。したがって道徳教育についても，答申で強調された「熟議」「協働」「マネジメント」が重要なキーワードとなり，まずは，熟議を通して，豊かな心を育むためにどのような目標・ビジョンを共有するかが求められるであろう。

　まずは校長がリーダーシップを発揮し，学校内で議論を深め方向性をもち，それを家庭や地域に示しさらに議論を深めることで学校教育が目指すところを社会と共有・連携しながら実現ができる。その際大切にしたいことは，学校で行う教育活動と家庭や地域で行う活動において，生徒の学びがどのように関連し，繋がっているのか議論することであり，このことを通して相互の理解も深まり当事者意識も生まれる。

　なお，協働を支えるものは地域に信頼される学校であることを前提とすることから，より一層地域に開かれると共に地域と向き合い，寄り添う学校の姿勢が大切であり，さらに，活動においては学校と家庭，地域が対等な立場でどのように「参画」するのかなど協働関係をどう構築するかが問われてくるのである。校長のリーダーシップのもとでチームとして力を発揮できるようマネジメントの強化が求められる。

● 参考文献 ●‥‥‥‥‥‥‥‥‥‥‥‥‥‥‥‥‥‥‥‥‥‥‥‥‥‥‥‥‥‥‥‥‥‥‥

中央教育審議会答申（2015）「新しい時代の教育や地方創生の実現に向けた学校と地域の連携・協働の在り方と今後の推進方策について」文部科学省

中央教育審議会答申（2016）「幼稚園，小学校，中学校，高等学校及び特別支援学校の学習指導要領等の改善及び必要な方策について」文部科学省

蛭田政弘・茂木喬編著（1999）『「心の教育」実践大系 8』日本図書センター

文部科学省編（2002）「中学校　心に響き，共に未来を拓く道徳教育の展開」

中学校道徳教育における評価の取組

142

概　要

柴原　弘志

　「特別の教科　道徳」（以下　道徳科）が，中学校においては2019年より全面実施となり数年が経過した。当初，学校現場はもとより社会全体にみられた不安や戸惑い，あるいは誤解といったものは徐々に薄れてきたようである。しかしながら，殊の外「評価」に関しては依然として悩みも多く，苦労されている学校や評価に求められている役割が十分に果たせていない学校もある。

　たとえば，指導要録とは異なる通知表などに求められている役割を考えると，少なくとも，記述された評価の内容は生徒や保護者に理解できるものでなくてはならない。ところが，抽象性の高い専門用語が並んでいるだけになってしまっている通知表も依然として存在している。また，「大くくりな評価とは，どうすればいいの??」「個人内評価なのに，同じような内容になってしまいそう……」「学習の様子が伝わる通知表記述とは，どのようなもの??」等々学校現場での悩み，戸惑いは尽きないようである。

　また，教師の評価意識についても，前述のような道徳科における生徒に対する評価にはあるが，その学習指導過程や指導方法に対する評価への意識が希薄であるとの指摘もある。ましてや道徳科以外で取り組まれている道徳教育に関する評価意識は，さらに不十分な状況にあることに異を唱えられる人は少ないであろう。わが国の学校における道徳教育は，道徳科を要として学校の教育活動全体で取り組まれているものである。したがって，道徳科以外での道徳教育が道徳科との関連を考慮しながら，どのように位置づけられ取り組まれようとしているのか。そうした全体計画レベルの評価も必要となる。まさに，カリキュラム・マネジメントによる評価を欠くことはできないのである。

　そうした学校現場での道徳教育・道徳科に係る評価の今日的実態も視野に入れ，本巻第Ⅳ部「中学校道徳教育における評価の取組」についての内容を設定した。

　第17章においては，道徳教育における評価の意義について論究したうえで，道徳教育を実践していくために必要な諸計画や指導体制の概要を説明し，評価するうえでのポイントを明らかにしている。次に，道徳科における評価の意義，生徒の学習状況や道徳性に係る成長の様子についての評価，授業の評価について説明している。そして，家庭や地域社会との連携における評価のポイントを紹介し，最後に評価に関する今後の課題を提起している。

　第18章においては，道徳科における生徒による自己評価の意義について，生徒及び教師の成長という視点から論究したうえで，授業の生徒による振り返りの活動に関して，道徳科の目標から抽出した具体的な評価項目を紹介している。また，そこでの「記述による」評価と「尺度化された」評価の意義と活用の在り方について説明している。最後に，中長期的な学びの見取りいわゆる「大くくりな評価」につながるものとして，「まとめ振り返り」の活用という実践事例について紹介し，その有効性について論究している。

　第19章においては，道徳科における評価に関して，生徒に対する評価と共に授業に対する評価への意識を高め，指導と評価の一体化といった枠組みから，評価の本質的な意義を踏まえた取組を進めることの意義について論究している。その際，道徳科における「評価の観点」と「評価の視点」からそれぞれ導き出される「主体的・対話的で深い学び」へつながる学習指導について説明すると共に，学習主体者である生徒自身に，道徳科における学び方を身に付けさせるための具体的な取組について紹介している。

第17章 道徳教育における評価の在り方と課題

―――――富岡　栄

第1節　道徳教育における評価の意義

　梶田叡一は，教育における評価について「教育評価はもともと，子どもにどの段階から学習を始めさせればよいのかということの決定と，教育の成果はどの程度のものであるかということの確認を中心に行われてきた」(梶田，2010)と述べ，さらに，現在では教育活動に直接的，間接的に関連した各種の実態把握と価値判断とそれに伴う改善のすべてが含まれていると説明している。また，石田恒好は教育評価について「目標の実現状況を確認（測定）し，それに基づいて，その間の教育が目標実現のために機能していたかを評価（値踏み，点検，反省）し，十分に機能していたら次に進み，機能が不十分であれば，機能するように改善して教育をし直し，すべての目標実現を果たし，それを見届けて次に進むために行うものである」(石田，2012)と具体的に述べている。このように，教育における評価は，その成果を精査吟味しその後の教育活動の改善に役立てていくものと捉えることができる。

　中学校学習指導要領総則では，学習評価について「生徒のよい点や進歩の状況などを積極的に評価し，学習したことの意義や価値を実感できるようにすること。（中略）学習の過程や成果を評価し，指導の改善や学習意欲の向上を図り，資質・能力の育成に生かすようにすること」と説明されている。ここで述べられている評価は，成果を確認しその後に生かしていくという本質的なことが示されていると同時に，特に生徒の資質・能力や意欲を伸ばすことの大切さが強調されている。このような教育における評価や学習における評価の考え方は道徳教育にもあてはまることである。道徳教育における評価はその成果を確

認し，その後の活動に資するものにすることであるといえる。

　道徳教育は学校の教育活動全体を通じて行うものであるから，道徳教育に関わる評価は広範囲にわたる。学校における教育活動は，教育課程の各教科，特別の教科である道徳（道徳科），総合的な学習の時間及び特別活動と，教育課程外である教育活動，具体的には朝や帰りの短学活，昼食（給食）や掃除の時間，部活動などで構成されている。これらのすべてが道徳教育の場であるわけだから適切に評価を行い，成果を確認し，不十分と思われる点については改善を図りたい。その際，道徳教育の目標が道徳性を養うことを目指していることから，評価の観点は道徳性の育成が図れたか否かということを基軸とし評価したい。

第2節　道徳教育の指導計画，指導体制に関する評価

1 全体計画の評価

　道徳教育は学校の教育活動全体を通じて行うものであり，計画的，継続的，発展的に行わなければならない。すると，学校教育を俯瞰した道徳教育の総合計画が必要になる。この総合計画こそが全体計画である。もちろん，その全体計画の中心となるものは道徳教育の目標であり，その他に盛り込まれるべき内容としては基本的把握事項として法規，学校や地域の実態と課題及び生徒の実態，具体的計画事項として学校教育目標や道徳教育の重点目標，道徳科の指導方針，各教科などにおける道徳教育の指導方針や内容などが考えられる。全体計画の作成については，これまでの文部科学省の調査からほぼすべての学校で作成されていることが明らかになっている。

　このように全体計画は作成されたが，作成したら終わりで，全体計画が画餅に陥ってしまっているのではないかということが気がかりである。作成した全体計画は機能させていかなければならないし，PDCAサイクルの観点から，機能させたうえで評価を実施していく必要がある。評価は年度末に行い次年度に生かしていけばよい内容もあるが，年度途中で評価して，年度内の実践に生

かしていかなければならない場合もある。たとえば，道徳教育の重点目標のような中核的な事項に関しては年度の途中で変更すべきではないが，道徳科の指導方針，家庭や地域との関わり方，生徒たちの人間関係などの事項では年度の途中でも評価を行い，不都合が生じていると認められることにあっては改善していく必要がある。具体的な方法としては，一年間のスパンのなかで年度末に評価を行うことが考えられる。また，学期末や実態との関係で適切に評価を行う方法もある。このように適切に評価を行っていけば，次年度の全体計画が，年度を変えただけの前年度と同一の全体計画になることはないはずである。

２　年間指導計画の評価

　年間指導計画は，一年間を通して道徳科の指導を計画的に実施するうえで欠かすことのできない指導計画である。年間指導計画に記載される事項は，指導の時期や教材名，主題や主な発問，他教科等との関連などがある。

　年間指導計画の評価にあたっては，そこに示された発問や指導過程の在り方，各教材が学校や生徒の実態に相応しいものであるかの適合性及び各教科や行事などとの関わりにおける配列の適時性などの観点から検討していくことになる。そして，これらの評価を参考にして，次年度使用する教科書との関わり合いにおいて翌年の年間指導計画を立案していくことになる。このような評価は年度末に行うことが多いと思われるが，年度の途中で評価し検討を加え変更することも考えられる。たとえば，緊急を要するような場合や時期を変えて指導した方が効果的であると認められるような場合は変更もありえる。ただし，年間指導計画の変更は慎重であるべきで，校内で話し合ったうえで，最終的には校長の判断のもとに入れ替えるべきである。このような判断は，あくまでも効果が認められることが前提であり単なる思い付きであってはならない。

　道徳科の授業は毎週行っているので，年度末の評価だけでは，授業後に感じたことなどを忘れてしまい評価につながらないことがある。もちろん，年度末や学期末の評価は大切ではあるが，年間指導計画の場合は気がついた時に評価していくことも大切である。そこで，職員室に年間指導計画の拡大コピーを張

っておき，授業後気づいたことを書き込む工夫や校内のネットワークを活用し検討すべきことを記入できるコーナーを準備するなどの工夫が考えられる。このような評価と年度末に行う評価を次の年間指導計画に生かしていけばよい。

3 学校における指導体制の評価

　学校における道徳教育は，教育活動全体を通じて行うものであることを踏まえると，学校という組織体で進めていく必要がある。その際，まずは学校における道徳教育の基本方針が示されることが重要である。この基本方針の明示に関しては，学校の教育課程の管理者である校長がその責任を果たさなければならない。ただ，校長は学校における教育を統括する立場にあるので，道徳教育を推進するうえで全教師の参画，分担，協力を調整する実務的な役割を担う教師が必要である。この役割を担っているのが道徳教育推進教師である。道徳教育推進教師の役割には次のような事柄がある。

　　○道徳教育の指導計画の作成に関すること

　　○全教育活動における道徳教育の推進，充実に関すること

　　○道徳科の充実と指導体制に関すること

　などである。

　学校における指導体制の評価をしていくには，道徳教育推進教師の役割として示された上述の事柄を観点として設定し評価していけばよい。たとえば，指導計画について全体で取り組めたか否かについて評価したい場合，「道徳教育の年間指導計画は，全教師の理解と協力のもとに作成できたか。」などと5件法で問うのである。また，課題やそれに対する解決策を記入する自由記述欄を設けることも考えられよう。評価の実施時期は年度末，学期末が多いが，学校規模により道徳教育推進教師が複数いる学校では，道徳教育に関する会議を週時程に位置づけ，そのなかで評価に関する会議をもつ方法もある。

第3節　道徳科の評価

1 道徳科の評価の意義

　道徳の時間が特設された当初から評価については「道徳の時間も一定の目標と計画に従って指導されるものであるかぎり，評価を必要とすることはいうまでもない。（中略）教科と同様な評定による成績評価を行うことは適当ではない」（文部省，1958）と示され，評価することは大切であるが各教科のような数字などによる評定は適切でないことが説明されている。この考え方は，その後の学習指導要領にも生かされ道徳科となった現在でも踏襲されている。

　中学校学習指導要領解説「特別の教科　道徳編」では「学習における評価とは，生徒にとっては，自らの成長を実感し意欲の向上につなげていくものであり，教師にとっては，指導の目標や計画，指導方法の改善・充実に取り組むための資料となるものである」と明記されている。このように，評価には2つの意義が考えられるが，特に道徳科における評価に関しては，自分自身の道徳的成長を確認でき自ら向上していこうとする意欲がもてるような評価を重視したい。なぜならば，教育は人格の完成を目指して行われる営みであり，この人格の基盤を成すものが道徳性だからである。教育の目的が人格の完成を目指していることから道徳性の育成は不可欠である。人としてよりよく生き，前向きな姿勢で未来への夢や希望をもった生徒の育成を願った時，その評価は，生徒を認め励まし勇気づけ，それを内発的動機として自らの道徳的なよさを伸ばしていくものでありたい。

2 生徒の学習状況や道徳性に係る成長の様子の評価

　各教科などでは，育成すべき資質・能力の三つの柱から整理された「知識・技能」「思考・判断・表現」「主体的に学習に取り組む態度」の3観点について評価規準と評価基準を設定し評価していくことになる。しかし，このような分析的に捉える観点別評価は，人格そのものに働きかけ生徒一人ひとりの道徳性

を養うことを目標とする道徳科においては妥当ではない。また，道徳性は1時間の授業で育まれたか否かを即断できるものでもない。このようなことから，道徳科の評価は，他者との比較ではなく個人内評価とし記述式で大くくりなまとまりを踏まえた評価となる。

中学校学習指導要領では評価について「生徒の学習状況や道徳性に係る成長の様子を継続的に把握し，指導に生かすよう努める必要がある。ただし，数値などによる評価は行わないものとする」と明記されている。このことから，道徳科における評価は，学習状況と道徳性に係る成長の様子について評価していけばよいことがわかる。

学習状況については，各教科と同様な視点での見取と道徳科の特質を生かした視点からの見取が考えられる。記述による一例を示せば次のようになる。

○学級やグループの話し合いでは，友達の発言を傾聴しつつ，自分の考えを述べていた。

○判断の根拠や理由を明確に述べることができる。

○教材に含まれている道徳的な問題に対して深く考えている。等々。

道徳性に係る成長の様子の評価について留意すべきことは，「係る」という言葉からもわかる通り，道徳性そのものを評価するのではないということである。もちろん，道徳科の目標が道徳性の育成であることから道徳性が育まれたか否かを見取っていくことは必要であるが，その道徳性が育まれていく過程での様子を見取っていくことも大切である。たとえば，多面的・多角的に考えるということ，これ自体は道徳性そのものではないが，多面的・多角的に考えることを通して道徳性が育まれていくならば，このことは道徳性に係る成長の様子と捉えられる。

3 道徳科の授業評価

教師にとっての評価の意義は，指導改善に役立て授業の充実を図っていくことにある。また，PDCAサイクルを生かしていくことであり，指導と評価の一体化を図っていくことが大切である。そして，このことの実現が道徳科の目

標である生徒の道徳性を養うことにつながっていく。教師は明確なねらいをもって授業を構想していく。そのなかで評価の観点を設定し，その観点に沿い授業を振り返ることになる。この意味で，観点設定は重要な意味をもつ。もちろん，授業のねらいや教材との関わりでより具体化されることになるが，中学校学習指導要領解説「特別の教科　道徳編」には以下の観点が例示されている。

ア　学習指導過程は，道徳科の特質を生かし，道徳的諸価値の理解を基に自己を見つめ，人間としての生き方について考えを深められるよう適切に構成されていたか。また，指導の手立てはねらいに即した適切なものとなっていたか。

イ　発問は，生徒が広い視野から多面的・多角的に考えることができる問い，道徳的価値を自分のこととして捉えることができる問いなど，指導の意図に基づいて的確になされていたか。（以下，ウ，エ，オ，カについては省略）

　このような観点を設定して評価し，効果が認められることについては継続指導をし，不十分な点については検討し改善を加えていくことになる。

　また，道徳科の授業を充実させていくためには，教師と生徒，生徒同士の温かい人間関係の構築が大切である。よく，道徳は学級経営が大切だといわれる。温かい雰囲気があってこそ生徒は自分の考えを吐露できるのであり，発言が否定されたり互いの意見を聞き合う雰囲気がなかったりしたら，自分の考えや思いを開示せず，話し合いも深まっていかない。教師は，道徳科を充実させていくために学級経営の観点から自己評価をしたり生徒の意識調査をしたりして，温かい雰囲気のある学級づくりに努めたい。

第4節　家庭や地域社会との連携の評価

　道徳教育の目標である道徳性は，学校で養われるだけでなく家庭や地域社会のなかでも養われていく。それだけに，学校での道徳教育を充実させていくためには家庭や地域社会との連携，協力が必要で相互の共通理解を図ることが重要である。連携，協力を図っていく際に大切なことは，その推進の主体が学校であるということである。したがって，学校は道徳教育に関する基本方針や全体計画などを明確にし，それを示したうえで，保護者や地域の方に意見を聞

き，意見交流を通して必要に応じ修正や調整を図りたい。また，道徳科の授業について理解を深めてもらうことも大切である。具体的には，保護者や地域の方々に授業を公開すること，保護者が授業に参加して生徒のグループ討議などの折に話し合いに加わることやゲストティーチャーとして参加することなどである。このように連携を図っていくためには，まず，学校からの発信が重要である。そして，次のような観点で評価を行うなどして改善につなげたい。

○学校の道徳教育に関する方針は明確であるか。また，その方針は生徒の道徳
　性を育むことに役立つものであるか。

○学校のホームページや学校，学年，学級，道徳だよりから学校の道徳教育の
　取組が伝わっていたか。等々。

　このような観点について５件法や自由記述欄を設けたアンケートを実施したり学校運営協議会制度を利用して地域の方々から意見を聞いたりして，さらなる連携，協力体制を整えたい。

　1958 年に道徳の時間が特設された当初から評価の必要性は述べられてきた。道徳の教科化に伴い評価が必須事項となった。今後，評価に関する研究が進んでいくなかで，新たな知見が得られたり課題が生じたりするであろう。たとえば，脳科学の進歩により脳の働きと道徳性の関係が究明されるようなことになれば道徳性の定義自体も変わってくる可能性もあるし，評価自体の見直しも必要となろう。また，現在では道徳性を分析的に捉え評価せず大くくりなまとまりを踏まえた評価としているが，各教科のように知識・技能に関しては評価することも可能であるのかを検討していくことも今後の課題であると思われる。

・引用・参考文献・……………………………………………………………………………

梶田叡一（2010）『教育評価　第 2 版補訂 2 版』（有斐閣双書）有斐閣：1

石田恒好（2012）『教育評価の原理―評定に基づく真の評価を目指して―』図書文
　化社：10

文部省（1958）『中学校道徳指導書』東洋館出版社：50

第18章 毎時の授業での自己評価と大くくりな評価との関係性と関連のさせ方

――――― 中山　芳明

第1節　生徒による自己評価

1　生徒による自己評価の意義

　「特別の教科　道徳」（以下「道徳科」）の実施に当たって，「学習指導要領」（2015）のなかで道徳の評価が「個人内の成長の過程を重視すべき」と記され，「個人内評価」に基づいて行うこととされた。つまり，教師が生徒を評価する際に，他の生徒と比べたりすることによってその生徒の道徳性の優劣の判断や序列へつなげる評価にするのではなく，生徒一人ひとりの学びに注目し，その個々の伸びを認め，さらなる伸長を励ます評価を行うわけである。

　ならば，生徒自身が明確な観点を基に自らの道徳的学びの深まりについて振り返り，個々の道徳的成長を把握し，次につなげることのできる評価をするべきであろう。つまり，学びに対する第一次の判断者を，教師という外部の指導者ではなく，学習の当事者である生徒自身に設定することが適切である。なぜなら，道徳的理解がその生徒自身の内面的理解を問うものであるならば，その評価の出発点は，生徒自身の判断を出発点とするべきだからだ。

　また，すべての生徒の道徳的学びを見取るとはいっても，知識理解の分野であれば外部からの査定は可能であるが，心情や道徳性に対して外部からその度合いを査定することは，困難であると同時に危険を伴う。出された評価がどれほど正確であっても，その正確さを証明することはほぼ不可能である以上，その出された評価には信頼性が担保できないし，生徒の納得を引き出せるかどうかも不確定である。

　だからこそ，生徒による自己評価の重要性が増してくる。道徳性を高く保ちながら生きていくことは，生徒たちのこれからにとって大切な命題である。道徳は義務教育を終えた後も，その先の社会ですべての人びとに関わる教科である。したがって，道徳性について正確な評価を出すことよりも，生徒自らがさまざまな事象から己を振り返り，大切な「道徳的価値について学び続ける力」を身に付けさせることが大事なのではないだろうか。

　「評価のための評価」ではなく「生徒のよき学びのための評価」。また，外部からの正確さ以上に，より生徒の真情に迫れる評価であること。その視点が評価にとって最重要であろう。特にさまざまな道徳的事象を「多面的・多角的」に考え，「主体的・対話的で深い学び」を実現させるためには，生徒が自らの道徳的学びに向き合う過程は，欠くことのできないものだと考える。

2 自己評価で目指す２つの成長

　注意すべきは自己評価が評価活動ではなく，学習活動であるという点である。生徒が自らの主体的な評価者になることから生み出されるのは，到達すべき目標の明確な自覚と能動的な学びへの志向である。「自分はこの授業を通して何を学び，どのような考えについて深めるのか」を意識することは，学習への意欲と効果を高めると考えられる。

　また，道徳教育のもつ「生徒のよさを引き出し，評価する」というねらいからも，生徒による自己評価を軸にする形式は有効であると考える。なぜなら，生徒の一番認めてほしい学びのポイントをもっとも的確に示せるのは生徒自身であり，そのポイントを自他共に高く評価される学習活動は，自己肯定感の上昇にも好影響を与えると想定するからだ。

　評価には本来，「生徒を育てる」という役割が備わっている。「〜を評価する」という文脈では，その秀でている面や価値を認めるという意味が含まれている。自らの学びを認め，肯定する。その過程のなかで生徒たちは自信を深め，そのプロセスの積み重ねから，困難な学びに課題を感じた際にも肯定的に受け止め，自分自身で課題に向き合い，克服する成長を促すのである。

　もう一点の成長は，教師の成長である。教科での授業であれば，教師の授業力・教育力は，生徒の理解度という間接的な視点を使って，さまざまな結果によって可視化される。しかしながら道徳科は心の学びという可視化しにくい学習状況を取り扱っている。ゆえに教師が自らの授業力・教育力について把握することは困難であった。だがそれでは，道徳の授業で真に効果的な学びが展開されているかを判別しにくい。そこで生徒の自己評価という学習活動によって，学びについて整理したものを参考に，教師自身の向上につなげることができるのである。具体的な運用については，本節の **4** にて述べる。

3　記述と尺度で迫る生徒の自己評価

　道徳の評価は「他の生徒との比較による相対評価ではなく，生徒がいかに成長したかを積極的に受け止め，励ます個人内評価」である。ならばその成長の尺度は個人個人のなかに存在している。そこでその内面に迫るため，「生徒による自己評価」を活用することが有効と考える。

　ただし，「生徒による自己評価」は生徒自身が学びを振り返る「学習活動」であり，「評価活動」ではない。「評価活動」は教師が行うものであり，「生徒による自己評価」を教師が見取る活動がそれにあたる。そしてそれは「間接評価」と分類されるもので，「生徒・学生の学習行動や学習についての自己認識を通じて，学習成果を間接的にする評価」であるために，そのまま成績評価に転用することは適さない。

　しかしながら，道徳科の評価は「認め，励ます個人内評価」とされ，入学者選抜の合否判定にも活用しないとされている。そのため，自己評価に過剰な誇張や虚偽が入る懸念は解消されたと考える。また，自己評価を転用ではなく，参考・活用という形であれば，生徒自身が肯定的な面を積極的に表明したものを活用することは，生徒の内面に迫る評価を行うためにも非常に有効である。

　具体的には，毎週の道徳授業の実践にあたって，生徒は授業の終末でワークシートの最後に設けられた振り返り欄を使い，まず，「道徳科の目標」を「道徳的価値理解」と「道徳的視野の広がり」「これからの生き方への影響」の3

側面に分け，それぞれについて「道徳的な価値の理解は深まったか」「いろいろな見方や考え方に気づけたか」「生き方についての考えが深まったか」について５段階の尺度化を行う。

　ここで尺度化を行うのはそれ自体が目的ではない。生徒自身が記述による「学びの整理」を行うことが主であり，それを発想するための呼び水としての意味合いである。そのため，必ず，尺度化の後に記述をさせるように構成する。「なぜそう思ったのか」について探究し，記述することが最重要であるからだ。

　ワークシートの流れは思考の流れである。生徒の思考を導くようにワークシートの配置は構成される。よって，最後に尺度化を配置したものは，思考の広がりを阻んで終わるので推奨されない。

　また，この自己評価の尺度化は蓄積・分析することでさらなる効果が見込める。尺度の部分は表計算ソフトに毎時間入力しておき，そこでの値を継続観察して，個々の生徒における道徳性の変化や内容項目に対する学びなどを見取る参考にする。また，記述の部分はポートフォリオ評価の材料として保存し，「記述による評価」を行う際にも参照して，「生徒のより深い学びの評価にたどり着く有効な指標」として活用する。

　実際に，生徒が尺度評価で高い達成度を示した道徳授業があれば，その授業のワークシートの記述を確認し，その学びを踏まえて評価することができる。また，学びの内容が項目で分けられているので，「道徳的価値理解」と「道徳的視野の広がり」「これからの生き方への影響」のうち，どの項目で豊かな学びができたかも測れるのである。

４ OJT による授業力向上への手立て

　教師が質の高い道徳の授業を維持するためには，その授業のねらいの達成度という具体的な指針が必要である。生徒の深い学びの達成には，生徒自身と共に教師も大きな責任を負っている。ならば，生徒の学びの達成度から，教師自身の指導の課題について見取るべきである。

　現状，多忙を極める教育現場にこれ以上の研修を入れることは困難である。しかし，新たに研修などを企画して，道徳科の趣旨を周知徹底するといっても，働き方改革や研修・校務のスリム化の流れのなか，そこには限界がある。

　したがって，道徳科の評価について先生方は働きながら，実際に評価を記述しながら学ぶこと＝OJT（現任訓練）が必要となる。実際に行った道徳科の時間での学びを，生徒が自己評価として尺度化した学習状況の評価を集約し，それぞれを検証・分析することによって授業改善の示唆を得る。これらの蓄積と活用がPDCAサイクルの軸となり，道徳の取組に向上の好循環（スパイラル）を発生させる。

　生徒による自己評価を足掛かりに，教師は授業を通して，自ら学び，向上することができる。道徳科について専門的な学びの機会を得てなくても，生徒からのフィードバックを活用することで，普段の実践のなかで，道徳の授業スキルが修得可能になるわけである。

第2節　大くくりな評価と「まとめ振り返り」との関係性と関連のさせ方

1 「まとめ振り返り」の実践

　授業ごとの自己評価という評価材料を収集したとしても，短期的な学びであり，長期的な学び＝道徳性の定着の見取りにつながっているかというとそうではない。つまり，中長期的な学びの見取りも必要であり，それを「まとめ振り返り」という形で構築する必要がある。

　そのためにも，関連した情報をひとつのファイルにまとめておく（オール・イン・ワン・パッケージング）方法が推奨される。あらかじめ道徳の授業，教材に関する情報を統合しておき，そこに評価を項目別に入力しておけば，必要な場面で，必要な情報を取り出し，繰り返し活用でき，その都度入力する負担も軽減することができる。

　道徳科の評価の場合でも，実施時期も含めた年間計画，教材名，教材の内容

項目，教材のねらい，それに対する生徒の自己評価等などのデータがあれば，それを活用することで飛躍的に作業は効率化ができる。年度当初に年間指導計画で作成したものを活用することも可能である。二度手間を省き，効率化を図ることが，本当に重要な「生徒個々の姿を記述する」時間の確保につながり，生徒のための評価に利することになる。

　「まとめ振り返り」の構成要素としては，教材名，内容項目，あらすじと発問内容があれば，生徒も学びを振り返るのに助けとなる。図表18-1に示す。

　この「まとめ振り返り」を用いて生徒に中長期的な振り返りを記述させ，道徳科の評価につなげる。ここで普段の授業でのワークシートなどのポートフォリオを生徒自身に振り返らせ，過去の授業の学び直しを図ることも重要である。

図表18-1　道徳の「まとめ振り返り」の構成モデル（抜粋）

「道徳の授業を振り返って」前期（　　H31.4.18　　〜　　R1.9.26　　）

学年でこの1年間，大切にしたい目標

（　　）年　（　　）組　（　　　　　　　　　　）

番号	教材名（出典）	テーマ	主な内容や考えたこと（中心発問）	振り返り		
1	二都物語　自作教材	よりよく生きる喜び　D(22)	ある農夫は東西を行きかう旅人たちの質問に対して，「前にいた街と同じだよ」と伝えた。　考え方を変えるとどうなっていきますか。	◎	○	△
2	麻衣の苦悩　東京書籍	友情，信頼　B(8)	友達の綾香はいつも忙しそうなので，麻衣は宿題を見せてあげている。でも，宿題を何のためにしているかと考えたら，本当に自分のしていることが友情なのか，悩んでしまう。　見せない方か，見せた方か，どちらが友情なのか。	◎	○	△
3	ぱなしの女王　東京書籍	節度，節制　A(2)	何でもやりっぱなしの作者は，「ぱなしの女王」と呼ばれていたが，それが原因で重大事故につながりそうになり，自発的に直そうと行動する。　作者が「ぱなし」を直そうと決意したのは，どのような気持ちからだろう。	◎	○	△
4	住みよい社会に　東京書籍	社会参画，公共の精神　C(12)	カメラでマナーを監視する世の中に対して，よりよい社会につなげるにはどうしていくか考える　マナーがカメラによって監視されることを，あなたはどのように考えるか。	◎	○	△
5	私のせいじゃない　東京書籍	公正，公平，社会正義　C(11)	泣いている少女を囲って言い訳を語るクラスメートたち。そこにいじめの原因が隠れている。　この子は何が悲しくて泣いているのだろうか。	◎	○	△

2　記述式評価のモデル

　定型文を用意しそれを選択することで道徳の評価とする方法は，道徳科の趣旨にそぐわない。文部科学省が「記述式による評価」と示す以上，教師が記述しない形式は，道徳科の評価として採用するべきではない。ただし，文面ではなく，構成の定型化は可能である。これは芸事や武道などに見られる「実践で学ぶ」ためにまず，「型」を覚えろという思想に通じる。「型」とは基本形であり，その道の重要なエッセンスが凝縮している。その「型」をなぞることで，自然とその作法を体得できるようになるという利点がある。

　また「型」を最初に身につけることで変な偏りがつかず，失敗も少なくなる。基本を学ばずに始めると我流になり，無駄が多く，失敗を犯しやすくなる。生徒に対する評価という，失敗が許容されない分野において，「型」の習得は有効な手法といえる。

　評価の文面構成モデルを図表18-2に示す。フローチャートに示すように，記述，もしくは抜粋する項目の順序もきちんと整理しておくことで，記述者の熟練度に左右されることなく，安定して評価の文面が出来上がる。

　このうち，①は「今期の道徳の授業では」のような定型で事足り，②は「道徳科の目標にある３側面」，今回の例では「道徳的価値理解」と「道徳的視野の広がり」「これからの生き方への影響」に分け，それぞれについてモデル

図表18-2　道徳評価文の構成モデル（Aパターン）

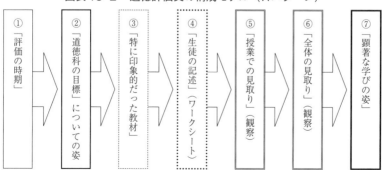

文からの応用を記述する。

　③，④ に関しては生徒の記述した評価材料（ポートフォリオなど）を活用して，生徒の受け止めを示す。生徒自身が学びを振り返った言葉をそのまま抜粋するだけでも生徒の自己肯定感を高める効果が見込まれる。⑤ と ⑥ については，教師が生徒を観察し，その学びの姿を思い浮かべて，記述する部分となる。⑤ ではそのなかで特に取り上げた授業での学び，⑥ で道徳の授業での全体の学びの様子を取り上げ，認め，励ます評価を行う。

　⑦ について，道徳科の授業で見られる学びにはいくつかの側面がある。それを類型化したのが「顕著な学びの姿」の項目になる。6つの視点をもとに生徒の姿を分析し，それぞれにモデル文面（「読み取り」＝教材からの読み取りに優れた学びが見られた，「自己把握」＝自己の行動の見直しや困難の自覚につなげていた，「議論・傾聴」＝話し合いのなかでよい議論や他者の意見を受け止めていた，「共感・感動」＝教材に心揺さぶられ，共感を深めていた，「人生に影響」＝生き方を振り返り，よりよく生きる意志を強めていた，「さまざまな視点：批判精神」＝価値判断をうのみにせず，しっかり検証していた）を用意，整理しておく。

　この形式の利点は，項目ごとに分けて入力しておくことで，必要な項目をピックアップし，要録などへの記述用に，より短い文章（Bパターン ② ⑤ ⑥ ⑦を抜粋）を自動的に作成することが可能な点にある。たとえば，道徳の評価が「認め，励ます評価」であることから，年度末に評価を示すより，年度の途中でAパターンの評価を示し，年度末はその評価を活用して，短く再構成したものを手直しして示す運用も行える。このように，「認め，励ます」効果の最大化のため，より効果が高い時機に適切な評価を示すことも肝要である。

● 参考文献 ●‥‥‥‥‥‥‥‥‥‥‥‥‥‥‥‥‥‥‥‥‥‥‥‥‥‥‥‥‥‥‥‥‥‥‥‥
富岡栄（2018）「道徳科授業の効果的な在り方と評価」『モラロジー道徳教育』
中山芳明（2019）「生徒の自己評価の活用と記述式評価の方向性」『道徳教育方法研究』
中山芳明（2020）「フォーマット化でより生徒に響く評価を！」『道徳教育』明治図書

第19章 道徳科における指導と評価の一体化を目指した取組

————柴原　弘志

　学校における生徒の学習活動などに関する評価というものは，生徒にとっては自分の学習や成長を振り返る契機となり，その成長を実感し，学習や成長への意欲の向上につながるものであり，教師にとっては指導計画や指導方法を改善する手掛かりとなるものとして，しっかりと機能することが求められる。

　「中学校学習指導要領解説　特別の教科　道徳編」（以下「解説」）には，道徳科における評価の対象別に，道徳科の授業に対する「評価の観点」例（以下下線は筆者によるもの）と生徒に対する「評価の視点」例が示されている。こうした表記上の区別からも，生徒に対して，道徳科では他の教科と同様な「観点別評価」や「到達度評価」は行わず，あくまでも「個人内評価」であるとすることが強く意識されるとよい。

　そこで，この章では道徳科における「評価の観点」と「評価の視点」に着目して，指導と評価の一体化といった枠組みから，より質の高い学習指導と評価及び評価の生徒へのフィードバックの充実について考えてみたい。

第1節　「評価の観点」から考える学習指導

　「解説」には，「明確な意図をもって指導の計画を立て，授業の中で予想される具体的な生徒の学習状況を想定し，授業の振り返りの観点を立てることが重要である。こうした観点をもつことで，指導と評価の一体化が実現する」として，道徳科の授業に対する「評価の観点」例が次頁のように示されている。

162

【学習指導過程や指導方法に関する評価の観点例】

① 学習指導過程は，道徳科の特質を生かし，道徳的諸価値の理解を基に自己を見つめ，人間としての生き方について考えを深められるよう適切に構成されていたか。また，指導の手立てはねらいに即した適切なものとなっていたか

② 発問は，生徒が広い視野から多面的・多角的に考えることができる問い，道徳的価値を自分のこととして捉えることができる問いなど，指導の意図に基づいて的確になされていたか

③ 生徒の発言を傾聴して受け止め，発問に対する生徒の発言などの反応を，適切に指導に生かしていたか

④ 自分自身との関わりで，物事を広い視野から多面的・多角的に考えさせるための，教材や教具の活用は適切であったか

⑤ ねらいとする道徳的価値についての理解を深めるための指導方法は，生徒の実態や発達の段階にふさわしいものであったか

⑥ 特に配慮を要する生徒に適切に対応していたか

　以上のような観点から，より効果的な学習指導となるような授業づくりに取り組むことが求められている。道徳科の授業において，発問に対する生徒一人ひとりの発言などの反応が受容されないばかりか，効果的に生かそうともされていない事例も少なくない。そこで，ここでは特に下線を付した観点③に示されている内容から，道徳科の特質にも深く関わる学習指導の在り方について考えてみたい。

　観点③では，生徒の発言を「聞いて受け止め」ではなく，あえて「傾聴して受け止め」とあり，「聴く」姿勢を大切にすることを求めている。道徳科の特質を考えると，カウンセリングで求められる「傾聴」の姿勢，すなわち「共感的理解」「無条件の肯定的関心」「自己一致」といった生徒一人ひとりに対する人間尊重の態度に基づく姿勢が，その授業ベースには不可欠であろう。事実，大学での講義において，小中学校当時の道徳授業に対する次のような感想に出会うことが少なくない。「道徳の授業では，先生が気に入る答えではなかった場合，否定され続けました。」「私は，先生が欲しい答えを答えることがで

きたので，いつもよく当てられていましたが，正直言って，その時の答えは私の本当の気持ちではない時もありました。」等々である。「聴」の字の構成から，「耳」に加えて横向きではあるが「目」が存在することや，耳偏に「直」の下に「心」とも見えるので，「観察」を大切にして，相手の心に耳を直接当てて，その生徒の真意・本音，声なき声まで聴き取れるようにと取り組まれている学校もある。そうした学校では，教師の期待している言葉ではなく，まさに自分事としての生徒一人ひとりの真意・本音を本人自身にも自覚できるように聴き取ろうとする姿勢が，多くの教師にみてとれる。そこでは，生徒に「**自分が自分に自分を問う**」という「**自己内対話**」が生じ，「吾を言葉にする」といった自分自身を「**語る**」ことのできる，ある意味開かれた発問が生徒の思考や発言などへの意欲を高め，より質の高い学習指導へとつながっているのである。また，より「**深い学び**」へ導こうとして，発問に対する生徒の反応を生かしたさらなる発問の工夫もみられる。このように，生徒の多様な発言や記述内容から，さらに深く考えることのできる「**聴き合い，語り合える**」授業にできたとき，それこそが「**主体的・対話的で深い学び**」を実現する授業といえるのであろう。そのためには，生徒の発言などに対して，根拠・理由，具体例，言い換え，比較，立場（主語）や対象（目的語）の確認，立場や条件の変更，本音などを求める**重層的発問**（問い返し・切り返し）が効果的である。

第2節　「評価の視点」から考える学習指導

「解説」には，生徒の学習状況や道徳性に係る成長の様子を把握することにより進められる評価について，その「評価の視点」例が次のように示されている。

【学習状況などに関する評価の視点例】

◇一面的な見方から多面的・多角的な見方へと発展させているか

① 道徳的価値に関わる問題に対する判断の根拠やそのときの心情を様々な視点から捉え考えようとしているか

② 自分と違う立場や感じ方，考え方を理解しようとしているか

③ 複数の道徳的価値の対立が生じる場面において取り得る行動を広い視野か

ら多面的・多角的に考えようとしているか

◇道徳的価値の理解を自分自身との関わりの中で深めているか

④　読み物教材の登場人物を自分に置き換えて考え，自分なりに具体的にイメージして理解しようとしているか

⑤　現在の自分自身を振り返り，自らの行動や考えを見直しているか

⑥　道徳的な問題に対して，自己の取り得る行動を他者と議論する中で，道徳的価値の理解を更に深めているか

⑦　道徳的価値を実現することの難しさを自分のこととして捉え，考えようとしているか

　ここに示されているのは，道徳科における生徒の学習状況などに関する「評価の視点」例であるが，これは，道徳科の授業づくりや授業に対する重要な「評価の観点」ともなることを確認しておきたい。ここに示された生徒の学習状況などに関する「評価の視点」は，道徳科の授業において生徒に求めている学びの姿（方法知）を示したものとなっている。したがって，そうした学びの姿となるような学習活動を設計することが教師には求められていることになる。たとえば，「道徳的価値に関わる問題に対する判断の根拠やそのときの心情を様々な視点から捉え考える<u>ことができる問いが工夫されていたか</u>」「複数の道徳的価値の対立が生じる場面において取り得る行動を広い視野から多面的・多角的に考え<u>られるよう板書の構造化が図られていたか</u>」「読み物教材の登場人物を自分に置き換えて考え，自分なりに具体的にイメージして理解<u>が深められるような学習活動が適切に設定されていたか</u>」等々，「評価の視点」の文末を少し替えることによって，それらは道徳科の授業づくりや授業へのより具体的な「評価の観点」ともなりえるものである。

第3節　「評価の視点」の生徒との共有化による学習指導と評価活動の充実

　さらに，もう一歩踏み込んで考えておきたいことがある。それは，学習状況などに関する「評価の視点」を，教師だけが意識しているだけでよいのかとい

うことである。道徳科における学習指導をより質の高いものにしていくために
は，道徳科において求められている学び方，いわゆる方法知を生徒自身に獲得
させていくことこそが大切ではないだろうか。そのためには，授業中に「評価
の視点」に例示されている学びの姿が見て取れた時には，「自分の身近な体験
から考えられたね」「他の人の意見と比較しながら発言できたね」「自分のこれ
からの生き方についても記述できたね」といった「評価語」を大いに生徒に発
することが重要となる。誰かに発せられた「評価語」の蓄積は，やがて生徒全
員に道徳科における学びの方法知として身に付いていくことが期待できよう。

　また，授業でのワークシートや道徳ノートへの記述内容に対して，上記のよう
な「評価語」を記入される実践はこれまでもあった。最近では，「自分の体験・
経験を踏まえた記述」部分に一本線，「他の人の意見等に触れている記述」部分
に波線，「自分の考えの変化やこれからの生き方に触れている記述」部分に二重
線を付して，若干のコメントと共に生徒に返却されるといった実践もみられる。

　道徳科の授業においても，他の教科と同様に，そこで求められる内容知に加
えて，どのように学ぶことが求められているのかという方法知が生徒一人ひと
りにしっかりと学ばれ，身に付くようにしたいものである。

　改めて考えてみると，生徒の成長やその努力を認め，励まし，勇気づけ，さ
らなる意欲の向上につながる評価のフィードバックの機会は，年に 1 回〜 3 回
の通知表などによる評価に比べて，上記のような取組における評価の方がはる
かに多いのである。また，そうした「評価語」を意識した道徳科授業での取組
は，教師自身の授業づくりのスキルアップや今日求められている通知表などへ
の個人内評価としての記述評価をより確かなものにしていくことにもつながる。

　168 頁の図表 19-1 に示している実践例は，「評価の観点」や「評価の視点」
を基に考案された「授業評価シート」である。教師による自己評価や他者評価
に使用されているものであり，授業研究時の協議資料としても活用されてい
る。「授業評価シート」の上部に「『Rainbow 道徳』この視点で授業をつくろ
う！」とあるが，「評価の視点」に示された 7 項目が特に意識されていること
がわかる。一方，生徒には，「『Rainbow 道徳』〜道徳の授業の受け方・考え

方の視点〜」として同7項目が，生徒の振り返りシートに明記されている。

　また，「登場人物を通して自分が考えた内容を発表することができたか」「発言している人の考えを自分の考えと比較しながら聴き，理解しようとすることができたか」「他の人の発言に関連させて，自分の考えを理由をつけるなどして，詳しく語ることができたか」「自分の生活や生き方について考えることができたか」といった生徒自身の学習活動としての「振り返りシート」を毎時間活用することによって，より質の高い学習指導となるよう取り組まれている実践例もある。当然のことながら，生徒による自己評価の内容は，授業に対する評価への貴重な情報として，授業改善に生かされるものであり，生徒に対する評価への情報としては扱われていない。道徳科の授業での「『考える』『聴く』『語る』『記述する』ポイント」が，すべての学級に掲示されているといった実践例もある。

　こうした組織的・継続的な日々の取組の蓄積こそが，本来求められている道徳科における評価の実質化につながるものといえよう。道徳科における適切な指導と評価の一体化を意識した取組は，必ずやその学習指導と評価活動をより質の高いものへと充実・発展させ，生徒一人ひとりのより豊かな道徳性のより確かな育成につながることを確信しつつ着実に進めていきたいものである。

第4節　道徳科における評価の充実に向け，今少し取り組んでおきたい事項

　1点目は，障害のあるなしにかかわらず，発言が多くない，あるいは考えたことなどを文章記述することが苦手な生徒における学習指導や評価の在り方について共通理解を深め，取組を共有化しておきたい。それぞれの困難さなどに対応した学習指導を工夫しつつ，発言や記述にのみ頼るのではなく，それ以外の形で表出される姿などに着目することも大切である。たとえば，教師の話や他の生徒の発言やその時の様子に注目している姿，あるいはネームプレートや心情円盤などによる言葉以外での内面の表現もしっかりと捉え，「相手の意見を取り入れつつ自分の考えを深めているか」「より多面的・多角的な見方へ発展させているか」「自分事として捉えているか」といった，それぞれの生徒に

応じた視点をもちつつ，丁寧に見取る必要がある。「『特別の教科　道徳』の指導方法・評価等について（報告）」（2016（平成 28）年 7 月 22 日）の別添資料「発達障害等のある児童生徒に対する道徳科の指導について」の内容は，まさしくユニバーサルデザインとして学校全体で共有しておきたい。道徳科の授業における生徒の学習状況や道徳性に係る成長の様子を見取る基本的な方法は，観察と言語分析であり，その効果的な方法を開発・共有していきたいものである。

　2 点目は，道徳ノートの活用やワークシートのファイル化の促進である。「書く活動」は，道徳科の特質を考えると，適切な場を絞って設定することが必要である。そこでは，メタ認知の深化や他者の発言などをメモすることによる多面的・多角的な思考や批判的な思考の深化が期待できる。また，振り返りなどでの効果から，生徒が自らの変容や成長を実感できる縁ともなり，授業及び生徒に対する評価における貴重な情報を提供できるものともなる。

　3 点目は，道徳科における記述による評価に対する生徒・保護者の受け止めをアンケートなどで把握して，評価の質的向上を図る。

　4 点目は，より信頼性・妥当性のある評価となるよう，組織的な体制を整え，協動的（複数教員による複眼的な）実践の蓄積と共有・検証を進めていきたい。

　道徳科における評価の取組は，わが国の道徳教育の実質化とさらなる充実をもたらすことを確信しつつ着実に進めていきたいものである。

・参考文献・‥‥‥‥‥‥‥‥‥‥‥‥‥‥‥‥‥‥‥‥‥‥‥‥‥‥‥‥‥‥‥‥‥‥‥‥‥‥

　貝塚茂樹（2020）『新時代の道徳教育』ミネルヴァ書房

　小寺正一・藤永芳純編（2016）『四訂　道徳教育を学ぶ人のために』世界思想社

　柴原弘志編（2016）『中学校　新学習指導要領の展開』明治図書

　多田孝志（2018）『対話型授業の理論と実践』教育出版

　田中耕治（2008）『教育評価』岩波書店

　永田繁雄編（2017）『「道徳科」の評価の考え方・進め方』教育開発研究所

　松本美奈・貝塚茂樹・西野真由美・合田哲雄編（2016）『特別の教科　道徳　Q&A』ミネルヴァ書房

　行安茂（2018）『アクティブ・ラーニングの理論と実践』北樹出版

　横山利弘（2007）『道徳教育，画餅からの脱却』暁教育図書

図表 19-1 「授業づくり・参観評価シート」

道徳授業の準備そして振り返り	●Rainbow道徳 この視点で授業をつくろう！	あらゆる見方で「なぜ・どうして」を考えよう
		自分と異なる立場・感じ方・考え方を大事にしよう
		いろいろな立場・感じ方・考え方を比較しながら，自分はどうあるべきか，どうすべきかを考えよう
		(教材との出会い) 今の自分はどう思う
		自分が登場人物だったらどう考えるだろう，どうするだろう
		これまでの自分を見つめよう
		これからの自分について考えよう

		教材名「	メモ
		（　　　　　　　　　　　　　　　　　　　　　　　　　　　　　　　」 月　　日　　曜日　　時間目…□自己評価□他者評価（　　年　　組　　　　　先生）	評価するなら…ABCD
発問	導入	1 □ ねらいや教材にかかわる発問	
	展開	2 □ 「何について考えるのか」を明確に示す　＊読み物教材なら「どの場面の」「どの登場人物の」「何について（判断や動機）」考えるのかを明確に	
		3 □ 授業のねらいに深く関わる中心的な発問	
		4 □ 中心発問を生かすための，その前後の発問	
		5 □ 問い返し，切り返しによる思考の深まり	
		6 □ 道徳的価値（内容項目）を主体的に自覚させる（自分事に）	
	終末	7 □ 説話の工夫⇒道徳的価値を実現していく意欲を高める，余韻を持たせる，印象を深めたりする　＊教師の体験や願い，様々な事象についての所感，日常の生活問題，新聞，雑誌，テレビで取り上げられる問題を盛り込む等	
生徒の発言		8 □ 生徒の発言を傾聴して受け止める	
		9 □ 発言を指導に生かす　＊全体交流…個人やグループのどの意見をどんな順で取り上げるのか→机間巡視メモ→本時で狙う価値に迫るために，どれだけ深く話し合えるかは教師のコーディネート力にかかっている！	
		10 □ それぞれの発言を関連させ，授業の深まりをつくる	
教具の活用	教材や	11 □ 内容やできごと，人間関係，心の動きがとらえやすい教材提示 ＊語り，紙芝居，ICT機器，BGM等	
		12 □ 場面絵等，学習を補う教具の活用	
		13 □ ICTを効果的に活用した授業	
指導方法	話し合う	14 □ 目的に応じた効果的な話し合いの実施　＊「考えを出し合う」「まとめる」「比較する」など	
		15 □ 話し合いの目的の明確化・話し合いのルール化	
	自分の考えを表現	16 □ 自分の考えを動作化，役割演技 ＊表現活動の工夫…動きやことばの模倣により理解を深める，追体験や道徳行為等	
		17 □ 自分の気持ちを視覚化　＊ハートカード，ネームカード，タブレットPC，心のものさし…	
		18 □ 生徒が自ら考えを深めたり，整理したりするための書く活動 ＊振り返りの工夫，付箋紙の活用等	
	板書	19 □ 子どもにとってわかりやすい板書・構造的な板書 ＊明確な意図を持って対比的，構造的に示す工夫，中心部分を浮き立たせる工夫等	
		20 □ 思考を深める手掛かりとなる板書　＊学習のめあて，課題，学習の流れ，生徒の発言の整理，課題を解決する鍵となる言葉等の板書	
	その他	21 □ 主体的な学び【できるようになりたい，わかりたい…】につなぐ学習課題の提示	
		22 □ 多様な（自分とは違う）意見に気づかせる手立て	
		23 □ 子どもの実態や発達に即した授業	
配慮		24 □ 発達障害や海外から帰国した子ども，外国籍の子どもへの配慮	
次へ		25 □ 授業改善に向けての情報発信 ＊家庭との連携を図る工夫，実践意欲を高める工夫，授業改善の意欲を高める工夫	

【授業感想等】

出所）滋賀県草津市立新堂中学校

高等学校における
道徳教育

概　要

澤田　浩一

　1945（昭和20）年の修身の停止以降の中等教育における道徳教育，特に戦後の新制高等学校における道徳教育は，学校の教育活動全体を通じて行うとされてきた。中学校においては，1958（昭和33）年に特設された「道徳の時間」が令和の時代に向け「特別の教科　道徳（道徳科）」へと改善充実が図られた。中学校における道徳教育と高等学校における道徳教育の取組の状況には，格差が生じている。戦後すぐの時期に新設された社会科に，その後特別活動が追加され，道徳教育の中核と位置づけられ，1989（平成元）年には人間としての在り方生き方に関する教育と示された。社会科と特別活動を高等学校の道徳教育の中核とすることは，現在まで引き継がれており，2018（平成30）年告示の高等学校学習指導要領の第1章総則の第7款道徳教育に関する配慮事項の1の後段において，「公民科の『公共』及び『倫理』並びに特別活動が，人間としての在り方生き方に関する中核的な指導の場面であることに配慮すること。」と示されている。1989年改訂で示された「人間としての在り方生き方に関する教育」の取組を中心に取り上げ，その成果と課題を明らかにし，高等学校における令和の時代の道徳教育の新たな動きを示そうとするものである。文部科学省と教職員支援機構とで共催している道徳教育指導者養成研修に高等学校部会がはじめて設けられたのは，2005（平成17）年度であった。2009（平成21）・2010（平成22）年度には，文部科学省の人間としての在り方生き方に関する教育の研究指定校が44校設置され，高等学校の道徳教育について全国的に改善の機運が高まった時期もあった。高等学校の道徳教育については，各自治体においてその後の取組の状況の差が大きく，基本的な理解も十分には進んだとは言い難い。高等学校における道徳教育の重要性の周知が必要である。

　第20章においては，主に高等学校学習指導要領の総則において示されている高等学校の教育活動全体を通じて行われるべき道徳教育の基本的な枠組みに

ついての論考である。1989（平成元）年改訂における人間としての在り方生き方に関する教育や2008（平成20）年改訂による道徳教育の全体計画の導入，2018（平成30）年改訂における道徳教育推進教師の導入によって，高等学校における道徳教育の充実が着実に図られてきたことを明らかにしている。

　第21章においては，社会科の科目「倫理・社会」の設置にいたる歴史的経緯を紐解き，思索の機会を通して，人間としての在り方生き方についての考えを深める学習により，公民科において道徳教育の充実が図られたことを明らかにしていく。2022（令和4）年度から実施される公民科の新科目「公共」及び「倫理」の具体的内容に加えて，中学校の道徳教育との接続や令和時代の公民科が高等学校の道徳教育において果たすべき役割と今後の課題について考察する。

　第22章においては，高等学校において道徳教育の充実を図るために，自治体が独自に設定した科目等における取組を取り上げ，それらの内容を紹介し，その成果と課題を明らかにしている。2007（平成19）年度から先進的に取り組んだ茨城県教育委員会の高等学校における「道徳」の時間，さらに2016（平成28）年度から開始された「道徳プラス」の工夫した実践について考察している。

　第23章においては，主に体験の機会を通して，人間としての在り方生き方についての考えを深める学習について，公民科に並んで中核的な指導場面と位置づけられている特別活動，さらに総合的な探究の学習の時間を中心とした取組についても取り上げ，道徳教育の志教育の側面に繋がる取組であるキャリア・パスポート等の活用を含め，その成果と課題を明らかにする。

　第24章においては，独自の建学の精神を有する私立中学校・高等学校における道徳教育の特色について概観した後で，実際に取り組まれた道徳教育の取組である「創鑑学習」の実践を具体的に取り上げ考察している。選定した人物の在り方や生き方を鑑として自らの望ましい在り方や生き方をつくることを目指した道徳教育の取組について具体的に論じている。

第20章 高等学校における道徳教育の展開

――――― 小泉　博明

第1節　高等学校における道徳教育の目標と展開

　道徳教育は「学校の教育活動全体を通じて行う」ものであり，学習指導要領では，小・中・高等学校の道徳教育を一貫して捉え，同じ原則に基づいている。ただし，高等学校においては「特別の教科　道徳」が設定されていないので，小・中学校段階の現状を踏まえ，なお一層の道徳教育の徹底を図る必要がある。どのように高等学校の段階における道徳教育を構想（design）し，展開（process）し，省察（reflection）するかが問われるのである。

　そこで，高等学校の教員には，第1に道徳教育に対する教員相互の「意識化」「明確化」「共有化」が求められる。「意識化」とは，校内の学校教育活動全体を点検し直し，意識せずに実践している道徳教育の可視化（あぶり出し）作業を行うことである。次に「明確化」とは，可視化したものを列挙し，もう一度点検し明らかにし，「共有化」で道徳教育のさらなる充実と発展に向けて，校長を中心に全教員が，自発的に同じベクトルに向けて邁進する体制である「チーム学校」の意識をもって構築することである。ここには，教員の共働作業と同僚性（colleague）が遺憾なく発揮されなければならない。

　「高等学校学習指導要領」（平成30年告示）「総則」（第1章第1款の2）には，道徳教育の目標を次のようにいう。

　　　道徳教育は，（略）生徒が自己探求と自己実現に努め国家・社会の一員としての自覚に基づき行為しうる発達の段階にあることを考慮し，人間としての在り方生き方を考え，主体的な判断の下に行動し，自立した人間として他者と共によりよく生きるための基盤となる道徳性を養うことを目標

とする。

　高等学校の段階の生徒は「自分の人生をどう生きればよいか，生きることの
意味は何かということについて思い悩む時期である」（同解説「総則編」：30）と
いう。そして，自分自身だけではなく他者との関係，社会や国家にも関心をも
ち，自らの人生観や世界観を形成する時期なのである。

　ここで留意すべきは高等学校においては，小・中学校でいう「生き方」では
なく，「在り方生き方」となっている点である。この「人間としての在り方生
き方」を考えるならば，次のようにいう（同解説「総則編」：30）。

　　　人間は，同じような状況の下に置かれている場合でも，必ずしも全て同
　　じ生き方をするとは限らず，（略）一定の行為を自分自身の判断基準に基
　　づいて選択するということが，主体的に判断し行動するということであ
　　る。社会の変化に対応して主体的に判断し行動しうるためには，選択可能
　　ないくつかの生き方の中から自分にふさわしく，しかもよりよい生き方を
　　選ぶ上で必要な，自分自身に固有な選択基準ないし判断基準をもたなけれ
　　ばならない。このような，自分自身に固有な選択基準ないし判断基準は，
　　生徒一人一人が人間存在の根本性格を問うこと，すなわち人間としての在
　　り方を問うことを通して形成されてくる。また，このようにして形成され
　　た生徒一人一人の人間としての在り方についての基本的な考え方が自分自
　　身の判断と行動の選択基準となるのである。

　ここでは「自分自身に固有な選択基準ないし判断基準」は「人間としての在
り方を問うことを通して形成」されるとする。つまり自分自身の行動を選択し
決定することは，「自分自身の判断基準に基づいて選択する」ということであ
り，そのことが「主体的に判断し行動する」ことになるのである。したがっ
て，価値的に判断し行動することが，主体的に行動するために必須なのであ
る。人間は事実に基づいて正確に把握し判断するだけではなく，さらに価値的
に判断し，自らの行動を選択することになる。このような「自分自身に固有な
選択基準ないし判断基準」は，「様々な体験や思索の機会」を通して形成される。

　そこで「人間としての在り方」とはどういうことであろうか。人間は自然

や，他者，社会，あるいは時間や空間と関わり存在する。そして，それらとどのように関わればよいかという「在り方」が問われるのである。ある意味では世界観が問われるのである。また「人間としての生き方」とはどういうことであろうか。誰もが自らの人生を価値あるもの，生きがいのあるものにしたい。そこで，人生をいかに生きるべきかという人生観が問われるのである。生徒が主体的に考えて，自らの世界観や人生観，価値観を形成するということである。

　生徒が主体的に考えるということは，教員が生徒に特定の価値観を指示したり，ましてや強制したりしてはならない。また無意識に，教員の経験からこう「在る」べきとか，こう「生きる」べきとか，と押しつけてはならない。

　このように「人間としての在り方生き方」に関する教育を学校の教育活動全体を通じて行うのであるが，公民科の「公共」及び「倫理」並びに特別活動を中核的な指導場面として各教科・科目などの特質に応じ，適切な指導を行うものとしている。そこで「人間としての在り方生き方」を考えるには，「先哲の思想を紹介するにとどまる」のではなく，先哲の思想を手掛かりにすることが必要である。しかし「公共」が必履修となると，「倫理」の履修者が減り，生徒が先哲の思想や思想家の名前すら知らない状況となりうる。高等学校の道徳教育の充実には，この課題を克服するという自覚が必要である。

　なお小・中学校においては「特別な教科　道徳」を要として「自分自身」「人との関わり」「集団や社会との関わり」「生命や自然，崇高なものとの関わり」の４つの視点を示し，その内容について，学校の教育活動全体を通じて行っている。したがって，小・中学校における４つの視点を踏まえた道徳教育を考慮し，高等学校の発達段階にふさわしい道徳教育を行わなければならない。

第2節　高等学校における生徒の発達課題と道徳教育

　高校生になると，知的能力や身体的能力の発達が著しくなり，人生の成人期に向かってアイデンティティの探究が始まる。自らの人生をどう生きればよいか，生きることの意味は何かなど，生きることについて根源的な問いを思索す

ることが求められる時期でもあり，ここに高校生の発達課題に応じた道徳教育を実践する必要がある。

　さて，高校生を取り巻く環境は，「情報化やグローバル化が進展する社会においては，多様な事象が複雑さを増し，変化の先行きを見通すことが一層難しくなってきている。そうした予測困難な時代を迎える中で，選挙年齢が引き下げられ，さらに2022年度からは成年年齢が18歳に引き下げられることに伴い，高校生にとって政治や社会は一層身近なものとなるとともに，自ら考え，積極的に国家や社会の形成に参画する環境が整いつつある」という（同解説「総則編」：1）。

　さらには「子供たちが様々な変化に積極的に向き合い，他者と協働して課題を解決していくことや，様々な状況を見極め，知識の概念的な理解を実現し，情報を再構成するなどして新たな価値につなげていくこと，複雑な状況変化の中で目的を再構築すること」（同解説「総則編」：1）が求められるとしている。

　そして，「道徳教育推進上の留意事項」として，(1)自立心や自律性を高め，規律ある生活をすること，(2)生命を尊重する心を育てること，(3)社会連帯の自覚を高め，主体的に社会の形成に参画する意欲と態度を養うこと，(4)義務を果たし責任を重んずる態度及び人権を尊重し差別のないよりよい社会を実現しようとする態度を養うこと，(5)伝統と文化を尊重し，それらを育んできたわが国と郷土を愛するとともに，他国を尊重すること，国際社会に生きる日本人としての自覚を身に付けること，の5つを指導するようにあげている（同解説「総則編」：188-189）。

　このなかの(1)では「他者の考えを尊重しつつ，自ら考え，自らの意志で決定し，その行為の結果には責任をもつという自律性を確立していく時期」であるという。(2)では「人間尊重の精神と生命に対する畏敬の念を培っていくこと」という。特に，自然や人間との関わりとの希薄さから，大きな社会問題となっているいじめや暴力行為，自殺・自傷行為など生命を軽視する行動につながることもあると指摘している。(4)では「自分と異なる他者の意見に十分耳を傾け，他者を尊重するとともに，各人が自他の人権を尊重し，世の中からあ

らゆる差別や偏見をなくすよう努力し，望ましい社会の理想を掲げ，そのような社会の実現に積極的に尽くすよう努める態度を養う」とある。

　いじめ問題については，(2)の「生命尊重の精神と畏敬の念」だけではなく，(4)の「自他の人権を尊重し，差別や偏見をなくす」という視点が重要である。

　まさに多忙化した社会のなかで，哲学者の鷲田清一がいう「聴くこと」や「待つこと」が求められるのではないだろうか。また，高等学校では「生徒自身が主体的にいじめの問題の解決に向けて行動できるような集団を育てることが大切である。生徒の自尊感情や対人交流の能力，人間関係を形成していく能力，立場や意見の異なる他者を理解する能力などいじめを未然に防止するための資質・能力を育む」とする（同解説「総則編」: 192）。

第3節　高等学校における道徳教育の内容とその構成

1　全体計画の作成

　道徳教育は，学校の教育活動全体を通じて行うものである。校長の方針の下に，道徳教育推進教師を中心に，全体計画を作成し，全教師が参画，分担，協力して充実した道徳教育を展開する。全教員による協力体制を整えるには，全体計画を特定の教員が作成し，道徳教育への関わりに希薄な教員があってはならない。全体計画の作成は，手段であり目的ではない。全教師がワンチームとなって不断の改善と充実を図り「何のために」「誰のために」作成するのかを肝に銘ずる必要がある。

　全体計画は校務分掌における各委員会，あるいは学年会議，教科会議などにおいて議論を深め積み重ねた内容を有機的に繋げ，学校全体として道徳教育が俯瞰できるようにする。学年や教科での共働作業や同僚性が強く求められるということである。高等学校においては，中学校と比較するならば教科（科目）の壁が高く，共働作業の機会が少なく，そのような状況や体験も少ないのではなかろうか。しかも，道徳教育は全教師が担当するものであり，推進役（プロモーター）は必要であるが1人だけが熱心に指導するものではない。風通しを

良くし，委員会組織の円滑化を図り，生徒の実態に応じて，共通理解を醸成し，長い目で多くの目で熟成していくという姿勢が求められよう。

　また，中学校までの道徳教育との繋がりを意識し，地域の中学校や生徒の実態を踏まえ，道徳教育の重点目標を示すことが重要である。なお，校訓などとも関連づける必要がある。校訓は各学校の伝統に基づき継承されているものであり，校訓の内容は道徳的な徳目である。校訓と学校の道徳教育の目標が乖離することのないような配慮が必要である。さらにステークホルダーというべき家庭（保護者），地域，同窓会などとの連携も必要である。保護者向けの道徳研修や，同窓生が来校して講演することも可能である。

　なお，中学校までの道徳教育とのつながりが肝要であり，高校生が中学校でどのような道徳教育を受けてきたのかをリサーチすることも必要である。

2 各教科・科目との連携

　高等学校においては，豊かな心をはぐくむ体験活動（自然体験，就業体験，ボランティア体験など）を，各教科，総合的な学習の時間，特別活動，課外のクラブ活動，生徒の自主的な活動などで実践している。これらの体験活動は，道徳教育に資するものである。しかし，高等学校の道徳教育は体験活動をするだけで十分といえるのであろうか。人間としての在り方生き方や価値に関わる諸問題について高校生が主体的に対話的に考え，議論する時間が十分に確保されているのだろうか。ましてや，体験活動や進路指導などで「十分である」となっていないかと危惧されるところである。そこで，いわゆる「広島方式」の概要を以下に記す（広島県立三原高等学校長・檜山哲雄「未来を拓く主体性のある人間をはぐくむ高等学校における道徳教育の展開―学校の教育活動全体を通じて，文部科学省教育課程課編『中等教育資料』学事出版，平成18年11月号より」）。

　　一つめは，全職員で共通理解をもち，学校全体の「道徳教育像」を明確にすること。二つめは，各教科，特別活動，総合的な学習の時間のなかで，「価値と関わる内容」がどのくらい扱われているかを明確にすること。三つめは，これまであまり意識することなく実践されていた教科における

「価値に関わる学習」「人間としての在り方生き方に関する学習」について，各教科，ホームルーム活動，総合的な学習の時間などの学習指導案に「道徳性育成の視点」を明示することで，教師自身が道徳教育をより意識し，意図的に道徳教育を実践していくこと（ただし，各教科領域などにおけるねらいを達成することを第一義としながら，そのなかで道徳性の育成に係る適切な指導を行うということである）。四つめは，意図的に「価値に関わる学習」を行った時間については，生徒にその授業を通じて考えてほしかった「価値に関わる項目」を提示し，ワークシートなどに感想，自分の考え方の変化などを書かせ，これをファイリングしていくこと。以上の四つである。

　このように各教科・科目のなかで道徳教育をどのように実践するかも重要である。各時間に，数分でもよいので道徳的な内容を盛り込む手法のことをマイクロ・インサーション（micro-insertion）の手法という。これを効果的に運用するには「各教科における道徳教育とはどういうことか」「各教科のそれぞれの授業でどのようにして価値に関わる内容を扱うのか」などの共通理解がなければならない。各教科・科目の目標や内容，配慮事項については総則の解説にあげている（同解説「総則編」：185-186）が，全体計画とは別に，価値項目，内容，関連価値，学習指導要領との関連などを教科・科目ごとに「別葉」を作成することが望まれる。

　続いて，学習指導要領のねらいを生かした学習指導案の作成である。また，生徒がコメントなどを書き，次回には教師がその内容について振り返り（フィードバック）をすることも大切である。自分の意見だけではなく，他者の意見にも耳を傾ける姿勢を涵養するのである。また，その年度の授業内容は一回限りで終わるのでなく，データベース化することも忘れてはならない。

第4節　高等学校における体験的な活動，キャリア形成との連携

　「高等学校学習指導要領」（平成 30 年告示）「総則」（第 1 章第 5 款の 1）には，生徒の発達の支援として「ホームルーム経営，生徒の発達の支援」「生徒指導の充実」「キャリア教育の充実」をあげているが，道徳教育を推進するに当た

り，これらの充実が必要な要件となるものである。

「生徒指導の充実」では，「生徒が，自己の存在感を実感しながら，よりよい人間関係を形成し，有意義で充実した学校生活を送る中で，現在及び将来における自己実現を図っていくことができるよう，生徒理解を深め，学習指導と関連付けながら，生徒指導の充実を図ること」とある。

「キャリア教育の充実」では，「生徒が自己の在り方生き方を考え主体的に進路を選択することができるよう，学校の教育活動全体を通じ，組織的かつ計画的な進路指導を行うこと」とある。

さらに「豊かな体験活動の充実」（第1章第7款の3）も必要であり，次のようにいう（同解説「総則編」：191）。

　　　勤労観，職業観を育むことができる就業体験活動や（略）ボランティア活動，（略）自然体験活動，（略）地域の行事への参加など，様々な体験活動の充実が求められている。学校外の様々な人や事物に出会う体験活動は，生徒の世界を広げ，実生活や実社会の生きた文脈の中で様々な価値や人間としての在り方生き方について考えることができる貴重な経験となる。

これらの生徒指導，キャリア教育（進路指導），体験活動などを通して，生徒が自らの在り方生き方を主体的に考え模索するのであり，学校全体の道徳教育のなかで，どのように組織的に，有効につなげていくかが問われるのである。

ただし，キャリア発達を促すキャリア教育（進路指導）や，多様な体験活動が道徳教育にとって重要ではあるが，これだけの実践では，高等学校の道徳教育が十分ではないことを肝に銘じる必要がある。また高等学校には「特別の教科　道徳」もなく，ましてや評価について論ずることもなく，道徳教育について活発な議論がないのではと，危惧せざるをえない。したがって，高等学校の道徳教育は，現状に甘んずることなく，次なるフェーズ（phase）に向け，早急な改善が望まれるのである。

第21章 公民科における道徳教育

────澤田　浩一

第1節　「人間としての在り方生き方」に関する教育

　高等学校における道徳教育は，「人間としての在り方生き方」に関する教育のなかで教育活動全体を通じて行うことによりその充実を図るものと示されている。「人間としての在り方生き方」は，1989（平成元）年改訂の高等学校学習指導要領に初めて登場した。「人間の生き方」から「人間としての在り方生き方」へと改定され現在まで引き継がれている。「人間としての在り方生き方」とは，「人間が現に在る在り方を踏まえ，本来の在るべき在り方に思いを馳せることによって，この自分──かけがえのないこの自分の将来の生き方を求めてゆくことができるようになること」（横山，1994：3）である。令和の新時代を迎え，高等学校においても道徳教育の一層の充実が求められている。

第2節　社会科「倫理・社会」から　　　公民科「現代社会」「倫理」へ

1　公民教育刷新委員会答申から社会科「倫理・社会」の創設まで

　GHQ 主導の教育改革に先立って，文部省内に公民教育刷新委員会が組織され，公民科構想が 1945 年 10 月に答申としてまとめられた。この答申は公表されないままに社会科が誕生することになった。第一号答申において，「道徳ハ元来社会ニ於ケル個人ノ道徳ナルガ故ニ，『修身』ハ公民的知識ト結合シテハジメテ其ノ具体的内容ヲ得，ソノ徳目モ現実社会ニ於テ実践サルベキモノトナル。従ツテ修身ハ『公民』ト一本タルベキモノデアリ，両者ヲ統合シテ『公

民』科ガ確立サルベキデアル。」と示されていた。当時を知る関係者は,「戦前の『修身』とは異なる道徳の在り方を,公民科構想のうちに求めようとしている。」(斎藤,1991)と振り返る。第二号答申の最後に示された公民教育の内容のうちの倫理的内容は,1947(昭和22)年の「一般社会科」には含まれておらず,これが課題とされ改訂されることとなった。

1952(昭和27)年12月の「社会科の改善に関する教育課程審議会答申」では,人生観や社会行為の基準となる道徳や思想について深く考える機会をもつことが必要であることが示された。1956(昭和31)年改訂の学習指導要領では以下の3項目の倫理的内容を取り入れた科目「社会」が新設された。

　　⑽　個人と社会…青年の問題　個人と社会のつながり

　　⑾　人間の理念と民主的社会

　　⑿　社会生活のあり方と文化の創造…社会生活のあり方　文化の創造

答申には,特に倫理・哲学,思想方面の学習に関心をもつ生徒のための選択科目を設けることも示されていた。高校教育に倫理科を設置したいという天野貞祐文部大臣の談話(1952・2・27朝日新聞)から波紋が広がった(斎藤,1991)。天野は,1937(昭和12)年刊行の『道理の感覚』のなかで,「知識の修得は,道徳的信念を培い育成する。知育はこの関係においても徳育性を具有する」と「知育の徳育性」を主張し,戦後も繰り返している(貝塚,2009)。天野は,1957(昭和32)年にも「倫理科の問題」という論考を発表し,倫理科の設置を提言している(貝塚,2017)。

1960(昭和35)年3月の教育課程審議会の答申「高等学校教育課程の改善について」の道徳教育の基本方針において,高等学校における道徳教育のいっそうの充実強化を期するため,社会科の1科目として「倫理・社会」をおくと示され,「『倫理・社会』においては,小・中学校の道徳教育の基本理念たる人間尊重の精神を継承し,高等学校生徒の発達段階に即応して,人生や社会について思索させ,民主主義社会における社会集団と人間関係についての正しい理解と自覚を得させ,人生観,世界観の確立に資することを基本とすること。」と示された。新設時から「思索させ」と示されていた。

　1960（昭和 35）年 10 月に高等学校学習指導要領が告示され，新設された社会科科目「倫理・社会」の目標及び内容が示された。基本的なねらいを示す目標は，「(1) 人間尊重の精神に基づいて，人間のあり方について思索させ，自主的な人格の確立を目ざし，民主的で平和的な国家や社会の形成者としての資質を養う。」である。続く 3 つの目標は，主に心理学による「(1) 人間性の理解」，主に倫理学による「(2) 人生観・世界観」，主に社会学による「(3) 現代社会と人間関係」のそれぞれの内容についての目標である。倫理学的な大項目の目標は，「(3) 人生観・世界観の確立に資するために，先哲の人間や社会に対する基本的な考え方を理解させ，これをみずからの問題に結びつけて考察する能力と態度を養う。」であった。「この三つの大項目が答申（備考）で既に心理学的，倫理学的，社会学的の 3 領域に区画されていたことから，三つの違った大項目の印象になりやすい点がある。それだけに，これらの内容の有機的な再構成はその後の改訂の課題として残されたと言える」（斎藤，1991）。

2 「倫理・社会」の改訂と「現代社会」及び「倫理」への移行

　1970（昭和 45）年 10 月に告示された高等学校学習指導要領により，「倫理・社会」は改訂された。前年 9 月の高等学校の教育課程の改善についての答申における道徳教育の改善方針の中で，「道徳教育のいっそうの徹底を図るため，『倫理・社会』の目標，内容およびその構成について改善を図り」と示された。基本的なねらいを示す目標は，「(1) 人間尊重の精神に基づいて，人間や社会についての思索を深め，倫理的価値に関する理解力や判断力を養い，民主的，平和的な国家・社会の形成者として，自主的な人格の形成に努める態度を養う。」に改訂され，倫理的な内容の目標も，「(3) 人生観・世界観の確立に資するために，人間や社会に対する先哲の基本的な考え方を理解させ，これをみずからの問題と結びつけて，行為の倫理的な価値や基準について判断できる能力をつちかう。」と改訂された。科目の基本的な性格を明確にしようとするものであった。構成は，「(1) 現代と人間」と「(2) 人生観・世界観」の 2 大項目に再構成され，「(2) 人生観・世界観」の学習のねらいは，「人間や社会のあり方について思索

するための基本的な問題を取り上げ，さまざまな立場やその考え方について理解させ，みずからの人生観・世界観を確立するための手がかりを得させる。」と示された。思想の源流，現代と思想，日本の思想の3項目と共に，7つのものの考え方の基本的問題についての理解を含めて指導するとして示された。哲学的なものの考え方（智への愛，など），倫理的価値と人格形成（善と実践，など），芸術と人生（美と崇高，など），人生における宗教の意味（永遠と信仰，など），科学的なものの考え方（社会認識の方法，など），個人と国家（国民としての自覚，人類愛，など），民主主義の倫理（自由と責任，平等，など）の7つである。改訂に先立つ1966（昭和41）年10月に出された中央教育審議会答申「後期中等教育の拡充整備について」に別記の形で後期中等教育の理念を明らかにするために「期待される人間像」がとりまとめられた。「身につけなければならない諸徳性と実践的な規範とをあげて期待される人間像の特質を表すこととした」と示されていた。

1978（昭和53）年8月に告示された高等学校学習指導要領により新たな必修科目「現代社会」と選択科目「倫理」が創設され，「倫理・社会」は廃止された。高等学校への進学率が90％を超え，高等学校の教育課程の多様化・弾力化を進める改訂であった。1976年の教育課程審議会答申における道徳教育の改善方針について，「現代社会」が高等学校の道徳教育において果たす役割についての考えは変わらないとされた。しかし，「『現代社会』の創設は，低学年の共通必修科目としての在り方が答申における根本的な課題とされたので，道徳教育については『人間の生き方に関する倫理的な内容』を中心にするということを示すにとどまった。そのため，『倫理・社会』を無くして『現代社会』にしたのは，これまでの道徳教育の充実から後退することになるという受け止め方も見られたのである」（斎藤，1991）。「現代社会」は，政治・経済的な内容の「(1)現代社会の基本的な問題」と倫理的な内容の「(2)現代社会と人間の生き方」の大項目から構成され，後者は，人間生活における文化，青年と自己探究，現代に生きる倫理の3つの中項目に分かれている。現代に生きる倫理は，真理を求めて思索することの意義（学ぶことの意義，哲学的なものの考え方と

科学的なものの考え方など），よく生きることと生きがいの追求（倫理的価値と人格，人生における宗教の意義，芸術と人生，職業と余暇など），民主社会の倫理（人間の生命の尊重，自由・権利と責任・義務，人間の尊厳と平等など）から構成されていた。

3　公民科の創設と「現代社会」及び「倫理」

　1989（平成元）年３月に告示された高等学校学習指導要領は，社会科を再編成して，地理歴史科と公民科の２教科とすることとした。公民科は「現代社会」「倫理」及び「政治・経済」をもって構成され，４単位が必修となった。第１章総則の第１款「教育課程編成の一般方針」の２に「人間としての在り方生き方に関する教育」を進めることにより道徳教育の充実を図ることを目指すとした。「高等学校学習指導要領解説　総則編」では，「人間の在り方に深く根ざした人間としての生き方に関する教育を推進することが求められる。その意味で「人間としての在り方生き方」は用語として一体的に理解し，指導を行うように努める必要がある。」（文部省，1989）と示されていた。公民科の「現代社会」と「倫理」は，「人間としての在り方生き方」に関する教育の中核となる指導を担うことも示された。1999（平成11）年，2009（平成21）年，2018（平成30）年のいずれの改訂においても大きな変更は加えられず，元年版の「高等学校学習指導要領解説　総則編」の記述のほとんどは，令和に引き継がれることとなった。

第３節　平成30年告示高等学校学習指導要領における道徳教育の充実

1　高等学校学習指導要領総則における公民科の位置づけ

　平成30年告示の学習指導要領第１章総則には，「第７款　道徳教育に関する配慮事項」が新設された。この第７款の１にはじめて，「公民科の『公共』及び『倫理』並びに特別活動が，人間としての在り方生き方に関する中核的な指

導の場面であることに配慮すること。」が示された。2には、「道徳教育を進める
に当たっては、中学校までの特別の教科である道徳の学習等を通じて深め
た、主として自分自身、人との関わり、集団や社会との関わり、生命や自然、
崇高なものとの関わりに関する道徳的諸価値についての理解を基にしながら、
様々な体験や思索の機会等を通して、人間としての在り方生き方についての考
えを深めるよう留意すること。」と示され、特に公民科「公共」及び「倫理」
の学習においては、思索の機会を通して、自分自身に固有の選択基準・判断基
準が形成されていくことが期待されている。2の後半には、高等学校における
指導の重点事項が示されている。高等学校にのみ示されている重点事項の「連
帯の自覚を高め」と「義務を果たし責任を重んずる態度及び人権を尊重し差別
のないよりよい社会を実現しようとする態度を養うこと」に配慮し、公民科で
の適切な指導が求められている。

2 高等学校公民科新必履修科目「公共」と道徳教育

　30年ぶりの履修形態の見直しにより、公民科に新必履修科目として「公共」
が新設された。「公共」では、人間と社会の在り方についての見方・考え方を
働かせ、幸福、正義、公正などに着目して、現代社会に生きる人間としての在
り方生き方についての自覚を深めることを目指している。「公共」の冒頭には、
人間としての在り方生き方についての見方・考え方を学ぶための大項目「公共
の扉」が置かれている。中項目「公共的な空間を作る私たち」で、孤立して生
きるのではなく、他者と協働しながら公共的な空間をつくる自立した主体につ
いて学ぶ。青年心理学の知見を踏まえ、伝統と文化との関わりについては宗教
学の知見に触れながら、自己を見つめさせることが大切である。続く中項目
「公共的な空間における人間としての在り方生き方」で、選択・判断するため
の手掛かりとなる概念や理論について学ぶ。規範倫理学の帰結主義的な立場で
ある功利主義と非帰結主義的な義務論の立場であるカントやロールズから考え
させる。アリストテレスに由来する徳倫理学の立場にも配慮することが大切で
ある。囚人のジレンマ、共有地の悲劇、最後通牒ゲームなどの思考実験や、環

境保護，生命倫理などについて概念的に考える学習活動を展開していくことが
求められている。

③　高等学校公民科新選択科目「倫理」と道徳教育

　新「倫理」は，「公共」を発展的に学習する選択履修科目として位置づけら
れており，人間としての在り方生き方についての見方・考え方を働かせ，古今
東西の幅広い知的蓄積を通して，現代社会に生きる人間としての在り方生き方
についての自覚を深めることを目指している。「公共」で習得した個人が判断
するため手掛かりとなる考え方を基盤とし，人格の完成に向けて自己の生き方
の確立を図り，他者と共に生きる主体を育む「倫理」に発展させる。そのため
に，先哲の思想を個別に取り上げ学ぶのではなく，原典を読んで学び，倫理的
諸価値について時代を超えたさまざまな先哲による考え方を手掛かりにして，
哲学に関わる対話的手法も活用した「考える倫理」とすることが求められてい
る。原典を読み考えさせる学習を行うためには，思索を深めるために相応しい
先哲の文章を選定する必要がある。倫理的諸課題を探究するに当たっては，具
体的で現代的なテーマを例示し，生徒たちの興味・関心を呼び覚ます必要があ
る。また，哲学に関わる対話的手法の活用をどの単元のどのような場面で行う
のか，具体的に構想することが大切である。「考える倫理」とするための新た
な工夫が求められている。

第4節　令和時代の公民科における道徳教育に期待すること

　学習指導要領で標榜されている「見方・考え方」に加えて，高等学校におい
ては，問うことの大切さが学ばれなければならないと考える。規範倫理学の3
つの考え方を理解させ，それらを思考のフレームとして獲得させ，多面的・多
角的に思考し判断できるよう支援することが求められている。1999（平成11）
年改訂において，隔週週休2日制の導入に伴い「現代社会」の単位数が4から
2へと削減された。そのため，「現代社会」の倫理的内容は削減されることと
なった。平成においては「現代社会」の履修者の割合はほぼ9割近くで推移し

188

ており，「倫理」と「政治・経済」を必修として両方履修していた生徒は1割
ほどであった。今回の改訂で必履修科目となった「公共」では，倫理的内容の
学習を充実させる必要がある。冒頭の「公共の扉」の「公共的な空間を作る私
たち」に十分に時間をかける必要がある。最初に自己を見つめさせ，伝統と文
化との関わりを踏まえつつ，自立した主体となるための学習をしっかり行わな
ければならない。「公共」においても，生命倫理，環境倫理，技術倫理など現
代の応用倫理学の諸課題について学習しておく必要がある。「倫理」の履修者
の割合は平成20年代前半には2割を下回った。20年代の後半には，大学入試
センター試験に「倫理，政経」が導入にされたことにより増加に転じ，25%前
後まで回復している。しかしながら，かつての「倫理・社会」は高校生全員が
履修する必修科目であったことを考えれば，履修者は4人に1人に止まってい
る。高校生が選択したいと考える魅力ある科目とし，履修者の増加につなげる
ことが課題となっている。高校生全員に人間としての在り方生き方に関する教
育の機会を保障しなければならない。公民科「公共」及び「倫理」は，高等学
校における道徳教育の中核的な指導場面に位置づけられている。

•引用・参考文献• ……………………………………………………………………

貝塚茂樹（2009）『道徳教育の教科書』学術出版社：162
貝塚茂樹（2017）『天野貞祐』ミネルヴァ書房：324
斎藤弘（1991）『公民科教育への歩みと課題』富士教育出版社：57, 78, 116, 256
谷田増幸（2010）「高等学校における『在り方生き方教育』の充実に向けた公民科
　　教育の役割」『公民教育研究』18：49-63
文部省（1989）『高等学校学習指導要領解説　総則編』東山書房：62
文部科学省（2019）『高等学校学習指導要領（平成30年告示）解説　総則編』東洋
　　館出版社
文部科学省（2019）『高等学校学習指導要領（平成30年告示）解説　公民編』東京
　　書籍
横山利弘監修，在り方生き方教育研究会（1994）『在り方生き方教育』学陽書房

第22章 高等学校における道徳授業の実践

———小川　哲哉

第1節　高校道徳の授業実践の動向

　高等学校（以下，高校）の道徳教育は，学校で行われる教育活動全体で実施することが基本とされており，小・中学校のような週1回の道徳科は設定されていない。高校の学習指導要領においては，道徳教育は生徒の発達の段階に応じた「人間としての在り方生き方」に関する教育であるとされ，高校生が人間存在を主体的に探究し，豊かな自己形成を図ることが求められている。また，各教科に属する科目，総合的な探究の時間及び特別活動などの教育活動において道徳教育は，それぞれの特質に応じて実施されるものであるとされ，特に公民科の「公共」や「倫理」，さらに特別活動の教育目標には，「人間としての在り方生き方」という文言が記されており（文部科学省，2018），その点で道徳教育と密接な関係にあるといってよい。

　このような特徴をもつ高校道徳だが，その実践的取組で注目したいのは，東京都，埼玉県，千葉県，茨城県である。これら1都3県では，学校の教育活動全体での活動だけでなく，特設された時間において道徳教育的な活動が行われている。こうした試みは他の道府県でも一部見出せるが，その規模と広がりからみても1都3県に匹敵する自治体は管見の限り見当たらないといってよい。本章では，これら4つの自治体における高校道徳の実践的特質を明らかにし，高校道徳の課題を論究してみたい。まず最初に東京都から始めよう。

1　東京都の独自教科「人間と社会」

　東京都の独自教科「人間と社会」は，道徳授業というよりも都作成のテキス

トを活用した演習や体験活動を通して道徳教育とキャリア教育に関する内容を総合的に学習する教科になっている。東京都では全都立高校（都立中等教育学校を含む）で，すでに2007年度から実施されてきた教科「奉仕」をさらに発展させて，2016年度以降は人間としての在り方生き方を学ぶ必修科目「人間と社会」（学校設定教科・科目）を設置した。この科目の趣旨は，急激な社会変容に対する自らの人生観や価値観を形成し，他者との対話や協働活動を通してよりよい課題解決を図ることであり，演習や体験活動を取り入れ，道徳教育とキャリア教育の一体化を図った活動を展開する点に特徴がある。主に高校1年生で週1回年間35単位時間以上の授業を行っている。授業では都教育委員会が作成したテキスト全18章のなかから各学校の教育目標，生徒の実態などに応じて2章以上選択し，探究的要素を取り入れて学習する「演習」と，奉仕体験活動やインターンシップなどを通した「体験活動」（12単位時間以上）を実施している。評価は文章記述で行っている。授業の具体的な学習活動は，テキストに構成されている次の3つの学習の流れに沿って行われている。①「導入・単元の基本的内容に関する学習」。ここでは先ずテーマ全体を理解するためテキスト本文を読み，設問に対する自分の考えをまとめる。②「形成された判断基準を高める学習」。次にコラムを通してテーマに関する価値に気付き，テーマに関する自分の考えや思いを価値に照らして考察し，他の生徒との話し合いのなかで価値観を高める。③「人生の諸場面を想定し，選択・行動する力を育成する学習」。最後にケーススタディや設問に関するグループワークによる自己の生き方探究を通して，選択・行動する力を育成する。教科「人間と社会」は，他教科などとの連関性をもっており，テキスト全18章のテーマは，国語科などの教育活動と横断的に結び付く緻密なカリキュラム・マネジメント構造を有している。

2 埼玉県の高校道徳

埼玉県では2010年度から小・中・高校の連携を意識した道徳教育実践が行われているが，県立高校の道徳教育は，学習指導要領に基づいた「人間として

の在り方生き方に関する教育」として実施されている。同県の高校道徳は，基本的には全生徒を対象に各学年で実施されており，小・中学校の道徳科の内容項目に対応した4つの視点に基づき，原則としては各項目を1回以上，さらに各学校の実情を考慮しながら，主にロングホームルームなどの時間において年間5回以上道徳授業がなされている。道徳教材テキストとしては，県教委が2009年に編集した道徳教育教材資料集「彩の国の道徳」が使われており，そのなかの高校版には38編の教材が収録され，これらの教材を活用した道徳授業が行われている（埼玉県教育委員会，2010）。具体的な授業では，学習指導要領の趣旨と学校，家庭，地域などの実態を踏まえ，各学校で創意工夫のある道徳授業が展開されているが，道徳教育研究推進モデル校や研究協力校などでは，小・中学校の先進校への視察を通して，さらに独自な授業方法の開発がなされている。たとえば，文部科学省の『私たちの道徳』（中学校）の教材「二人の弟子」を使い，知識構成型ジグソー法によって，高校生が自分自身とどう向き合うのかの思索を深めるグループワーク活動例などがあげられる（文部科学省，2019）。

3　千葉県の高校道徳

　千葉県では2013年度から全県立高校において「道徳」を学ぶ時間が設置され，第1学年でロングホームルームや総合的な学習（探究）の時間，さらに学校行事などを活用した年間35単位時間の道徳授業が，各学校の教育課程に適切に位置づけて実施されている。この道徳授業では，道徳読み物教材集『明日への扉』（2013）が使われており，続編としては『明日への扉Ⅱ』（2015），『明日への扉Ⅲ』（2018）がある。これら教材集には全部で48編の教材が収録されているが，それぞれの教材は①「共に『いのち』を輝かせ，より良く生きる」（9編），②「社会の一員としての責任を果たす人間になる」（15編），③「進路選択を通じて自己実現を目指す」（10編），④「伝統や文化を見つめよりよい社会を目指す」（14編）の4視点に基づいた内容になっている。

　千葉県の場合，読み物教材と共に注目されるのが，映像教材である。同県で

は文部科学省の道徳教育総合支援事業の委託を受けて，2010年度には映像教材「青春のホイール」を作成している。この教材は，サッカー部の主人公が，交通事故で車いす生活となり，自暴自棄の引きこもりになりながら，車いすバスケットとの出会いから希望を取り戻していく内容で，元Jリーガーの京谷和幸氏をモデルにしている。こうした映像教材の続編としては，教材「守りたいもの」(2013)や「支える人になりたい」(2013)，教材「チャンスは自分の中にある」(2018)があり，県内すべての高校，特別支援学校に配布されている。さらに2019年3月に配布された指導用映像資料には，4つの高校と中学校1校の道徳授業の映像とその分析が収録されている。同資料に収録されている高校の道徳授業では，自己の職業観形成を考えさせる教材「世界は仕事でできている」を使い，ブレインストーミングとそのウェビングマップによって自己の職業選択について考え，多様な職業理解のためにジグソー法を取り入れた討議活動が展開されている。また教材「いのちの重み」を活用した授業では，主人公の祖父の延命治療をめぐる多様な討議活動を通してモラルジレンマ的展開が確認できる。

第2節　「道徳」及び「道徳プラス」の授業実践―茨城県の事例―

以上のような高校道徳の授業実践例のなかで，注目したいのは茨城県の事例である。茨城県では2007年度から県立高校の1年生で，「道徳」という名称で1単位（35単位時間）必修化し，総合的な学習（探究）の時間を使って道徳教育を行ってきたが，2019年より総合的な探究の時間に変わったことにより，道徳教育の視点から探究活動を通して豊かな心を育む教育を展開している（茨城県教育委員会, 2019b）。また，2016年度からは県立高校の2年生で，「道徳プラス」という名称で年間10回の授業を行い，集団活動による道徳的な合意形成力や道徳的実践意欲の育成を図っている。より具体的には，話し合い活動を中心に据えた「討議型」の道徳教育と，モラルスキルトレーニングによるロールプレイ活動を実践する「協働型」の道徳教育を，ホームルーム活動において行っている。その実施規模と特徴的な教育実践をみても，首都圏の自治体のなか

では極めて独自な道徳教育を行っているといってよい。さらに茨城県の高校道徳は，2022年から始まる新しい学習指導要領に対応した教育実践の在り方を模索しており，従来からの「道徳」と「道徳プラス」の授業方法の新たな展開を図っている。ここでは先ず新学習指導要領の視点に立った同県の高校道徳の特色と，授業実践のその独自性を明らかにしてみたい。

1　新学習指導要領の方向性

　すでに実施されている小・中学校における学習指導要領では，知識・技能の習得，思考・判断・表現の育成，学びに向かう力と人間性の涵養によって「資質・能力」の完成が求められているが，この方向性は高校の新学習指導要領においても同じである（文部科学省，2018）。特に今回の改訂で重要なのは，固定的・具体的な学習内容項目の目標設定ではなく，個々の高校生が時代の変化に対応できる資質・能力，すなわち可変的で，多様な操作が可能な資質・能力の完成が教育目標にされた点である。これからの時代においては，予測不能な様々な社会問題が生起することが予想され，従来のような学習内容の習得だけでは対応できないと思われる。そのためこれからの高校教育には，各教科の個別的な教育目標実現のための教育課程編成ではなく，各教科の枠を超えた柔軟な教育課程編成が求められている。つまり個々の教科の連携や，各教科を横断的に結びつけるカリキュラム・マネジメントが意識された教育課程編成である。ところが高校の教育現場では，教科の枠組みを超えたカリキュラム・マネジメントを進める動きがそれほど活発ではないし，むしろ現行の入試に対応した各教科別指導に力点を置いたカリキュラム組織や教育課程編成が依然として多い。

2　道徳プラスの教材と授業実践

　こうした状況において，注目したいのが道徳プラスの教育実践である。特に討議型の道徳教育活動（茨城県教育委員会，2019b）は，相互コミュニケーションを通して生徒同士の合意形成を目指すことを目的としているが，その学習過程

では多様な教育活動が相互に連携し合いながら〈学び〉を進められる可能性を
もっている。討議型の道徳教育活動で必要なのは，問題・課題を発見して解決
を図る学習活動（デューイ，J.），相互理解を図るコミュニケーション活動（ハー
バーマス，J.），さらに共通理解へと導かれる対話活動（Win・Win型対話）などの
理論に基づいて合意形成を目指す討議活動である。

　以下に示す生徒用テキストの教材「みんなの緑地公園」（茨城県教育委員会,
2019b）では，その種の討議活動へと発展できる工夫がなされている。① 意見
の「相違や対立」が見出せるテーマが含まれている。これによりスムーズな課
題解決型学習が行えるようになる。②「日常生活」と関連した具体的で切実な
道徳的問題が見出せる。これによりリアリティのある学習活動が可能になる。
③ 討議活動が「集約・収束」できるストーリー構成になっている。3つの構成
要素によって，生徒同士の討議活動はひとつの合意形成を目指す学習活動へと
発展する。

【みんなの緑地公園】
　A市が保有する緑地公園は，自然が豊富で一郎ら地域住民にとって憩いの場と
なっている。ところが近年A市の人口増に伴い住宅地にされる計画が持ち上がっ
ている。そのためA市関係者は，今後住民との意見交換会を開く予定である。そ
して，A市関係者によると，きちんとした意見があれば，住民の意向に合わせて
検討するという。一郎は何とかして公園を守りたいと考え，仲間のみんなと意見
交換会に参加し，緑地公園の大切さを伝えたいと思った。
【話し合い活動のヒント】
① 緑地公園の存続のために問題となっていることは何でしょう。
② 緑地公園が地域住民にとってどのような意味があるのかを考えた上で，公園
　存続のためには一郎たちは，どのような意見を伝えればよいでしょうか。意見
　交換会の参加者が納得できる意見を考えてみましょう。

　この教材で注目したいのは，意見の相違や対立を含んだ構成である。「A市
が保有する緑地公園は，自然が豊富で一郎ら地域住民にとって憩いの場となっ
ている。」では，公園の自然保護を求める一郎ら地域住民たちの意見（「意見
A」）。「ところが近年，A市の人口増に伴い住宅地にされる計画が持ち上がっ
ている。」では，宅地開発で地域活性化を図りたいA市関係者の意見（「意見

Ｂ」）。この２つの意見が対立する状況において，その対立を乗り越えようとする「住民との意見交換会」が設定されていることにより，授業では対立する２つの意見を合意させる話し合い活動がなされることになる。「話し合い活動のヒント」①では，「意見Ａ＝自然保護」（一郎たちと地域住民の立場）と「地域活性化」（Ａ市関係者の立場）に，討議する際の対立図式を理解し，意見の相違の明確化を図る。そして②で，合意形成を目指す討議活動が行われる。

　だが合意形成を目指す討議活動で注意したいのは，その討議が，意見が対立したままの討議でも，二者択一の決定を目指す討議でもない点である。最後まで対立したジレンマ状況ではなく，議論の着地点は決めておく。授業では，ある程度「公園存続」という合意形成へと向かう討議が前提であり，意見Ａも意見Ｂも尊重しながら納得解を目指していく話し合いが重要になる。つまり「自然保護」も「地域開発」も尊重する話し合いである。

第3節　高校道徳の実践的課題

　冒頭でも述べたが，高校道徳では小・中学校のような道徳科を必置する必要はない。

　その意味で，本章で紹介した１都３県の動向は，高校道徳の可能性を考える上では極めて重要であるように思う。個々の道徳教育実践例からも明らかだが，小・中学校の道徳科のように学習指導要領に沿った内容や方法に方向づけられることなく，独自でユニークな展開がなされており，その点では義務教育における道徳教育とは一線を画す独自な教育実践が示されているように思う。周知のように高校生は，発達の段階に関しては小・中学生とは違う。とりわけ道徳性の発達の段階では，高校生は個人と社会との関係を考慮した合意形成を目指し，時には既存の法と秩序の組み直しも視野に入れた言語活動が行える年齢にあたる。そのため，そうした活動を可能とする道徳教育実践が行われる必要がある。

　そのような視点から１都３県の高校道徳を見ていけば，小・中学校で始まった「考え，議論する道徳」教育実践の成果を引き継ぎながらも，高校生の発達

の段階を十分に意識したより高度な教育実践が展開されているように思う。ブレインストーミングやウェビングマップ，さらにはジグソー法などを駆使しながら，生徒同士が多面的・多角的な見方・考え方の引き出しが可能となるような討議活動が行われていることがわかる。高校生は，将来民主主義社会を支える構成員になることが期待されており，現代のような多様な存在を認め合いながら今ある社会を存続させるためには，相互の意見交換を通して一定の諸価値や意見の「合意」が必要である。その意味では茨城県の道徳教育実践が示唆的であろう。同県の道徳教育は，合意形成や協働活動を通して高校生相互の合意形成を目指した言語活動を実践している点に注意したい。

　今後も，高校生の発達の段階を十分に考慮しながら，小・中学校の道徳教育とは違う高校道徳のユニークな実践的取組に期待したい。

● 引用・参考文献 ●

茨城県教育委員会（2016）『道徳教育指導資料　道徳プラス』
茨城県教育委員会（2019a）『ともに歩む―未来へのチャレンジ―』
茨城県教育委員会（2019b）『高等学校道徳教育指導資料』：104-105，118-119
埼玉県教育委員会（2010）『明日をめざして』：1-2
千葉県教育委員会（2010）『道徳教育映像教材：青春のホイール／夢にかける橋』
千葉県教育委員会（2013）『明日への扉　高等学校読み物教材集』（2015年にはⅡ，2018年にはⅢが刊行されている）
千葉県教育委員会（2013）『道徳教育映像教材：守りたいもの／支える人になりたい』
千葉県教育委員会（2018）『道徳教育映像教材：「こんにちは」でつながる世界／知らなかった風景／チャンスは自分の中にある』
千葉県教育委員会（2019）『千葉県道徳教育指導用映像教材　高等学校編』
東京都教育委員会（2017）『人間と社会』
文部科学省（2018）「高等学校学習指導要領」：93，100
文部科学省教育課程課編（2019）『中等教育資料【特集】変わる中学校・高等学校の道徳教育』令和元年度5月号，996：32-35

第23章 高等学校における豊かな体験活動を生かした道徳教育の取組 ―キャリア・パスポートなどの活用も含めて―

——— 醍醐　身奈

第1節　高校生期における特別活動と道徳教育との関連

　Society5.0という新時代に突入し，高校生に対して社会が求める資質・能力は，体験活動などを通して身に付けた，より実践的なものが求められるようになってきている。第1節では，こうした実態を踏まえ，高校生期の特別活動における体験活動を生かした道徳教育の取組について，整理してみていきたい。

1 各教科や特別活動における在り方生き方教育の位置づけ

　「高等学校学習指導要領」(2018) の総則には，「学校における道徳教育は，人間としての在り方生き方に関する教育を学校の教育活動全体を通じて行うことによりその充実を図るものとし，各教科に属する科目，総合的な探究の時間及び特別活動のそれぞれの特質に応じて，適切な指導を行うこと」と書かれている。つまり，高等学校における道徳教育の考え方として示されているのが，「人間としての在り方生き方に関する教育」であり，特に公民科の「公共」や「倫理」並びに特別活動が，それに関する中核的な役割を果たすことになっている。

　高校生期には，小・中学校における体験活動を基盤として，社会や集団の一員としての自覚をもちながら主体的に考え，自らの責任で行動する機会が増えてくる。なかでも，特別活動におけるホームルームや学校生活における集団活動及び体験的な活動は，日常生活における道徳的な実践の指導を行う重要な機会と場であり，特別活動が道徳教育に果たす役割は大きいとされている。

2 特別活動における集団活動を通して育まれる道徳性

　特別活動には，その目標に「集団活動に自主的，実践的に取り組み」「互い
のよさや可能性を発揮」などが掲げられ，目指す資質・能力についても「多様
な他者との協働」「人間関係」「人間としての在り方生き方」「自己実現」など，
道徳教育がねらいとする内容との共通点が多くみられる。

　また，高校生期に身に付けたい道徳性の事例として，図表23-1に示すよう
な態度があげられている。ここでは，高校生が特別活動におけるさまざまな集
団活動を通して，よりよい生活や社会づくりに参画する態度を身に付けるな
ど，道徳教育の実践的な取組が目指されている。

　図表23-1のような道徳性を身に付けるためには，特別活動における内容や
特色と，道徳教育との関連を明確に意識し，適切な指導を行う必要がある。た
とえば，ホームルーム活動や生徒会活動においては，ホームルームや学校の生
活上の諸問題を見いだし，これを自主的に取り上げ，協力して課題解決してい
くことが必要になってくる。この自発的で自治的な活動を通じて，高校生は，
異年齢によるよりよい人間関係の形成や，生活づくりに参画する態度などに関
わる道徳性を身に付けることができる。

　さらに，学校行事においては，就業体験活動やボランティア精神を養う活動
や自然のなかでの集団宿泊体験，幼児児童生徒，高齢者や障害のある人びとな
どとの触れ合いや文化や芸術に親しむ体験などがある。高校生は，こうした集

図表23-1　集団活動を通して身に付けたい道徳性

自他の個性や立場を尊重しようとする態度
義務を果たそうとする態度
よりよい人間関係を深めようとする態度
社会に貢献しようとする態度
自分たちで約束をつくって守ろうとする態度
より高い目標を設定し諸問題を解決しようとする態度
自己のよさや可能性を大切にして集団活動を行おうとする態度

出所）文部科学省（2018c：32）の内容をもとに筆者作成

団活動を通じて，協力，責任，公徳心，勤労，社会奉仕などに関わる道徳性の育成を図ることも重視されている。

第2節　高校生期における総合的な探究の時間と道徳教育との関連

第2節では，総合的な探究の時間における探究，及びそれに関わる体験活動に着目をし，それらを生かした道徳教育の取組がどのように高校生の資質・能力を育むことに繋がるのかについて，整理してみていくものとする。

1 「総合的な学習の時間」と「総合的な探究の時間」の学習プロセスの違い

高等学校における「総合的な学習の時間」は，「総合的な探究の時間」と名称が変更され，2022（令和4）年度から全面実施される。この「探究の時間」には，小・中学校における「総合的な学習の時間」との共通性や連続性が多くあると共に，一部の異なる特質があることにも着目していく必要がある。

図表23-2は，学習指導要領に示された「総合的な学習の時間」と「総合的な探究の時間」における第1の目標について比較したものである。ここから，「総合的な学習の時間」は課題を解決することで自己の生き方を考えていく学びであるのに対し，「総合的な探究の時間」は自己の在り方生き方を考えながら課題を発見し，解決していく学びであることが読み取れる。探究やそれに関

図表23-2　総合的な学習の時間と総合的な探究の時間の目標の違い

第1の目標	
「総合的な学習の時間」 （平成29年告示）	「総合的な探究の時間」 （平成30年告示）
探究的な見方・考え方を働かせ，横断的・総合的な学習を行うことを通して，よりよく課題を解決し，自己の生き方を考えていくための資質・能力を次のとおり育成することを目指す。（後略）	探究の見方・考え方を働かせ，横断的・総合的な学習を行うことを通して，自己の在り方生き方を考えながら，よりよく課題を発見し解決していくための資質・能力を次のとおり育成することを目指す。（後略）

出所）文部科学省（2018a：9）※下線部は，筆者による加筆

200

わる体験活動を通じて，よりよい社会や生活を実現しようとする態度や資質・能力を育むことそのものが，高校生期の道徳教育につながるのである。

2 探究における自己の在り方生き方を考えるための３つの角度

高校生が自己の在り方生き方を考えながら課題解決を図る際には，３つの角度を自覚しながら探究に取り組むことが求められている（図表 23-3 参照）。

ここで３つ目の角度として示されているように，学習の成果から達成感や自信をもつことによって，自分のよさや可能性に気づくことができるようになる。さらに，小・中学校で学んだことを生かしながら，高校生期には自分の人生や将来，職業について具体的なビジョンをもち，自分がどのように在るべきかを掘り下げていくことが求められている。その意味において，高校生が探究やそれに関連する体験活動を通じて，振り返りや自己評価をさまざまな角度から行っていくことは，彼らのキャリア形成にも大きな影響を与えると考えられる。

図表 23-3　自己の在り方生き方を考えるための３つの角度

【１つ目の角度】
• 人や社会，自然との関わりにおいて，自らの生活や行動について考えて，社会や自然の一員として，人間として何をすべきか，どのようにすべきかなどを考えること。

【２つ目の角度】
• 自分にとっての学ぶことの意味や価値を考えること。
• 取り組んだ学習活動を通して，自分の考えや意見を深めること。
• 学習の有用感を味わう等して学ぶことの意味を自覚すること。

【３つ目の角度】
• これらの２つを生かしながら，学んだことを現在及び将来の自己の在り方生き方につなげて考えること。
• 学習の成果から達成感や自信をもち，自分のよさや可能性に気付くこと。
• 人間としての在り方を基底に，自分の人生や将来，職業について見通し，どのように在るべきかを定めていくこと。

出所）文部科学省（2018a：14-15）の内容をもとに筆者作成

第3節　「キャリア・パスポート」と在り方生き方教育との関連

　第1節と第2節で先述した特別活動や探究の時間の内容を踏まえ，第3節では「キャリア・パスポート」と体験活動，及び高校生期の道徳教育との関連について，具体的な教育実践を取り上げながら整理してみていきたい。

1　「キャリア・パスポート」の目的と意義

　「キャリア・パスポート」は，2016年12月の中央教育審議会答申において提案されて以来，児童生徒が活動を記録し蓄積するものとして検討が進められてきたが，学習指導要領（2018）を踏まえ，その定義と目的が改めて整理された。

　「キャリア・パスポート」とは，「児童・生徒が小学校から高等学校までのキャリア教育に関わる諸活動について，特別活動の学級活動及びホームルーム活動を中心として，各教科等と往還し，自らの学習状況やキャリア形成を見通したり振り返ったりしながら，自身の変容や成長を自己評価できるよう工夫されたポートフォリオのこと」（文部科学省初等中等教育局，2018）と定義される。

　「キャリア・パスポート」の目的は，小学校から高等学校を通じて，児童生徒にとっては，自らの学習状況やキャリア形成を振り返ったりしながら，自己評価を行うと共に，主体的に学びに向かう力を育み，自己実現につなぐものとして位置づけられている。また，教師にとっては，その記述をもとに対話的に関わることにより，児童生徒の成長を促し，系統的な指導に資するものとして活用することを目的とする。

　なお，「キャリア・パスポート」は，小学校入学から高校卒業までの記録を学年，校種を越えて引き継ぎ，学びを「見える化」しやすくすることで，自己の振り返りや見通しに生かすものである。そのため，高校生がこれまで行ってきた膨大な学習内容や体験活動を整理し，自己の在り方生き方について考えるためのツールのひとつとして，「キャリア・パスポート」の積極的活用が，求められるようになってきているのである。

2 「キャリア・パスポート」を活用した体験活動の振り返り 実践事例

　すでに複数の自治体において「キャリア・パスポート」や「キャリアノート」などの名称で，さまざまな学習や課外活動の状況を記録したり，ワークシートとして用いたりするなど，児童生徒自らが履歴を作り上げていく取組が行われている。ここでは「キャリア・パスポート」の実践事例のひとつとして，北海道羅臼町が行っている「キャリアノート」の取組について紹介をする。

　知床の豊かな海と山に囲まれた羅臼町は，小・中学校，高等学校が地元自治体や企業などと連携し，児童生徒が産業の仕組みや地域課題などを認識し，主体的・対話的に課題解決に取り組む体系的なキャリア教育を推進している。その主軸となっているのが，小中高12年間を通じて作成される「キャリアノート」である。これは，児童生徒の節目となる入学期・卒業期に，成長の足跡を振り返りながら，自分の将来や働きたい仕事，生き方を考えることができるよう，発達段階や道徳教育との関連を意識した記述内容で構成されている。

　羅臼町では，「らうすカッセイ！プロジェクト」をはじめとするさまざまな地域プロジェクトが行われている。こうした探究プロジェクトに加え，キャリア教育に位置づけられる体験活動（運動会，文化祭，職場体験など）についても，小・中学生は「キャリアノート」に内容や感想などをその都度記載し，学びのプロセスを残している。さらに，高校生については体験活動を振り返り，「将来どのようなことをやってみたいと思ったか」など，「キャリアノート」に記載することにより，自己の在り方生き方を考えるツールとして活用している。

3 高校生期における体験活動と道徳教育の課題と展望

　羅臼町の実践事例にもあったように，近年，特別活動や探究における体験活動などを活用し，学校が地元自治体や企業と共に地域の課題解決に向けて協働する機会が増えてきている。確かに，こうした体験活動は児童生徒の新しい発見や学びへの気づき，自分を振り返る貴重な機会を与えることにも繋がり，キ

ャリア教育や道徳教育としても重要な役割を果たしている。しかし，学校教育における体験活動は未だに一時的・短期的なものが多く，体験直後には子どもたちはその活動を通じて自己の学びや成長を自覚できるものの，時間の経過と共にそれらの記憶が薄れてしまうという現状がある。

　このような課題を解決していくためには，児童生徒の体験活動やそれを通して学んだことを中・長期的に「キャリア・パスポート」などに記録しておくことが必要になる。また，高校生の場合は小・中学校における「特別の教科　道徳」が設置されていないこともあり，さまざまな体験活動を通じて学んだことを「キャリア・パスポート」を活用して振り返ることが重要である。具体的には，高校生がICTを活用して日々の学習や体験活動の成果を，「キャリア・パスポート」に書き込み，「見える化」することで，達成感と自信をもてるようにすることである。自分のよさや可能性に気づくことができれば，目指すべき将来や職業についても具体的なビジョンを描くことができるようになる。

　しかしながら，「キャリア・パスポート」に学習内容や感想を記載するだけではあまり意味をもたない。教師がその活用方法や有効性を十分に理解し，体験活動と振り返りを関連づけて指導することで，社会参画の実現に向けて必要な能力や態度が育成されるのである。特に，高校生の体験活動については，生徒が主体的に学習テーマを選定し，活動の目的や内容，そしてフィールドなどを設定し，地域住民と協働して継続的な活動ができるように，学校全体でサポート体制を整えていく必要がある。

　また，各教科や特別活動，総合的な学習の時間などにおいても，人間としての在り方生き方の指導としてのキャリア教育の視点に立った進路指導との関連を一層重視していかねばならない。社会がますます複雑化していくなかで，高校生が自己理解を深めながら進路決定を行っていくには，「キャリア・パスポート」をどのように活用していくべきなのかについて，具体的に検討を行っていくことが求められている。

204

• **参考文献** • ··

国立教育政策研究所ホームページ，https://www.nier.go.jp/04_kenkyu_annai/pdf/
div09-shido_20180605-cp-v01.pdf（2021 年 1 月 10 日閲覧）
文部科学省（2018a）『高等学校学習指導要領解説　総合的な探究の時間編』学校図
書
文部科学省（2018b）『高等学校学習指導要領解説　総則編』東洋館出版社
文部科学省（2018c）『高等学校学習指導要領解説　特別活動編』東京書籍
文部科学省初等中等教育局（2018）「高等学校教育改革」資料 3

第24章 私立中学校・高等学校における道徳教育の取組

──────板倉　栄一郎

第1節　私立中学校・高等学校における道徳教育の特色

　私立中学校・高等学校（以下，中・高等学校）には独自の建学の精神があって，その精神の下で教育方針を掲げて実践する。したがって，国公立の中学校や高等学校とは異なった，歴史と伝統を兼ね備えた学校独自の特色がある。

　2019年現在，私立の高等学校は全国に1,320校程度あるが，そのうち宗教系の高等学校は320校，うち，220校が中高一貫校である。全国には国公立，私立の高等学校が合わせて4,800校以上，存在することからしても，宗教系の高等学校であることと中高一貫校であること自体が，私立の中・高等学校における特色となりうることがわかる。このことから，宗教教育，中高一貫教育と道徳教育との関わりについて，簡潔に触れておきたい。

　最初に宗教教育についてである。特定の宗教を取り上げて，その内容を細かく教えるというよりも，宗教を通して人間としての在り方生き方や人間の尊厳について生徒に理解させるといった“宗教的情操”という観点からの授業内容が多く，この点で道徳教育との関係が深い。たとえば，朝の短い時間を用いた礼拝や講話，さらに自校教育の一環として特定の宗教と関連づけて実践している高等学校もある。そして，その延長上にボランティア活動などの体験活動を位置づけている高等学校も多い。

　次に中高一貫教育についてである。道徳教育に関していうならば，従来の学校システムでは，道徳の授業は小・中学校と連続的に構成されているが，発達段階を考慮した時，中・高等学校の間には道徳の授業構成上に非連続性が見られる。

　思春期という多感な時期を迎える中・高校生にとって，中高一貫教育は連続

性という点での道徳授業の効果がより期待できるといえよう。

　このように，特定の宗教を通して道徳的価値に基づいた人間としての在り方，生き方について生徒に考えさせ，ボランティア活動などの体験活動を通して道徳性を養うという点や中高一貫教育を通して継続的な道徳教育が可能であるという点が，私立の中・高等学校の特色である。

　さて，これまで宗教系の高等学校を取り上げたが，当然，宗教系以外の私立の高等学校も数多く存在し，その取組は，建学の精神や学校種，学科の性質等により，さまざまである。本章で紹介するのは，宗教系以外の私立の高等学校の授業実践事例である。

第2節　「教える道徳」と「考え，議論する道徳」

　授業実践事例を紹介する前に，もうひとつ記しておきたいことがある。それは，「教える道徳」と「考え，議論する道徳」との関係についてである。

　道徳教育の進め方は，「道徳の時間」から「特別の教科　道徳」に移行する過程で，それまでの「教える道徳」から問題解決型を基本とする「考え，議論する道徳」への転換が図られた。この点について，たとえば，貝塚茂樹は「教える道徳」の立場から次のように述べている。「徳目を『教えない』ということは，長い歴史のなかで築き上げられてきた人間としての生き方の『型』を否定することでもある。長い歴史をかけて築き上げられてきたより『善い』徳目を次の世代へと確実に継承することが教育の重要な使命であり役割である。そうするならば，徳目を『教えない』ということは，歴史を否定し，教育の基本的な機能と役割を否定することに等しい。」（貝塚，2012：54）。また，林泰成も次のように述べている。「道徳性というものは，個人の心の内面の問題であるとしても，かならずある一面においては，社会的な側面を有するのである。したがって，社会的に承認された価値を教え込むという手続きが存在しなければならない。」（林，2010）。

　この2人の論者の見解は，後にみる授業計画の作成に先立つアンケート調査の結果と見事に一致し，授業計画を作成する上での強力な後押しとなった。試

みのひとつとして，この２人の論者の見解を受け，筆者がかつて勤務した高等学校で，学校の生徒の実態を踏まえて独自に言語化したものに「道徳的背理法」というものがある。これは筆者の造語で，数学の「背理法」を参考にしたものであるが，要するに，最初に「教える道徳」を１時間の授業のなかで実践し，次に「教える道徳」で得た知識をもとに「考え，議論する道徳」を１時間の授業のなかで実践したものであって，「もし〜でなかったら……」や「〜は偽（嘘）である」という命題や問いを教師が発信し，「その場合，どのようなことが生じるのか（考えられるのか）」ということについて生徒に考えさせたり，議論させたりするという試みである。よって，授業は２時間構成となる。本章で紹介する授業実践事例の枠組みは概ね，この「道徳的背理法」が基本となっている。

第３節　授業実践事例の報告

1 全体計画の作成に先立って―アンケート調査の結果から―

　筆者が勤務した高等学校の教育理念には「個性」という言葉が含まれており，これは個性重視の原則を踏襲したものである。この「個性」という言葉の意味を，「人と違うことをする」「個性とは自由のことである」と短絡的に理解している生徒や自分の都合に合わせて用いている生徒がかつては多かった。

　そこで，道徳授業の全体計画の作成に先立ち，当時（2008 年）の在校生を対象に「道徳授業に関するアンケート調査」を実施した。調査結果を簡潔にまとめると概ね，以下のようになる。

- （小学校の時から）同じ授業（講話，説教）の繰り返しで，何で今さら学習するのか。
- 人間は個性が尊重され，かつ自由だから，（価値観の）押し付けには抵抗がある。

　このように，道徳の授業に対して"繰り返し"や"押し付け"という否定的な印象をもっている生徒が多いことがわかった。

　しかしながら一方で，このような回答をした実に 83％以上の生徒が「道徳

の授業は高等学校でも必要か」の問いに対して，「必要である」と答えている
のである。その理由を簡潔にまとめると，

- （小・中学校時代に）しっかりと教えてもらっていないから教えて欲しい。
- （高校を卒業した後に）生きていくうえで道徳（生き方やルール・マナー）は必
  要だと思うから教えて欲しい。
  さらに次のような意見もあった。
- （学歴社会から"遠ざかった"ので／自分の将来が不安なので／勉強が苦手なので）
  生き方を教えて欲しい。
- 人との関わり方（保護者も含めて）がわからないから教えて欲しい。

　小・中学校時代の道徳授業を振り返るなかで"教えて欲しい"と表現してい
る多数の生徒が存在したことは，授業の全体計画を作成するうえで十分に参考
になった。この傾向は現在も変わらないと聞く。そして，「教える道徳」か
「考え，議論する道徳」かの二項対立ではなく，「教える道徳」と「考え，議論
する道徳」との融合が授業を進めるうえで効果的であるという結論に達した。

　次に，このアンケート調査の結果と授業の全体計画を踏まえたうえで，2つ
の授業実践事例を紹介したい。

２ 授業実践事例─その１─

□在り方生き方の基本とは─「守・破・離」の教えから学ぶ─

　前記アンケート調査の結果を踏まえて，「教える道徳」の観点から「守・
破・離」の教えを全体計画の最初に位置づけた。

① 「守・破・離」の教えの意味

　最初に，「守・破・離」の言葉の意味を生徒に確認させた。そして，この言
葉のなかでの高校生の位置づけは「守」から「破」に移行する時期であること
を確認し，次いで青年期の特質について説明した。

② 「守・破・離」の歴史と現代社会

　次に，「守・破・離」の教えの歴史について学習させた。日本の伝統芸能で
ある歌舞伎の世界は，「守・破・離」の教え，すなわち基礎基本としての「守」

が備わって，はじめて「破」そして「離」へと達する。芸の後継者は，まだ3歳にも満たない時期に徹底的に基礎基本を叩き込まれるという。それは徹底的な「教え込み」である。武士の習いも同様であって，年端もいかない時期から意味も理解しないままに『論語』を暗唱させられる。その「教え込み」を基礎基本として武士としての「自覚」をもつに至るのである。このように，「守・破・離」には長い歴史があるということとそれがどのように継承されてきたかについて理解させることを「教える道徳」の基本的枠組みとした。

　さらに，この教えは現代でも生きているということを，日本のプロ野球だけでなく大リーグでも活躍したイチローの野球に対する真摯な考え方や態度，周囲を大切にする気持ちに焦点を当てて授業を展開しながら，「破」ることの意味（「型破り」＝「個性」）について生徒に考えさせることで，「個性」の意味を理解させた。また，困った時や悩んだ時は「守」，すなわち基礎基本に戻ってみることが大切であることを合わせて理解させた。

③　生きていくための基礎基本とは

　最後に，「人間が生きていくうえで必要な基礎基本とは何か」について，生徒個々に考えさせた。人間は一人では生きていくことはできず，円滑な人間関係が大切であるということを理解した生徒は，そのために，「常日頃から挨拶を心掛けること」「優しい（助け合う）気持ちで周囲と接すること」「価値観の異なる相手を認めること」「周囲に迷惑をかけないためにルールやマナーを守ること」などが大切であると回答した。また，自分の今迄の人生経験を振り返り，「変化するということは進化するということであり，前向きに生きることが大切である」と回答した生徒もいたし，周囲の人間は自分を知る鏡になると回答した生徒もいた。

　最後に改めて，「個性」という言葉について，これからの自己の在り方生き方と関連づけてレポートにまとめさせた。「個性」という言葉を安易に理解していた生徒の多くが，自分の今までの人生経験と照らし合わせながら，「個性」と基礎基本という言葉との関係性とその意味の深さを理解した。

3 授業実践事例—その2—

□在り方生き方の「鑑」を求めて—「創鑑学習」の授業実践—

次に紹介するのは,「創鑑学習」という筆者が独自に考案した授業の枠組み
で,「考え,議論する道徳」の実践として位置づけられる。

ここで,「創鑑学習」について記しておきたい。

現代社会は,価値観の多様化に伴い人間としての望ましい在り方や生き方の
「型」(=模範)が喪失している。「創鑑学習」は,このような「型」が見えなく
なった生徒に対して,選定した人物の在り方や生き方の「型」を授業で発見
し,その「型」を参考にして生徒各々が自らの在り方や生き方を考える学習で
ある。要するに「創鑑学習」とは,選定した人物の在り方や生き方を学習する
ことを通して,生徒自身が自らの望ましい在り方や生き方という「鑑（かがみ）」を
「創」(創造)ることを目的とした授業方法論である。

① 「創鑑学習」の全体構想

最初に,授業展開の大要と主眼をあげておきたい。

1)誕生〜少年期:「生きる」ことに価値を見出す(今までの自分との比較)

2)青年〜壮年期:「生きていく」ことに価値を見出す(今の自分との比較)

3)老年期:「生きてきた」ことに価値を見出す(今からの自分との比較)

この構成には,高校生という多感な時期に改めて,生と死に真摯に向き合っ
て欲しいという願いや,"得意なもの"を発見し,それに磨きをかけることで
生きていくうえでの自信をつけて欲しいという願いが込められている。また,
「家族をもつ」ことや「仕事をもつ」ということが人生をより豊かにするとい
うことに気づかせたいという願いもある。そして,「道徳的背理法」でも記し
たように,授業で扱った特定の人物の在り方や生き方の学習を通して,「もし,
自分だったら〜」と,自身の身に置き換えて考えさせることが大切である。

② 人物の選定について

「創鑑学習」を実践する場合,授業で扱う人物の選定が何よりも大切である。

〈学習指導案（略案）〉

1　**主題名**　「世界の王は努力の天才―王貞治の人生について―」

2　**ねらい**
　　① 夢を実現するためには「強い心」が必要であることを学び，自己実現に向けて努力を惜しまない態度を育てる。
　　② 周囲の助言を進んで受け入れることで，協調性が芽生えると共に自己変革を図ることができるようになることに気付かせる。

3　**授業の展開**　（全2時間構成）

（1校時）

時間	学習活動と教師の働きかけ	指導上の留意点と評価
導入 （10分） 展開1 （20分） 展開2 （15分） まとめ （5分）	1．王貞治の紹介 ① 出生（中国籍）　② 幼少の頃（兄弟構成） 2．栄光のアマチュア時代 ① 師との出会い（中学）　② 甲子園のスター 3．プロ野球での挫折・苦悩と一本足打法との出会い ① 師との再会　②「世界の王」になるまで →挫折や苦悩を乗り越えるということについて考えさせる（話し合い…自らの体験を踏まえて）	• 略年表で説明。（兄の存在を意識させる） • 順風満帆なアマチュア時代（国体出場できず） • 師との再会について考えさせる（合気道への取組／真剣を用いた素振り） • 選手としての成功体験を印象づける

（2校時）

時間	学習活動と教師の働きかけ	指導上の留意点と評価
導入 （5分） 展開1 （15分） 展開2 （25分） まとめ （5分）	1．前時の振り返り • 選手時代の栄光（国民栄誉賞） 2．巨人軍の監督として ① 高い理想　② 選手との確執 →選手が離れていった理由を考えさせる 3．ダイエーの監督として ① 孤立する監督　② 人間味ある監督へ 〈話し合い1〉「兄の助言がなかったら」 〈話し合い2〉「困難を乗り越えるとは」 　　　　　　（自らの体験を踏まえて） 4．王貞治の人生について考えたこと，感じたことを発表させる	• 監督の最初の頃は順調ではないことを伝える • 理想を優先し，選手の立場に立っていないことに気付かせたい • 兄の一言が王監督を変えた（周囲を責めるのではなく，自己を省みることが大切であることに気付かせたい） • 自己の体験とを結び付けて自由に発表させる

4　**評価**　省略（「ねらい」の達成度と授業の感想をレポート課題とした）

具体的には,

A）共感性の重視：生徒が身近に感じることのできる（実在の）人物

B）強い心の重視：挫折や困難を乗り越えた人物

C）他者理解の重視：周囲の支えで自己実現（自己変革）をした人物

の３つの視点をあげておく。特に，生徒に興味や関心を抱かせるために，身近に感じることができ，かつ青年期に迷いや悩みをもった"実在の人物"を選定することが望ましい。実在の人物の人生について学ぶことで，生徒は授業内容に関心を抱いたり現実に真摯に目を向けたりする可能性が高いからである。

　以上のことを踏まえたうえで，学習指導案を前頁に掲載している。

・引用・参考文献・

生田久美子（1987）『認知科学選書14・「わざ」から知る』東京大学出版会

貝塚茂樹（2012）『道徳教育の取扱説明書―教科化の必要性を考える』学術出版会

林泰成・白木みどり（2010）『人間としての在り方生き方をどう教えるか』教育出版：15

特別支援教育における
道徳教育

概　要

吉本　恒幸

　特別支援教育とは，障害のある幼児児童生徒の自立や社会参加に向けた主体的な取組を支援するという視点に立ち，一人ひとりの教育的ニーズを把握し，その持てる力を高め，生活や学習上の困難を改善または克服するため，適切な指導及び必要な支援を行うものである。

　特別支援教育の対象となる障害は多岐にわたる。視覚障害者，聴覚障害者，知的障害者，肢体不自由者，病弱者・身体虚弱者，弱視者，難聴者，言語障害者，自閉症者，情緒障害者，学習障害者，注意欠陥多動性障害者などである。加えて主障害のほかに他の障害を併せ有している者もおり，障害の実態は多様である。

　こうした障害のある児童生徒に対しては，特別支援学校，通常の学級に併設される特別支援学級，一定の時間を通して障害の克服・改善を図る通級による指導といわれる指導形態，通常の学級で特別な配慮を受けながら学習する形態など，実態に応じた学びの場と機会がある。

　障害を有していても通常の学校・学級に在籍する児童生徒には小・中学校学習指導要領に即した教育が行われる。

　通常の学校・学級に在籍しない障害のある児童生徒に対しては，次のような教育課程が適用される。

①　小学校・中学校・高等学校に準ずる教育課程
②　下学年または下学部に準ずる教育課程
③　特別支援学校（知的障害）の教育課程を取り入れた教育課程
④　自立活動を主とする教育課程

　上記のなかのどれに基づいて教育課程を編成するかは，児童生徒の障害の実態などに基づく。その場合，検討のポイントとなる要素は「知的障害のない児童生徒」か「知的障害のある児童生徒」かである。

　障害などの実態と各教科などの目標と内容との関係により，前者は，主に①②の教育課程が，後者は主に②③④が考慮される。さらに特別支援学校（知的障害）の教育課程の実施に当たっては，「教科等別の指導」「各教科等を合わせた指導」のいずれかの指導形態をとることになる。

　障害のある児童生徒に対する道徳教育と道徳科は，上記の事項によって捉える必要がある。すなわち，学びの場がある限り，そこで行われる教育活動全体を通して道徳教育は行われている。小・中学校学習指導要領に示される目標と在り方は変わるものではない。無論，障害の実態などによってその具体的な方法は異なっている。

　道徳科については，①②③の教育課程に基づく場合は，通常の学校・学級と同様に障害の実態などによって一定の授業時間を設けて行うことができる。③の教育課程に基づく場合は，一定の授業時間を設けることのほかに「各教科等を合わせた指導」であれば授業時間を設けず，そこで行われている教育活動を通して道徳性を育む形も可能となる。

　いずれの場合でも重要なことは，児童生徒の「個別の指導計画」に道徳教育の視点からの指導目標を位置づけ，児童生徒本人は無論のこと，学校・保護者が一体となって道徳性を育むように努めることである。

　Ⅵ部の各章では，障害種別ごとに道徳教育と道徳科の在り方並びに基本的な考え方，指導に当たって必要とされる具体的な配慮事項などが論述される。

　障害の有無にかかわらず，人間はだれもがよりよく生きようとする資質をもって生まれてくる。道徳教育は，その資質を花開かせる重要な営みである。障害のある児童生徒にとっても道徳教育は，一人ひとりが生きる証と将来の夢と希望を見出すために充実を図ることが強く求められる。

　その際，忘れてはならない視点は「授業に子どもを合わせるのではなく，子どもに授業を合わせる」ことである。「個に応じた指導」が特別支援教育の原点であることに留意し，今後の実践と成果を期待したい。

特別支援教育における道徳教育

─────吉本　恒幸

第1節　特別支援教育の基本的な考え方

　特別支援教育とは，障害のある幼児児童生徒の自立や社会参加に向けた主体的な取組を支援するという視点に立ち，一人ひとりの教育的ニーズを把握し，その持てる力を高め，生活や学習上の困難を改善または克服するため，適切な指導及び必要な支援を行うものである。

　また，小・中学校において通常の学級に在籍する LD・ADHD・高機能自閉症などの児童生徒に対する指導及び支援が喫緊の課題となったことから，従前に特殊教育の対象となっていた幼児児童生徒に加え，これらの児童生徒に対しても適切な指導及び必要な支援を行うものである。すなわち，特別な支援を必要とする幼児児童生徒が在籍するすべての学校において実施されている。

　わが国では，2007年4月から「特別支援教育」が学校教育法に位置づけられ，指導と支援の充実が図られることになった。

　特別支援教育は，障害のある幼児児童生徒への教育にとどまらず，障害の有無やその他の個々の違いを認識しつつさまざまな人びとが生き生きと活躍できる共生社会の形成の基礎となるものであり，わが国の現在及び将来の社会にとって重要な意義をもっている。

第2節　障害のある幼児児童生徒の学びの場と教育課程

1 特別支援学校

障害のある幼児児童生徒に対して，幼稚園，小学校，中学校又は高等学校に

準ずる教育を施すと共に，障害による学習上または生活上の困難を克服し自立を図るために必要な知識技能などを授けることを目的とする学校。

【対象】視覚障害者，聴覚障害者，知的障害者，肢体不自由者，病弱者（身体虚弱者を含む）

2 特別支援学級

　小学校，中学校，義務教育学校，高等学校，中等教育学校において，以下に示す障害のある児童生徒に対し，障害による学習上または生活上の困難を克服するための教育を行うために設置される学級。

【対象】知的障害者，肢体不自由者，病弱者及び身体虚弱者，弱視者，難聴者，言語障害者，自閉症・情緒障害者

3 通級による指導

　小学校，中学校，義務教育学校，高等学校等において，通常の学級に在籍し，通常の学級での学習におおむね参加でき，一部特別な指導を必要とする児童生徒に対して障害に応じた特別の指導を行う指導形態。

【対象】言語障害者，自閉症者，情緒障害者，弱視者，難聴者，学習障害者，注意欠陥多動性障害者，肢体不自由者，病弱者及び身体虚弱者

4 通常の学級

　小学校，中学校，義務教育学校，高等学校等に在籍し，個々の障害に配慮しつつ通常の教育課程に基づく指導を行っている。

【対象】法的に規定はないが，実際にはLD・ADHD・高機能自閉症などの発達障害のある者が対象となる場合が多い。

5 障害のある児童生徒に対する教育課程の類型

　特別支援学校，特別支援学級では下記に示す中から教育課程を編成する。

① 小学校・中学校・高等学校に準ずる教育課程

当該学年の各教科などの目標及び内容に準ずる教育を行う。

② 下学年または下学部に準ずる教育課程

当該学年の各教科などの目標及び内容の全部または一部を下学年または下学部の各教科などの目標及び内容の全部または一部に替えて教育する。

③ 特別支援学校（知的障害）の教育課程を取り入れた教育課程

各教科などの目標及び内容の全部または一部を，当該学年に相当する特別支援学校（知的障害）の各教科などの目標及び内容の全部または一部に替えて教育する。この場合，特別な指導形態も考慮される。

④ 自立活動を主とする教育課程

心身の調和的発達の基盤を養うための自立活動を主とする。

第3節　特別支援教育における道徳教育の意義と役割

障害の有無に関わらず人は等しく生を受けてこの世に生まれてくる。一人ひとりはかけがえのない存在であり，誰もが人間として生きる資質をもっている。

生きる資質の根源にあるのは人間としてよりよく生きようとする願いである。道徳教育は，人間が本来もっているこのような願いやよりよい生き方を求め実践する人間の育成を目指し，その基盤となる道徳性を養う教育活動である。

人が生きている限り道徳教育は絶えず必要とされ，人格の完成を目指す教育の基盤としての重要な意義を有している。

障害のある幼児児童生徒はさまざまな学びの場で学習し生活している。将来の夢を描き，希望に胸を膨らませて全力で学び成長している。

道徳教育は，一人ひとりに寄り添い，心の交流を図りつつ，互いに認め励まし合い，自分の力で強く生きようとする心に灯りをともす営みである。その意味で，障害のある幼児児童生徒にとっても重要な役割を果たすことが期待される。

特別支援学校及び特別支援学級は，通常の教育に準ずる教育を行うことから，道徳教育の位置づけなどは小・中学校学習指導要領の趣旨と同じである。

220

> 道徳科を要として学校の教育活動全体を通じて行う道徳教育の内容は，小学部に
> おいては第3章特別の教科道徳において準ずるものとしている小学校学習指導要
> 領第3章特別の教科道徳の第2に示す内容，中学部においては第3章特別の教科
> 道徳において準ずるものとしている中学校学習指導要領第3章特別の教科道徳の
> 第2に示す内容とし，その実施に当たっては，第7節に示す道徳教育に関する配
> 慮事項を踏まえるものとする。
>
> （特別支援学校学習指導要領　第1章　第3節の3の(1)のコ）

このように，特別支援学校小学部・中学部学習指導要領の総則第2節では道
徳教育の在り方が，第7節では道徳教育の配慮事項が示されている。それぞれ
特別支援学校の教育課程による記述と学部の名称に替えられている。

道徳教育の在り方は，学校・学級の形態及び児童生徒の障害種別などによっ
て異なって存在するものではない。

第4節　特別支援教育における道徳科の在り方

> 小学部又は中学部の道徳科の目標，内容及び指導計画の作成と内容の取扱いにつ
> いては，それぞれ小学校学習指導要領第3章又は中学校学習指導要領第3章に示
> すものに準ずるほか，次に示すところによるものとする。
> 1　児童又は生徒の障害による学習上又は生活上の困難を改善・克服して，強く
> 　生きようとする意欲を高め，明るい生活態度を養うとともに，健全な人生観の
> 　育成を図る必要があること。
> 2　各教科，外国語活動，総合的な学習の時間，特別活動及び自立活動との関連
> 　を密にしながら，経験の拡充を図り，豊かな道徳的心情を育て，広い視野に立
> 　って道徳的判断や行動ができるように指導する必要があること。
> 3　知的障害者である児童又は生徒に対する教育を行う特別支援学校において，
> 　内容の指導に当たっては，個々の児童又は生徒の知的障害の状態，生活年齢，
> 　学習状況及び経験等に応じて，適切に指導の重点を定め，指導内容を具体化
> 　し，体験的な活動を取り入れるなどの工夫を行うこと。
>
> （特別支援学校小学部・中学部学習指導要領　第3章　特別の教科　道徳）

児童生徒の障害は多様である。それぞれの障害の実態に応じて教科などの指
導を工夫する必要がある。しかし，特別支援学校の教育課程の編成に当たって
は「視覚障害者，聴覚障害者，肢体不自由者又は病弱者である児童生徒に対す

る教育」と「知的障害である児童生徒に対する教育」という区分により，指導に対する基本的な考え方や在り方が異なることに留意する必要がある。

前者は，知的障害のない児童生徒に対する教育であり，通常の小学校・中学校の教育課程に準ずる。したがって，道徳科も同様に取り扱われる。

後者は，知的障害のある児童生徒に対する教育であり，法令によって特別の教育課程が認められると共に指導形態も実態に応じて多様に工夫される。したがって，道徳科は通常の学校の教育課程に準ずる形で行うことができるが，実際には内容や教材などの取り扱いは該当学年ではなく下学年のそれらに替えたり，道徳科の時間を設けずに「各教科等を合わせた指導」という指導形態で道徳科の内容を扱ったりすることも可能となる。特別支援学校（知的障害）では「各教科等を合わせた指導」を通して道徳性を育む場合が一般的である。

なお，他に主障害があっても知的障害を併せ有している場合は，後者の教育課程が適用される。このことは，特別支援学級で学ぶ児童生徒に対しても同様である。たとえば，自閉症・情緒障害学級であっても，児童生徒が知的障害を併せ有する場合は，必要に応じて知的障害学級における道徳科の扱いが準用されることになる。

第5節　個に応じた道徳教育と道徳科の実施に向けて

特別支援教育は「個に応じた指導」を原則とする。障害の特性や実態は同じ障害であっても一人ひとり異なっている。児童生徒の状況を把握し，それぞれの個性や資質能力が十分に発揮できるよう，具体的な支援を図ることが特別支援教育の原理である。その意味で，障害のある児童生徒に対する道徳教育や道徳科においても，個に応じた指導を充実することが極めて重要な課題となる。以下，特別支援学校及び特別支援学級で共通して重視すべき事項をあげる。

1　個に応じた道徳教育の指導目標を個別の指導計画に位置づける

個別の指導計画は，特別支援学校及び特別支援学級，通級による指導においては作成が義務づけられている。

　個別の指導計画の様式は，学校を管轄する教育委員会が参考例を示すものの，実際は学校に任せられている。項目の設定や表記もさまざまであるが，児童生徒の１年間にわたる指導目標を設定することは共通している。指導目標は，学校，保護者並びに児童生徒本人の意見に基づき具体的に設定される。

　従来，指導目標は生活・学習面など複数の事項を表記する方法がとられている。このことに関して，道徳教育を充実する視点から工夫が求められる。

　たとえば，約束やきまりを守ることが苦手であり，生活や学習に支障をきたす児童生徒の場合，学校の教育活動全体を通して指導することが重要となる。

　このことから，道徳科の内容項目の中から「規則の尊重」に着目すると共に，実態を踏まえて身に付けさせたい道徳性を想定する。保護者や本人との話し合いを通して，指導目標として「約束やきまりを守ろうとする実践意欲を養う」を設定するなどの工夫である。道徳教育としての個に応じた指導目標を明確化し，教育活動全体を通して指導目標の定着を目指すのである。

2 指導内容を重点化して道徳教育及び道徳科を行う

　知的障害のない児童生徒が学ぶ特別支援学校及び特別支援学級では，道徳科の内容に示されている各学年段階の内容項目は相当する学年においてすべて取り上げることとなる。

　他方，知的障害のある児童生徒が学ぶ特別支援学校では，「個々の児童又は生徒の知的障害の状態，生活年齢，学習状況及び経験等に応じて，適切に指導の重点を定め，指導内容を具体化」することが求められている。

　具体的には，各学年段階の内容項目のすべてを取り扱うのではなく，児童生徒の実態などに合わせて内容項目を適切に選択し，繰り返し扱うことにより定着を図ることを指す。教育課程取扱いの特例によって可能となる措置である。

　内容項目の選択に当たっては，個別の指導計画に記される指導目標との関連を考慮する。また，必要に応じて下学年の内容項目を取り扱うようにする。

　知的障害のある児童生徒が在籍する特別支援学級においても，特別支援学校の教育課程を取り扱えることから，この趣旨を踏まえることが重要である。

3 道徳科では目指す道徳性の個別化を図る

　道徳教育及び道徳科が育成を目指す道徳性は，道徳的判断力，道徳的心情，道徳的実践意欲と態度である。特別支援教育の対象となる児童生徒も，よりよく生きる基盤となる道徳性を身に付けることが求められる。

　通常の学校における道徳科の授業では，共通した道徳性がねらいに設定される。しかし，障害のある児童生徒に対しては，一律に同じ道徳性の育成を図るだけでなく，ねらいとする道徳性を個に応じて設定することも考慮する。それは学習集団を構成する児童生徒が同じ生活年齢とは限らないこと，障害の状態や学習状況や経験などが異なる場合があることなどの理由による。特に指導目標に関連する内容項目を扱う授業であればこのことを意図する必要がある。

4 授業時数の適切な設定と 1 単位時間の弾力化を図る

　特別支援学校の小学部・中学部の各学年における年間の総授業時数は，通常の学校に準ずるとされ，各教科などの年間の授業時数は「適切に定める」とされている。通常の学校の教育課程にない自立活動を授業時間に取り入れることがあるがゆえに，学校教育法施行規則別表で示される各教科などの年間授業時数が当てはまらないためである。また，知的障害のある児童生徒に対しては「各教科等を合わせた指導」という指導形態で扱うことができるためでもある。

　授業時数については「単に形式的に行うのではなく，個に応じた指導などの指導方法・指導体制や教材等の工夫改善を行う等授業等の質的な改善を図ることにより各教科等の指導に必要な時間を実質的に確保する必要がある」（特別支援学校学習指導要領 解説 総則編）と指摘されている。道徳科でも児童生徒の実態を踏まえて適切に授業時数を設定していくことになる。

　1 単位時間に関しては，年間授業時数を確保しつつ，児童生徒の障害の状態や特性，心身の発達段階及び各教科などや学習活動の特質を考慮し適切に定めるとされている。学習集団が小さいことも要因となる。ただし，「道徳科や特別活動の授業を毎日 10 分から 15 分程度の短い時間を活用して行うことは，通

常考えられない」(同上)との指摘があることに留意する必要がある。道徳科の特質を踏まえた授業を行う場合，小集団であっても上記のような短い時間では目的を達成できないという趣旨である。小学校45分，中学校50分を標準とし，児童生徒の実態に応じて弾力的に扱うことが求められる。

5 適切な教材を選択する

道徳科は，主に文部科学省検定済教科書を用いる必要がある。しかし，児童生徒の障害などの実態によっては当該学年の教科書が適さない場合がある。その時は下学年あるいは中学校・中学部では小学校・小学部の教科書を使用する。必要に応じて一般図書の使用も法的に認められている。

6 教育課程に基づいて指導要録を作成する

特別支援学校は定められた様式に基づいて指導要録を作成する。特別支援学級では，指導に関する記録は，教育課程に基づき通常の学校の指導要録の他，必要がある場合は特別支援学校の様式に準じて作成することができる。

「特別の教科　道徳」欄は道徳科での学習状況や道徳性に係る成長の様子を記述する。ただし「各教科等を合わせた指導」で道徳科の内容を扱っている場合は，取り扱う指導形態での学習状況などを道徳教育の視点で記述することになる。いずれも個別に設定される指導目標に照らして評価することが望まれる。

なお，個別の指導計画に指導要録の指導に関する記録と共通する記載事項がある場合は，個別の指導計画の写しを指導要録に添付することをもって指導要録への記入に替えることができる。その意味でも，先に示したように個別の指導計画の充実を図ることが重要となる。

・参考文献・
インクルーシブ授業研究会（2015）『インクルーシブ授業をつくる』ミネルヴァ書房
埼玉県教育委員会（2019）『埼玉県特別支援教育教育課程編成要領(1)(2)』
東京都教育委員会（2011）『特別支援学級教育課程編成の手引き』

知的障害のある児童生徒に対する道徳教育

—————— 吉本　恒幸

第1節　知的障害のある児童生徒の特性と指導の基本

　知的障害とは，一般的に，認知や言語などに関わる知的能力や他者との意思の疎通，日常生活や社会生活，安全，仕事，余暇利用などについて適応能力が同年齢の児童生徒に求められるほどまでには至っておらず，特別な配慮が必要な状態とされている。

　学習上の特性としては，学習によって得た知識や技能などが断片的になりやすく，実際の生活の場面のなかで生かすことが難しいことがあげられる。そのため，実際の生活場面に即しながら，繰り返して学習することにより，必要な知識や技能などを身に付けられるようにする継続的，段階的な指導が重要となる。

　また，成功体験が少ないことなどにより，主体的に活動に取り組む意欲が十分に育っていないことが多い。したがって，学習の過程で，児童生徒が努力し頑張っているところやできたところを細かく認めたり，賞賛したりすることで自信や意欲を育むことが求められる。

　さらに，実際的な生活経験が不足しがちであることから，抽象的な内容の指導よりも，実際的な生活のなかで，具体的に思考や判断，表現ができるようにする指導が効果的である。

第2節　知的障害のある児童生徒に対する教育課程

1　教育課程

　知的障害がある児童生徒を教育する特別支援学校（以下「特別支援学校」）の

教育課程は次により編成される。

　小学部…生活，国語，算数，音楽，図画工作及び体育の各教科，道徳科，特
　　別活動，自立活動。外国語活動は必要に応じて設ける。

　中学部…国語，社会，数学，理科，音楽，美術，保健体育及び職業・家庭の
　　各教科，道徳科，総合的な学習の時間，特別活動，自立活動。外国語科は
　　必要に応じて設ける。

　知的障害のある児童生徒を教育する特別支援学級（以下「特別支援学級」）の
教育課程は，原則的には小学校や中学校に併設されていることから通常の教育
課程を適用することになる。しかしながら，特別支援学級は通常の学級で学ぶ
ことが困難な児童生徒のために設置されていることから，通常の教育課程をそ
のまま適用することは適切さを欠くといえる。

２ 教育課程の特例措置など

　特別支援学校においては，「児童又は生徒の障害の状況により特に必要があ
る場合には，次に示すところによるものとする。(1)各教科及び外国語活動の
目標及び内容に関する事項の一部を取り扱わないことができること。(2)道徳
科の各学年の内容の一部又は全部を，当該各学年より前の学年の内容の一部又
は全部によって替えることができること。(3)中学部の各教科及び道徳科の目
標及び内容に関する事項の一部又は全部を，当該各教科に相当する小学部の各
教科及び道徳科の目標及び内容に関する事項の一部又は全部によって替えるこ
とができること」（特別支援学校学習指導要領）と明記されている。

　学校教育法施行規則では「小学校，中学校若しくは義務教育学校又は中等教
育学校の前期における特別支援学級に係る教育課程については，特に必要があ
る場合は（略）特別の教育課程によることができる」と示している。

　また，小学校学習指導要領では「障害の程度や学級の実態等を考慮の上，各
教科の目標や内容を下学年の教科の目標や内容に替えたり，各教科を，知的障
害者である児童に対する教育を行う特別支援学校の各教科に替えたりする等し
て，実際に応じた教育課程を編成すること」（中学校も同じ）との記述がある。

特別支援学級では，児童生徒の実態に応じて特別の教育課程を編成すると共に，特別支援学校の教育課程を参考にすることも可能となっている。

第3節　指導の形態

知的障害のある児童生徒に対する指導には2つの形態がある。ひとつは，各教科，道徳科，外国語活動，特別活動，自立活動などについてそれぞれ授業時間を設けて行う形態であり，一般的に「教科等別の指導」といわれる。

他は，各教科，道徳科，特別活動，自立活動及び小学部においては外国語活動の一部または全部を合わせて指導を行うものである。一般的に「各教科等を合わせた指導」といわれる。これは特別支援学校において知的障害のある児童生徒に向けて開発されてきた独自の指導形態である（以下 **1 2 3**）。

特別支援学校や特別支援学級では，児童生徒の知的障害の状態などに即した効果的な指導を進めるためいずれかの指導形態を選択することが求められる。

1 日常生活の指導

児童生徒の日常生活が充実し，高まるように日常生活の諸活動について，知的障害の状態，生活年齢，学習状況や経験を踏まえながら計画的に指導する。

2 遊びの指導

主に小学部段階において，遊びを学習活動の中心に据えて取り組み，身体活動を活発にし，仲間との関わりを促し，意欲的な活動を育み，心身の発達を促していく。

3 生活単元学習

児童生徒が生活上の目標を達成したり，課題を解決したりするために，一連の活動を組織的・体系的に経験することによって，自立や社会参加のために必要な事柄を実際的・総合的に学習する。特別支援学校や特別支援学級で積極的に取り入れられている形態である（※中学部では作業学習がある）。

228

（232頁より続く「道徳科学習指導案例」）

課程	主な学習活動	A 児	B 児
		主な発問と予想される児童の反応（○基本発[問]	
		本時の個別のね[らい]	
		お母さんに厳しく言われたにもかかわらず、やりたいことを優先してしまったゆうすけの姿に気付くことで、素直に忠告を聞くことや節度ある生活をしようとする心情を育てる。	やるべきことを後回しにし、お母さんに[起こ]されたり、起こされたりしているゆうすけの姿に気付くことで、自分で考えてやるべきことをやろうとする心情を育てる。
導入	1　自分が夢中になっているものについて話し合う。	○自分が夢中になっているものは、何ですか。やっているときは、どんな気持ちです[か] ・ゲーム。やっているとすごく楽しくて夢中になる。 ・ネット動画。見ていると面白くてやめられない。	
展開前段	2　教材「ゆうすけの朝」を聞いて話し合う。 (1)　ゆうすけの言動が自分と同じだと思ったところに、あるあるマークを付ける。	○「いいかげんにしなさい。」と言われたとき、ゲームを続けたとき、ゆうすけは、 ・うるさいなあ。いいところなのに。 ・もっとやりたい。 ・しょうがない。やめよう。 ・どうしてもけんたさんには負けたくない。 ・見つからなければ、大丈夫だ。	
	(2)　ゆうすけのお面をかぶり役割演技を行い、母親にしかられた場面のゆうすけの気持ちを考える。	登場人物の吹き出しに注目して話を聞くように伝え、内容を捉えやすくすると共に、登場人物の気持ちを考えるよう助言する。	ゆうすけと自分の似ているところを見付けマークを貼る活動を通し、ゆうすけに寄って気持ちを考えるようにする。
	(3)　友達と会話する役割演技を通して、朝の会のときのゆうすけの気持ちを考える。	◎朝の会のとき、耳に何も入ってこなかったゆうすけは、どんなことを考えていたでし[ょう] ・失敗したな。どうしよう。 ・用意してあったのに、どうして忘れちゃったんだろう。 ・お母さんが、届けてくれないかなあ。 ・ゲームをやめて、早くねればよかったな。 ・お母さんの言うことを聞けばよかった。	
		場面絵のゆうすけの表情から、気持ちを想像するとともに、あるあるマークを貼ったことを想起し、自分が忘れ物をしたときの気持ちも考えるようにする。	友達役の先生と会話する中で、お母さん[に]意してもらっていたペットボトルを忘れ[てし]まった原因がゲームをやめなかったことに気付くようにする。
		〈価値理解を明確にするための発問〉	
		◇お母さんから注意されたのにゲームを続けたり、お母さんに勉強で使うものを用意[...] ・ゲームをおそくまでやらないほうがいいよ。 ・ゲームをやめないと、大変なことになるよ。 ・お母さんの言うことを聞いたほうがいいよ。 ・学校のしたくをしてから、ゲームをしたほうがいいよ。	
	(3)　こっそりゲームをしているゆうすけの絵に向かって、ミニメガホンを用いてアドバイスする。	「『いいかげんにしなさい。』と厳しく言われたのに、こっそりゲームを続けたゆうすけをどう思う。」と声をかけ、素直に人の忠告を聞くことの大切さに気付くようにする。	「『いいかげんにしなさい。』と言ったお[母さ]んはどんな気持ちだったかな。」と声か[け]し、わがままをすると他の人に嫌な思い[を]させることに気付くことで、自分で考えて[行動]する大切さに気付くようにする。
		個別の評価の視[点]	
		A 児	B 児
		ゆうすけへの言葉かけを考えることで、人の忠告を聞くこと、欲求に負けずに自分のやるべきことをする大切さを考えている。	ゆうすけの改善点を考えることで、人の[話]を素直に聞くことや時間を守って規則正[しい]生活することの大切さを考えている。
展開後段	3　自分のことを振り返る。 (1)　振り返りシートのチェックリストに自己評価することで、自分の生活を振り返る。	○自分は、ゆうすけに教えてあげたことができているかな。ふり返ってみましょう。	
		振り返りシートのチェックリストに自己評価することで、自分ができていないところに気付くことができるようにする。	振り返りシートのチェックリストに自己[評価]することで、自分ができていないところに気付くことができるようにする。
		個別の評価の視[点]	
		A 児	B 児
		家族の忠告を聞かずに、宿題や学校の支度を後回しにしている自分に気付き直したいと考えている。	お母さんに声かけをしてもらって行動[するこ]とが多い自分に気付いて、どうしたらいいか考えている。
終末	4　日常生活を疑似体験するすごろくで節度ある生活について考えながら、交流遊びをする。	○「はなまるすごろく」をしましょう。 ・宿題をしたら、5マス進めたよ。 ・忘れ物したら、もどっちゃったな。	

◎中心発問　◇価値理解を明確にする発問）及び具体的支援		準備・資料
C 児	D 児	
…さんに厳しく言われたにもかかわらず、…たいことを優先してしまったゆうすけの…気付くことで、自分のやるべきことをき…とやろうとする判断力を育てる。	やりたいことを優先し、やるべきことを後回しにし、お母さんに何度も注意されるゆうすけの姿に気付くことで、自分のやるべきことをきちんとやろうとする心情を育てる。	
…な気持ちだったでしょう。		・場面絵 ・登場人物の言葉の吹き出し ・ゆうすけのお面 ・あるあるマーク ・ワークシート
…に指名して発表させ、「最初に発表する…勇気がいるね。」と称賛することで、発…学習に対する意欲を高める。	お面を付けて楽しい雰囲気で順番に役割演技をすることで、発表に対する抵抗を軽減する。発表できたことを称賛する。	
		・ゆうすけのお面 ・友達のお面 ・ワークシート
…敗した。どうしよう。」という気持ちしか…い場合には、「どうして忘れちゃった…」と切り返し、ゲームでの夜更かしが原…あることに気付くようにする。	発表できない場合でも、気持ちを書くことができるように、吹き出しのワークシートをわたす。できるようであればそのまま発表を促す。	
…らっていたりするゆうすけに、どうしたらよいかを教えてあげましょう。		・吹き出しのワークシート ・ミニメガホン
…戻し、「いいかげんにしなさい。」とお…んに言われた時のゆうすけに教えてあげ…いう場面設定であることを確かめて、伝…い言葉を考えるように促す。	発表できない場合でも、気持ちを書くことができるように、吹き出しのワークシートをわたす。声が出せない様子の時は、教師が一緒に読むようにする。	
		・振り返りシート
C 児	D 児	
…すけの失敗は、自分の欲求に負けゲームを…までしていたことが原因であることに気付…心を抑制することの大切さを考えている。	ゆうすけの失敗は、先のことを考えず、ゲームを遅くまでしていたことが原因であることに気付き、やるべきことを行う大切さを考えている。	
…いろなことができていない自分に気付き、…込むことの無いように、「これから成長でき…分を思うとうれしいね。」と声かけをする。	振り返りシートのチェックリストに自己評価するとともに、自由に記入できる欄を設け、気付いたことや気持ちを書けるようにする。	
C 児	D 児	
…や学校の支度、早く就寝するなど、自分…るべきことだと判断している。	宿題や就寝などお母さんに声かけをしてもらって行動することが多い自分に気付いている。	
…もたちの話合いから出されたよくみられる問題場面を言葉にし、それぞれの通過点に…、そこに到達した子どもには自分のことを振り返るよう促す。		・すごろくシート ・児童のコマ ・さいころ

以上の指導形態を道徳科に当てはめると次のように整理される。

① 通常の学校で見られるように道徳科の時間を設定して行う場合

② 「各教科等を合わせた指導」のなかで道徳科の内容を取り扱う場合

②は教育活動全体を通して行う道徳教育という位置づけとなる。道徳科の授業が困難な児童生徒に対してはこちらの方が効果的である。

第4節 道徳教育及び道徳科の捉え方

教育課程の編成及び特例措置などにより，特別支援学校及び特別支援学級において進める道徳教育と道徳科は原則的に次のように整理される。

1 学校における道徳教育は，道徳科を要として学校の教育活動の全体を通して行うものである。特別支援学校及び特別支援学級においても日々の教育活動のなかで道徳教育を推進する。

2 児童生徒の実態に基づき，道徳教育の内容から特に必要とされるものを選択し，指導の重点化を目指す。選択する内容は，児童生徒の個別の指導計画に位置づけられた指導目標との整合性を図る。

3 指導内容の重点化をさらに具体化するために，「教科等別の指導」「各教科等を合わせた指導」から効果的とされる指導形態を決定する。

◆「教科等別の指導」の形態により道徳科の時間を設定して行う場合

① 年間授業時数は，児童生徒の実態に即して適切に定める。

② 下学年の内容や教材を扱う。中学校では小学校，中学部では小学部の内容や教材を扱うことも考慮する。

③ 授業のねらいは，児童生徒の実態と指導目標に即して個別の道徳性の育成を意図する。

④ 必要に応じて集団をグループ化し，各々に適した内容と教材を扱い，個々の道徳性を高める。複数の学級をまとめて授業を行うことは避ける。

⑤ 指導に当たっては，一人ひとりに応じた具体的な支援を図る。

◆「各教科等を合わせた指導」の形態により道徳教育として指導する場合

① 指導計画には指導の重点化により選択された道徳教育の内容を明示す

る。たとえば，生活単元学習を 25 時間行う場合，それぞれの学習活動が重点化を目指す内容のどれに関係しているかを指導計画に位置づける。

② 　指導に当たっては，学習活動ごとに一人ひとりの指導目標に照らして認めたり賞賛したりすると共に，児童生徒が自己評価することも取り入れて道徳性を育むことに努める。

◆「教科等別の指導」「各教科等を合わせた指導」を並行して行う場合

　　単一または複数の学級において，道徳科の授業が行える児童生徒やそれが困難な児童生徒が混在していることもある。その場合は学級の枠を取り払いグループ化し，前者では「教科等別の指導」としての道徳科を，後者では「各教科等を合わせた指導」による指導を展開し道徳性を育成する。

第5節　特別支援学級の指導の実際（指導案例）

◆本事例（茨城県結城市立結城小学校：特別支援学級）で優れている点

- 児童の実態に応じた個別の指導を意図し，ねらいも個別化されている。
- 道徳科の特質を踏まえた学習指導過程であり，個への支援が具体的である。
- 教材の内容を自分のこととして捉えるために，主人公の言動が自分と同じと思う箇所に「あるあるマーク」を付ける活動を行っている。
- 価値理解に当たっては「主人公に教えてあげよう」という問いによって一人一人が的確に行い，その内容を「自己を見つめる」視点にしている。
- 「はなまるすごろく」を取り入れ，体験的に学ぶ機会を位置付けている。

知的障害特別支援学級　道徳科学習指導案

1　**主題名**　節度ある生活態度　内容項目A—(3)「節度，節制」
2　**主題設定の理由**
(1)　ねらいとする価値について
　　第3学年及び第4学年の内容項目A—(3)の内容は，「自分でできることは自分でやり，安全に気を付け，よく考えて行動し，節度のある生活をすること。」とある。この内容項目には，基本的な生活習慣に関わることと，進んで自分の生活を見直し，思慮深く考えて自らを節制し，ほどよい生活をしていくことの2つの要素がある。児童は，規則正しい生活をし，安全に気を付けなくてはならないことは知ってはいるが，自分のやりたいことを優先して実践できないことがある。他の人に言われなくても，自分で考えて健康で安全な生活をする心情を育てたいと考え，本主題を設定した。
(2)　児童について（4年生　男子1人　女子1人　6年生　男子2人）

	主題に関わる児童の実態
A児(4年)	・宿題をする前に遊んでしまい，夜遅くなってからやったり，忘れてしまったりする。兄が宿題をやるように言っても，やることができないことがある。 ・前日に学校の支度をする習慣が付いておらず，筆記用具など，学習用具の忘れ物が目立つ。
B児(4年)	・交流遊びで使ったものを片付けるのを忘れてしまうことがある。 ・学校の支度は，ほとんど母親にやってもらっている。 ・学習用具の忘れも多い。
C児(6年)	・ゲームをしたりネット動画を見たりする時間が長い。生活リズムが不規則で朝起きられず，登校をしぶる傾向がある。 ・依頼心が強く学校の支度は母親任せで，忘れ物が多い。 ・宿題には取り組むことができず，登校をしぶる一因になるため，課題は出していない。
D児(6年)	・学習用具の準備が不十分で，筆記用具などがそろわないことが多い。 ・寝る前にゲームをすることが多く，就寝が遅くなることがある。 ・依頼心が強く，困ったことがあると，できないことをアピールして助けてもらおうとする。

　　　話合いでは，C児は積極的に考えを発表することができ，A児，B児も指名されれば話すことができる。D児は，ほとんど自分の考えを話すことができない。本時は，順番に役割演技をすることで，D児の抵抗を減らし，考えたことを発表できる場の設定をしたい。
(3)　教材について（「ゆうすけの朝」出典：東京書籍）
　　　ゆうすけは，ゲームに夢中になり，母親の忠告も聞かず夜中までゲームをしてしまう。翌日寝坊をしたゆうすけは，慌てて家を飛び出し，途中交通事故に遭いそうになる。遅刻せずに間に合ったものの，図工で使うペットボトルを忘れてしまったことに気付き，がく然とするという内容である。主人公に自分との共通点を見い出し共感しながらも，どうしたらよかったのかを考える活動を通し，節度ある生活の大切さに気付かせる。また，節度ある生活を送ることは，他の人との快適な生活を送る上で大切であることを押さえ，自分自身で考えて行動しようとする心情を育てていきたい。

3　指導過程，各教科との関連

事　　前	道　徳　科	事　　後
日常生活の指導 「リーダーの仕事をしよう」	「ゆうすけの朝」 （本時）	日常生活の指導 「自分で考えてじゅんびしよう」

4　指導法の工夫
(1)　道徳的価値の理解につなげるポイント
　　　こっそりゲームを続けているゆうすけに，どうしたらよいかを教えてあげる活動を通して，失敗をしないためには節度ある生活をすることが大切であることを理解し，自分自身で考えて度を過ごすことなく生活しようとする判断力と心情を個々の児童に応じて育むことにつなげたい。
(2)　自己を見つめる視点
　　　時間を守ることや人の忠告を素直に聞くことなど，ゆうすけに教えてあげたことが自分はできているかを考える活動を設定することで，真摯に自分と向き合い振り返ることができるようにする。
5　本時の学習
(1)　ねらい
　　　やりたいことを優先し，やるべきことを後回しにするゆうすけの姿に気付くことで，人に言われるのではなく，自分自身で考えて度を過ごすことなく，節度のある生活をしようとする判断力や心情を育てる。
(2)　児童一人一人に配慮した指導法の工夫
　　　「あるあるマーク」を活用することで，登場人物を身近に感じることができるようにする。
(3)　準備・資料
　　　場面絵，登場人物の言葉の吹き出し，あるあるマーク，ゆうすけと友達のお面，ワークシート，ミニメガホン，振り返りシート，すごろくシート，児童のコマ，さいころ

視覚障害，聴覚障害，肢体不自由，病弱の児童生徒に対する道徳教育

———加藤　英樹

第1節　知的障害以外の特別支援学校での道徳教育と道徳科

　特別支援学校でも，知的障害以外の障害種の学校では，「特別の教科　道徳」（以下　道徳科）は，小中学部で通常の学校とほぼ同様に行うことが求められている（高等部では，教科としての道徳科は知的障害のみに設定されている）。そして，特別支援学校の特徴として，次のように付記されている。

> ○　障害による学習上又は生活上の困難を改善・克服して，強く生きようとする意欲を高め，明るい生活態度を養うとともに，健全な人生観の育成を図る必要がある。（学習指導要領　第3章2）

　ここに記されていることは，特別支援教育が目指す児童生徒像を端的に表しているものであり，道徳教育として教育課程全般で意識して推進すると同時に，その要の時間となる道徳科においても常に意識したいところである。

　大本である目指す児童生徒像とは別に，特別支援教育では，それぞれが抱え，克服しなければならない学習上，生活上の困難さは当然一人ひとりのものとしてある。そのために，道徳科においても，個に応じた配慮がなされなければならないのは障害種によらず当然のことである。

　知的障害以外の障害種の場合，国語や算数・数学などの教科であれば，配慮されることは学習方法についてのことが多くを占めることが考えられる。しかし，道徳科の場合，学習方法については当然であるが，学習内容についても配慮されなければならないであろう。

第2節　障害種に応じた授業実践上（学習方法上）の配慮

1 視覚障害

　視覚障害の場合は，教材理解に配慮が必要となる。教科書の教材は読み物の教材が多く，その一語一句が児童生徒が考えを進める上で重要になることも少なくない。しかし，その一方で，一語一句までを理解させようとなると困難が生じる。そのため，教材理解の場面では教材のもつ「道徳的問題」を明らかにすることが重要である。問題にかかる登場人物の迷い，行動は，学級のすべての児童生徒が共有して学習に臨みたい。

　また，そのときどきの様子を言語化することで，指導要領の改訂のポイントでもある「空間や時間の概念形成の充実」にも寄与するようにしていきたい。

　たとえば，小学校中学年『雨のバス停りゅう所で』で，「規則の尊重」という内容で授業をするとすれば，

Ｔ：雨が降っているバス停です。人は，バスの乗り口ではなく，雨を避けて歩道の脇の店の軒下でバスを待っています。歩道は4ｍほど幅があります。
　　何人くらいの列でしょう？どれくらいバスを待っていると思いますか？

といったように，場をイメージできるような教材の提示をしていくことで，教材への関心を高めると同時に，道徳的問題の場を共有できるようにする。全盲でない児童に教科書の挿絵の説明をさせることも有効である。

　発達段階や指導状況にもよるが，全文通読ではなく，場面場面で状況理解や発問を投げかけた方が，効果的であると思われる。これは，情報量が非常に多くなるなかで，個別に教材を振り返ること（教科書を見直して）が困難な児童の実態を考えてのことである。

　この教材での道徳的問題場面は，主人公の「割り込み」とそれを意識していない点であり，それを「無言の母」の行動が主人公に考える機会を与えていると捉えると，これらのことを児童が共有するために，

Ｔ：バスがやってきたので，主人公は急いで乗り口のところに行きました。急

いで行ったので，誰よりも先にバスに乗り込めそうでした。

というような状況を伝え，そのときの心情を児童に話し合わせる。その行動（判断）を「よし」と考える児童と「否」と考える児童もあるが，主人公の「座れるかも」「早く乗りたい」といった思いを想像させたい。その後，

T：お母さんがグッと肩を引き留めて，一番には乗れませんでした。

と伝え，そのときの状況（乗るために時間がかかる）や主人公の心情（止められたことへの不思議さや怒りなど）を発言させ，共有させる。続いて，

T：いつもはいろいろと話をするお母さんが，その後は黙っていて，怒っているようでした。どうしてでしょう？

などの発問をすることで，道徳的な問題について個人で，また，学級で考える場となり道徳科の授業は進めやすくなると考える。

2 聴覚障害

　聴覚障害の場合は，教材と共に，発問の理解，話合いなどにも配慮が必要となる。まず，教材や発問の理解については，視覚障害と同様に「道徳的問題」を明らかにし，共有することが大切である。そのために，教材のキーワードとなる言葉や表現を聴覚に頼らない方法で確認したり，発問の場面では意図が伝わるように，絵やカードを提示して全体で共有することが重要である。

　話合いの配慮としては，指導要領の改訂のポイントでもある「音声，文字，手話，指文字等を活用した意思の相互伝達の充実」が要点となってくる。

　たとえば，中学校『仏の銀蔵』で，「遵法精神，公徳心」という内容で授業をするとすれば，教材理解については，図表27-1のようにサ

図表27-1　サブ黒板に教材内容を表す例

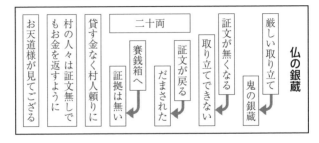

ブ黒板などを利用してキーワードを列挙し，一人ひとりがあらすじを理解できるようにすることが考えられる。あらすじを確認することで，一人ひとりの生徒の「読み」を補助するだけでなく，一人ひとりの読みによって分散する関心事を統一し，道徳的問題を明らかにすることや，これからの話合いの観点を明確にすることができる。

話合いの配慮については，各学校において重要視する方法（手話，口話，文字表現など），普段用いている方法で行うことが望まれる。道徳科の学習でのみ，特別なことをする必要はないからである。むしろ重要なことは，通常学級と同様に一人ひとりが自分の考えをもち，他者と考えを交流させることである。

『仏の銀蔵』であれば，中学生に「規則」を考えさせるにあたり，

T：銀蔵は証文通りに取り立てをして，規則を守っています。なのに，改心しているように描かれています。なぜ規則を守っている銀蔵が改心するのかをみんなで考えましょう？

などと学習の方向性を示し，話合いを通して，きまりは人を縛るためのものではないことを理解させ，きまりが円滑に守られるような社会（集団）をつくっていこうとする意欲を高めるような展開をしたい。

改心のキーワードは「お天道様」であろう。そこで，「お天道様とは何か？」を話し合わせたい。その際には，シートや付箋に書いたり，発言（考えの表出）を保障するためのルールを明確にしたりするなど，一人ひとりの考えを交流させる配慮を欠かさないようにしたい。そして，「そうか」と言った銀蔵の発見についても話し合うことで，生徒の遵法精神，公徳心における価値の理解と人間としての生き方についての考えを深める学習としていきたい。

３ 肢体不自由

肢体不自由の場合は，教材理解などは通常の道徳科の授業とそれほど変わらぬ対応ができよう。しかし，話合いは「自他の考えの交流」ができるよう，座席などの配置の工夫が必要となる。また，通常の小学校低学年の道徳では，動作化を取り入れることで教材の理解を促進させる場面がよく見受けられるが，

教師が教材提示や発問時に動作をつけることで，授業を活性化させたい。

　さらに，学習指導要領改訂のポイントとなる「的確な言語概念等の形成」のために，登場人物の「心の中の声」を考えて話合いに生かしていく展開や，役割演技ではなく，役割対話の形式を取り入れた展開も有用であろう。

4　病　弱

　病弱の場合，集団で道徳科の学習を進めることが難しい場合もある。その場合，教師と児童生徒とで学習を進めるなかで，児童生徒の考えを教師が聞き出し，それとは異なった視点や発想で「こうも考えられるね」といった投げかけをすることが考えられる。仮に受業者が1人であっても，多様な考え方に触れ，多面的・多角的に考えること，生き方について考えを深めること，という道徳の本質を外さないようにしたい。

　また，授業の要所要所で「そんな（似たような）経験があるの？」「どんなときに思うの？」などの言葉を掛けることにより，個別対応の道徳授業のよさを生かしていきたい。このことは学習指導要領改訂のポイントにある「間接体験，疑似体験等を取り入れた指導方法の工夫」にもつながることだと考える。

第3節　特別支援学校（知的以外）での学習内容の配慮

1　教科書（教材）の問題

　道徳科に限らず，特別支援学校（知的障害を除く）では，教科書は通常の小中学校と同様のものを使用する（視覚障害の点字教科書，聴覚障害用の国語・音楽以外）。道徳では，今のところ配慮された教科書は文部科学省から出されておらず，基本的には検定教科書を使う。

　検定教科書のなかには，通常の学校における児童生徒には道徳的な学びになっても，特別支援学校の児童生徒にとってはコンプレックスになったり，自分の障害と負の意味で向き合わなければならないことになりかねない内容のものがある。そのため，授業に臨む際には，一人ひとりの障害種，個性に合わせ

て，取り扱う教材の内容（記述されている中身や道徳的問題とされている事例の中身）は通常学級での授業以上に吟味する必要がある。つまり，自分の学級の児童生徒に考えさせるには不適切な教材がありえるということである。

教材の内容は吟味しつつ，学習指導要領にある「児童生徒が問題意識をもって多面的・多角的に考えたり，感動を覚えたりするような充実した教材の開発や活用」を特別支援学校の場合，特に積極的に行う必要があろう。つまり教材の差し替えを行う必要が，通常学級以上にあるということである。

教材を開発・活用（差し替えを含んで）するためにICTの活用は重要な視点である。ICTの活用はすべての教育分野で推し進められているが，特別支援学校の道徳でこそ，より一層の活用推進を望みたい。音声の活用，拡大表示の活用，絵や吹き出しなどでの視覚効果の活用，タッチパネルでの意思表示などICTの活用用途はとても幅広い。しかしながら，通常の学級での指導でも時折見られるが，「道徳科の道徳科たらんこと」つまり，道徳科の目標を外れてしまうことがないように注意したい。

2 内容項目（配列）の問題

道徳の内容項目は小学校低学年19，中学年20，高学年と中学校では22と規定されている。どの内容についても知的障害以外の障害種の特別支援学校では学習しなければならない。しかし，年間の授業数（35ないし34時間）からその数を差し引いたものは，道徳教育の全体計画を基に，年間指導計画において必要な内容を複数回取り扱うこととなる。それを考えるときには，「個別の教育支援計画」や「個別の指導計画」を参考にされたい。

学級単位で授業を行う場合にはすべて「個別対応」というわけにはいかないが，A児，B児……のそれぞれにおける支援計画・指導計画上のニーズに合わせて必要な内容を加えたい。その際には，全体への指導としながらも，よりA児に考えさせる，B児に考えさせる指導を考えてもよいと考える。

そのためにも，「個別の教育支援計画」や「個別の指導計画」には「道徳」にかかる記載も必要になってくるであろう。

第4節　重複障害・訪問教育への対応

　特別支援学校で，教育課程作成上難しくなるのは重複した障害をもつ児童生徒への対応である。そして，特別支援学校では決して少なくない数の児童生徒が重複障害学級に在籍している。(高宮，2017)

　重複障害学級は，さまざまな形で障害が重複して学習上・生活上の困難さをもつ児童生徒が在籍している。ここでの道徳科の学習はどうあるべきか。知的障害でない障害を重複している場合，通常の小中学校に準じて道徳は行われるため，学習を進める上での配慮は，とても難しいものになろうが，障害の程度や特質に応じて内容，方法共に工夫されなければならない。しかし，知的障害との重複障害である場合は，学習指導要領にあるとおり「(前略) 適切に指導の重点を定め，指導内容を具体化し (中略) 工夫を行うこと」に沿った指導が望まれる。

　特別支援学校での教育としては，訪問教育も重要である。少し古いデータになるが，全国で 2011 (平成 23) 年 5 月 1 日現在，小学部 1,428 人，中学部 826 人，高等部 931 人の児童生徒が，この訪問教育を受けている。(内閣府，2012)

　訪問教育で，道徳はどのように展開できるであろう。訪問教育は，家庭または児童生徒が入院する病院に教師が訪問して行うため，通常の道徳学習のように他者との考えの交流はしにくいため，教師と児童生徒，また，保護者や看護者も交えながら，教材を用いたり，道徳的問題を取り上げたりして取り組みたい。限られた時間 (1 回の訪問は 120 分程度，週に数日) のなかで，どのようにカリキュラム編成をするかは考えなければならないが，1 単位時間として 45 分，ないしは 50 分の確保が難しくても，児童生徒の生き方に関わる道徳科の学びについては，担当教員が是非とも意識して取り組まれることを望みたい。

第5節　道徳教育全体計画・年間指導計画や評価計画

　特別支援学校でも，道徳教育全体計画は学校教育目標を基に必ず作成されている。また，年間指導計画に関しても毎年の作成時に，先に述べたように「個

別の教育支援計画」や「個別の指導計画」との関連性が密であるべきである。

「個別の教育支援計画」には，ある程度長期的スパンを見据え，成長させたい像が記載され，学校と保護者，支援機関などが共有していくべき情報が記載されている。そして「個別の指導計画」には短期的に，具体的な取組が個に応じて記載されている。そこに，道徳的にどのように成長してほしいか，どんな内容を重点化するかなどの記載があり，意識づけることができれば，学習指導要領の特別支援学校への加筆のように「明るい生活態度を養うとともに，健全な人生観の育成を図る」ことに資するものになると考える。

また，特別支援学校の教育課程上大きな特色である「自立活動」と道徳の年間指導計画を連携させ，両者にとり有意義な時間とすることも肝要であろう。

評価に関しては，道徳の各時間にできれば個々にしておきたい。その折に，道徳は「学びの様子」の評価であるため，「自立活動」の6つの領域，27の内容とリンクさせて考えると効果的であろう。たとえば，視覚障害の児童の評価で「健康の保持」領域の「身体各部の状態と養護に関すること」を意識して評価をするとすれば，「今日の道徳では，友達と握手したり，ハイタッチをする中で，相手の手を意識して取り組めました。たたくとお互いに痛いし，優しくすると気持ちよいことも感じ取りました」などと，「自立活動」と「道徳科」を関連づけた学びの様子を伝えることができよう。

• 参考文献 • ....

　高宮明子（2017）「特別支援学校における在籍者の障害の『重度・重複化，多様化』に関する考察」『大阪樟蔭女子大学研究紀要』7：190
　　※　高宮によれば，特別支援教育の基本的な構想は2005年の「特別支援教育を推進するための制度のあり方について（答申）」に述べられており，そこには，盲・ろう・養護学校の小中学部において重複障害学級の在籍率が43.3％であるという「重度・重複化」への対応の必要性と，「多様化」への対応の必要性が述べられている。
　中央教育審議会（2017）「初等中等教育分科会教育課程部会（第103回）配付資料1-1『特別支援学校学習指導要領等の改訂のポイント』」
　内閣府（2012）『障害者白書　平成24年版』第3章第1節2(1)

情緒障害がある児童に対する道徳教育
─礼儀の実践を通して─

─────竹井　秀文

第1節　特別支援教育における道徳教育の重要性

　特別支援教育における道徳教育は重要である。それは，さまざまな障害がある児童が目指す人間像が，愛される人だからである。人は，一人では生きられない。それは誰しも同じであるが，障害がある児童は，なおさらである。つまり，自分以外の人とよりよく関わって生きていくことが求められるのである。よって，障害がある児童がもっとも育みたい力は，人と関わって生きていく力といえる。このような人間力を高める道徳教育こそ，特別支援教育には重要であり，その要となる道徳科の授業を児童の実態に合わせて積み重ねていく必要がある。

第2節　情緒障害がある児童に対する道徳教育と
道徳科の授業の意義

　情緒障害は，感情や気分といった情緒が不安定なまま現れ，自分の意志ではコントロールできず普段の生活に支障を来す状態である。大きくは，自閉症（自閉症スペクトラム障害）や選択性かん黙などに分類され，対人関係の構築ができなかったり，日常生活における適応が難しかったりする。このような情緒障害がある児童に対する道徳教育において，重要な視点は，人と関わって生きていく「よさ」を学ぶことである。

　特に道徳科の授業では，自分の意志をコントロールできる力を育むことが重要であり，場に応じた適切な行動について考えさせたり，安心して生きていく（生活する）ために何が大切かを考えさせたりする必要がある。

たとえば，生活に必要なルールやマナーの大切さを知り，守っていくことで，良好な対人関係や安心で心地よい集団生活を構築できることを学ばせていくことなどが考えられる。

つまり，道徳科の授業と日々の道徳教育によって，よりよい人間関係を構築できる力を積み重ねることが，情緒障害がある児童に対する道徳教育と道徳科授業の意義なのである。

第3節　内容項目の重点化

道徳科において学ぶべき内容項目は，小学校第1学年及び第2学年は19項目，同第3学年及び第4学年は20項目，同第5学年及び第6学年は22項目ある。特別支援学級において，すべての内容項目を指導するには，発達段階的にも時間的にも難しい。そこで，内容項目を精選し，重点化して授業づくりを進めていくことを大切にしたい。

たとえば，「A　主として自分自身に関すること」であれば，善悪の判断，自律，自由と責任や節度，節制，「B　主として人との関わりに関すること」であれば，親切，思いやりや礼儀，「C　主として集団や社会との関わりに関すること」であれば，規則の尊重や勤労，公共の精神，「D　主として生命や自然，崇高なものとの関わりに関すること」であれば，生命の尊さと自然愛護である。それぞれの視点から2点ほど重点化する内容項目を児童の実態に合わせて選択したい。

さらに，重点化された内容項目を柱に，他の内容項目との関連を図りながら，すべての内容項目が学べるように，児童の実態に応じたカリキュラムをマネジメントしていく。

最後に，重点化された内容項目については，細分化・構造化していく。それにより，授業のねらいや個別の指導計画，児童の見取り，支援の在り方や手立ての工夫，さらには成長につながる評価を明確にすることができる。このようなスタンスを大切にしながら，情緒障害がある児童全員が学べる授業プログラムと授業モデルを考えていくのである。

第4節　道徳科授業プログラムについて

　ひとつの主題を1時間で考えていくことは従来の手法である。この手法では，情緒障害がある児童が深く考える姿に弱さを感じることがある。その要因は，主題（内容項目）についての考えが浅く，自分なりの理解ができていないことにある。特に，情緒障害がある児童においては，同じ主題（内容項目）を継続して学ぶことで，安心して考えさせる環境を整える必要がある。そのため，ひとつの主題を複数時間連続で行う授業プログラムを構想する必然性がある。

　たとえば，1主題を3時間で構成する授業プログラムの場合は，まず1時間目に，主題について自ら考えていこうとする時間を設定する。次に，2時間目では，主題について多様な考えを関わって学び，自分の考えを拡充する時間を設定する。そして，3時間目では，主題について自分の考えを定着させ，生き方へつなげる時間を設定する。このように，同じ主題（内容項目）をゆっくりと時間をかけて，じっくりと話し合いながら授業を進めて，情緒障害がある児童が安心して，自分なりの考えを構築し，よりよい生き方へつなげられるようにしたい。

第5節　具体的な取組

1　「礼儀」における授業プログラム

　礼儀は，豊かな人間関係を築くために大切なコミュニケーションのひとつである。特に挨拶は，礼儀のなかでも重要なコミュニケーション・スキルである。そこで，挨拶に特化した『めざせ，あいさつ名人』という授業プログラムを考えた。本授業プログラムでは，挨拶が自分と相手の心が結びつき，お互いに楽しい気持ち・うれしい気持ちになる心情を育てることにした。このねらいは，情緒障害がある児童において最重要課題であり，よりよく生きるために必要な力なのである。よって，相手を思い，礼儀正しく挨拶する大切さを学び，

心と姿が一体化した礼儀の在り方を考え，誰にでも真心のこもった挨拶ができる意欲をもたせることを最終目標とした。

2 授業プログラムの手続き

まず，重点化した内容項目「礼儀」は，『学習指導要領解説　特別の教科道徳編』において，〔第1学年及び第2学年〕「気持ちのよい挨拶，言葉遣い，動作などに心掛けて，明るく接すること。」〔第3学年及び第4学年〕「礼儀の大切さを知り，誰に対しても真心をもって接すること。」〔第5学年及び第6学年〕「時と場をわきまえて，礼儀正しく真心をもって接すること。」と示されている（文部科学省，2017：44）。

これを「挨拶」に特化して考え，〔第1学年及び第2学年〕「気持ちのよい挨拶をして，誰とでも明るく接すること。」〔第3学年及び第4学年〕「挨拶の大切さを知り，誰に対しても自分から進んで挨拶をすること。」〔第5学年及び第6学年〕「時と場をわきまえた挨拶に心掛けて，誰に対しても真心をこめた挨拶をすること。」とした。

次に，上記の特化した「挨拶」について，①「他者に気づく」，②「目・顔を見る」，③「なにか言おうとする」，④「挨拶を返せる」，⑤「誰にでも挨拶ができる」，⑥「相手よりも先に挨拶ができる」，⑦「心をこめて挨拶ができる」，⑧「時と場に応じて，心をこめた挨拶ができる」の8つの段階に細分化・構造化した。

以上のような手続きにより，一人ひとりの礼儀（挨拶）における実態が明らかになり，本授業プログラムにおける「個別の指導計画」の作成が可能となる。

3 授業プログラム指導計画

個別の指導計画が作成できれば，どのような授業を，どのように計画すればよいかを考えることができる。『めざせ，あいさつ名人』の指導計画は以下のように設定した。

第1次実践（第1時）「挨拶をみつけよう」では，自分たちの生活のなかにあ

る挨拶をみつけて，その多さに気づかせる。そして，いつ，どこで，どんな挨拶をすることがよいかを考えさせ，挨拶のよさを実感させる。

　第2次実践（第2時）「よい挨拶，よくない挨拶」では，授業参観で実践し，保護者の方に協力してもらい，よい挨拶とよくない挨拶を比較して考え，挨拶をする時に大切な心と姿について考えさせる。

　第3次実践（第3・4時）「挨拶をする気持ちを考えよう」では，挨拶シミュレーションや児童同士で挨拶をやってみる体験的な学習を通して，心がどのように豊かになるのかを考え，挨拶の大切さについて総合的に考えさせる。

　そして，重点化された内容項目「礼儀」を柱に，他の内容項目との関連を以下のように図った。

　親切，思いやり（第1次実践），感謝（第2次実践），家族愛，家庭生活の充実（第2次実践），相互理解，寛容（第3次実践），友情，信頼（第3次実践），よりよい学校生活，集団生活の充実（第3次実践）

　「礼儀」というひとつの内容項目を学びつつ，他の6つの内容項目も同時に学びを深めていくことにした。

4　指導の実際

　第3次実践「挨拶をする気持ちを考えよう」における指導の実際と第3時の学習指導案を紹介する。

　導入では，挨拶をすることの楽しさを伝えることができる絵本を使用した。特に，挨拶に関する絵本は，多く出版されており，毎時，読み聞かせをした。そのような導入を継続することで「挨拶って，いいな。」「もっと，挨拶をしてみたいな。」など，挨拶について焦点を当てることができた。このような焦点化は，「挨拶って，どうして気持ちよいのだろう。」という問題意識を自然にもたせ，学ぶ意欲を高めることにつながった。

　展開の前段では，教師がパペットを使って，日常生活におけるさまざまな挨拶を体験させる。パペットを使用することにより，他者意識を高めつつ，挨拶のよさを実感できた。このような動作化を繰り返すことで，前時までの学習が

つながっていくのである。また，今まで集めてきた挨拶を板書でも確認をする。板書での視覚化は，挨拶のよさをさらに感得することができた。

　展開の後段では，教科書教材を使って，いつ，どんな時に，どのような挨拶をするか考えた。ここでは，教科書をプロジェクターで投影し，クイズ形式にしたり，プリント（ノート）を使って，シールを貼らせたり，書いたりして考えさせた。

　終末では，校長先生など児童に関わりの深い人とさまざまな場面で挨拶をシミュレーションできる「あいさつビデオ（自作）」を大型スクリーンで見せ，体験的な学習を取り入れた。挨拶体験を通して，相手の表情を見たり，自分の気持ちを考えさせたりすることで，挨拶をする意味が理解・体感できるようにした。そして，挨拶をすれば，自分も相手もうれしいことを，心から味わいつつ，すてきな挨拶をしていきたいという意欲を高める姿をみることができた。

　このように，絵本でつかんだ問題意識，パペットで高められた他者意識，板書による学びの積み重ね，教科書教材のよさ，シミュレーションによる体験的な学習などさまざまな手立てにより，挨拶が，時と場に応じて自分たちの生活のなかにあふれていることを考え，実感させることができた。そして，挨拶によって自分と相手の心が結びつき，お互いに楽しい気持ち・うれしい気持ちになる心情を育てることができたのである。

第6節　情緒障害がある児童とつくる道徳科の授業の重点

　文部科学省は，2012 年 7 月に『共生社会の形成に向けたインクルーシブ教育システム構築のための特別支援教育の推進』を報告した。このなかで「障がいのある子どもと障がいのない子ども，それぞれが，授業内容が分かり学習活動に参加している実感・達成感を持ちながら，充実した時間を過ごしつつ，生きる力を身に付けていけるかどうか，これが最も本質的な視点である。」と述べている（文部科学省, 2012）。そのような視点から見れば，情緒障害がある児童もない児童も，豊かな人間関係を構築し，よりよく生きようとする人間力を高める道徳科の授業づくりを共に目指すべきである。教師も同様である。

図表28-1　『めざせ，あいさつ名人』道徳科学習指導案

特別支援学級　道徳科学習指導案

1　**主題単元名**　めざせ，あいさつ名人　　内容項目（B-8・9『礼儀』）
2　**教材名**　　あいさつのことば（出典：教育出版『はばたこうあすへ（第1学年）』より）
3　**補助教材**　ごあいさつ（出典：偕成社　作絵きむらゆういち）など
4　**ねらい**
　☆一日を通してする挨拶の種類や数を知り，時や場に気を付けた挨拶や誰にでも挨拶しようと
　　する意欲を高める。
　•学校生活の一日を振り返り，多くの挨拶を通して，たくさんの人とかかわっていることがわ
　　かる。
　•挨拶が，家族，友達や仲間，周りの人たちを気持ちよくする力があることや自分もとても温
　　かく，やさしい気持ちになることに気づく。
　•毎日，多くの挨拶ができていることに気付き，家族や学級の仲間と過ごしていることに気づく。
5　**本時の展開**

	学習活動	留意点及び具体的援助（支援の在り方）
導入	1　挨拶を覚える歌をうたう。 　•挨拶の言葉を覚える。 　•挨拶が言えたら，いう。 2　挨拶の絵本を読み聞かせする。	•本単元で扱う『あいさつの魔法。』は，公共広告機構（AC）が作成した歌で，映像を見せて視覚化させて歌わせて，挨拶の言葉を覚える。 •時間の経過にあわせて，適したあいさつがあることを確認する。
展開	3　挨拶の種類を確認する。 　•一日という生活の流れなかに，どのような挨拶があるか知る。 4　教科書「たくさんのあいさつ」を読み，考える。 　•いろいろな挨拶を予想する。 　•挨拶をする意味を聞いてみる。	•一日のなかでどんな挨拶があるか見通しをもたせながら，挨拶カードで挨拶をする時と種類を確認する。 •前時を振り返りつつ，時と場面でどのような挨拶をすればよいか考えさせる。 【段階的な評価】 •みつけた挨拶はみんなと言っている。（1年A児） •挨拶の意味を自分なりの考えを言える。（5年B・C児，6年D児）
終末	5　挨拶を体験する。 　•実際にいろいろな人や場面をシミュレーションして，挨拶のスキルアップを図る。 　•挨拶できたときの気持ちを聞く。	•事前に録画し作成した教材「あいさつビデオ」を見て，挨拶を体験する。 •「あいさつビデオ」には，自分たちの馴染みの先生や子どもなど，いろいろな人が登場する。 •挨拶ができたときの気持ちを聞くことで，挨拶のよさが実感できるようにしたい。（5・6年生）

6　**本時の評価（略）**
　•挨拶のよさを感じ取っている………………1年A児
　•時にあう挨拶を考えている…………………5年C児
　•挨拶をする意味やそのよさを考えている…5年B児・6年D児

出所）筆者作成

248

そこで重点となるのは，やはりユニバーサルデザイン授業の視点を支柱にした授業づくりである。

まず，導入において，歌や絵本などを教材化して道徳的問題を焦点化し，自ら考えたいとする問題意識を主体的に発動させることが大切である。次に，展開において，視覚化・動作化・作業化を連動させて，導入における問題について自らの考えを活性化させる。そして，終末において，自分の考えを共有化し，学べた喜びを実感させることが重要である。最終的に，その実感は，よりよく生きようとする学びに向かう力や人間性を育む力となっていく。

本授業プログラムや授業実践は，情緒障害がある児童に焦点を当てているが，視覚障害，聴覚障害，知的障害，肢体不自由など，それぞれの障害に対応できる道徳科の授業を構築する必要がある。

特別支援教育における道徳教育及び道徳科の授業研究は，まだまだ未開拓である。しかし，その重要性は，共生社会の形成に向けて必要不可欠な分野なのである。

● 参考文献 ●··
是永かな子・尾高進編（2020）『やさしく学ぶ教職課程　特別支援教育』学文社
坂本哲彦（2014）『道徳授業のユニバーサルデザイン』東洋館出版社
平澤紀子（2019）『特別の支援を必要とする子どもへの教育』ジダイ社
文部科学省（2012）『共生社会の形成に向けたインクルーシブ教育システム構築のための特別支援教育の推進（報告）』
文部科学省（2017）『小学校学習指導要領解説　特別の教科　道徳編』
文部科学省（2019）『特別支援学校学習指導要領解説　各教科等編　（小学部・中学部）』
柳沼良太・竹井秀文（2016）『アクティブ・ラーニングに対応した道徳授業』教育出版

特別支援教育を根幹とした 通常の学級における道徳科の授業

──── 谷山　優子

第1節　発達障害のある子どもの特性を踏まえた道徳科の授業

1　発達障害のある子どもにみられる困難

　通常の学級であっても，発達障害等で困難を感じている子どもたちが在籍している。このような子どもたちは，図表29-1のような困難がみられる。

　「人の気持ちがわかりにくい」ことや「人との関わり方がわかりにくい」などという特性は，道徳科の授業において特に配慮を要する。

　発達障害は，脳の中枢神経に何らかの原因があるとされている。そこで，視覚化や相手の気持ちを自分のことのようにわかる動作化などを授業に取り入れていく必要がある。

図表 29-1　発達障害などのある子どもの困難例

```
社会性の障害…………人の気持ちがわかりにくい　空気が読めない
想像力の障害…………視点が限定される（全体像をつかみにくい）
コミュニケーション…人との関わり方がわかりにくい
衝動性…………………すぐに行動してしまいあとで後悔する，忘れっぽい
読むこと………………資料をしっかり読み取れない
話すこと………………うまく気持ちが伝えられない
書くこと………………考えたことを書いて表すのが苦手　書字困難
聞くこと………………重要なことを聞き漏らす　聞き取れない
推測する………………状況をうまく推測できない
```

出所）筆者作成

2　ユニバーサルデザインの授業づくり

　ユニバーサルデザインの授業とは，どの子どもにも公平で，柔軟で簡単で，

身体に過度の負担なく必要な情報が認知できる授業である。アメリカの CAST（the Center for Applied Special Technology）が進める UDL（Universal Design for Learning）では，「理解のための多様な方法」「行動と表出のための多様な方法」「取り組みのための多様な方法」の提供と具体例を示している。

どの子どもも柔軟に授業にアプローチするには，ICT の活用が効果的である（図表29-2）。

図表29-2　ICT の活用によってできるようになることの例

障害による困難さ	ICT の活用	できるようになること
読む	聞く	教科書や本で学ぶことができる。情報収集の幅が広がる。
聞くことはできるが読むことが困難であるため「教科書を読む」ことができない。	電子化された教科書の文章を音声で「聞く」。	
書く	入力する	ノートをとることができる。テストをうけることができる。
話すことはできるが書くことが困難であるため「解答用紙に答えを書く」ことができない。	文字を鉛筆で書くのではなく，手書きでの書き込みやキーボードなどで入力する。	
意思を伝える	カードと音声で伝える	やりたいことや自分の気持ちを伝えることができる。
自分で的確な言葉を選んで気持ちを伝えることが難しい。	電子化された絵カードを使って自分の意志を選択し音声出力する。	
話を聞く	映像と文字でみる	次に何をするのか理解できる。1人で作業を達成できる。
聴覚情報の活用が難しく，言葉で説明されてもうまく理解できない。	映像を見ながら説明を読む。	

出所）文部科学省「発達障害のある子供たちのための ICT 活用ハンドブック」より筆者加筆修正

第2節　特別支援教育を根幹とした授業づくりに全員で取り組んだA校

1　全校あげて取り組む特別支援教育を根幹にした授業づくり

A校は，1～6年生の通常の学級で発達障害の診断のある子どもが22名（学級1～2名），そのうちコンサータを服薬している子どもが5名，通級指導に通う子どもが6名であった。他にも教育的支援の必要な子どもが多く，全教員がユニバーサルデザインの手法を取り入れ，どの子もわかる授業づくりに取

り組むことになった。その際，学期ごとに特別支援教育の専門家から指導助言を受け，担任の授業が一人ひとりの子どもの支援ニーズに合っているか，支援の優先順位は子どもの困難に対して妥当かなどを明確にしていった。

たとえば，ノートにずっと緻密な四角形を書き続けている子どもに対し，担任は授業に集中させたいと悩んでいたが，その子どもは，実は緻密な図形を描いて心を落ち着かせており，耳はしっかり話を聞いていると専門家から指摘され納得がいったというケースがあった。担任は，この子どもの得意を生かして，道徳科の授業場面の掲示物を描かせ，授業での活躍の場を与えた。

目の前の子どもの特性に気づき，教員が子どもの見方を変え，支援方法を工夫した授業を行った結果，子どもが変わり，学校全体で若手教員もベテラン教員も自分自身の授業に自信がもてるというように変わっていった。

2 特別支援教育を根幹とした道徳科の授業例

このA校2年1組（32人）の担任（50代）が気になっている子どもは，ADHDで服薬している子どもをはじめ，学習遅進，集中困難，整理整頓困難など多数いた。文字の形や人物の形がとれない子どもも学級に約半数いた。

担任は，道徳の授業に力を入れることで，多様な子どもたちが互いに理解し合う学級にしたいと考えていた。しかし，担任が抑揚をつけて道徳の資料を読んでいても，子どもたちの大半はぼんやりしたり，姿勢が崩れていたり，手遊びをしているという状態であった。熱心に授業を進めるほど，担任の言葉が多くなり，子どもたちは聞き役に回って退屈するという悪循環に陥っていた。どうすれば，子どもたちが主体的に考える授業になるのか。

押谷（2020）は，道徳科の授業で求められる「考える力」を育てる思考パターンは，基本的には図表29-3のように考えられると提

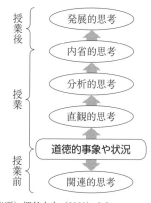

図表29-3　道徳の授業に関わる思考形態

授業後 ─ 発展的思考 ← 内省的思考
授業 ─ 分析的思考 ← 直観的思考
　　　道徳的事象や状況
授業前 ─ 関連的思考

出所）押谷由夫（2020）より

案している。このことを参考に授業改善に取り組んだ。授業前に，内容に関連する写真を黒板に貼ったり，登場する動物の人形を置いたりして，授業に関連することを前もって提示し，「関連的思考」や「直観的思考」ができる仕掛けをつくった。授業では，動画の方が集中できる子どもが多いこともあり，ICT機器と無料動画サイトも活用し，どの子どもも「分析的思考」を過度の負担なく簡単に公平に行えるユニバーサルデザインの授業にした。長く話すことをやめ，資料にある登場人物の気持ちを当事者の視点に立って，子どもたち自身の口から感じたことを話させる機会を多くした。その際，担任は，多角的で多面的な視点から話すよう促すのみであったが，次第に子どもたちの発言は，さまざまな視点から繰り出されるようになり，非常に活気のある活発な授業に発展していった。

　授業後は，子どもたちが自分たちの行動を道徳の授業の登場人物にたとえながら楽しそうに遊んでいる姿が見られたりした。担任は，そのような子どもたちの様子や発した言葉をできるだけたくさん拾い，「学級だより」に書いて，子どもの「発展的思考」をさらに深めさせるようにした。

　人の気持ちがわかりにくいという特性のある子どもに，人の気持ちが理解できる学びを提供するには，多様な学びを提供する必要がある。そして，それは，誰にとっても思考しやすく，思考を深めていく取組となる。写真やICTを用いた授業をすることが，特別支援教育の視点をもった授業なのではない。子どもの特性を理解し，困難を軽減する工夫のある授業のなかで，道徳的課題や状況を考えるための思考の「視点」移動をさせつつ，多面的・多角的に考える力を育成し，一人ひとりの子どもが自分との関わりで主体的に思考し，自分らしさを追求できる力を道徳科の授業で育もうとするのが，特別支援教育の視点のある授業である。

第3節　特別支援教育を根幹にした道徳科を要としたB校6年1組の学級経営

1　なぜ道徳科を学級経営の要としたのか

　B校6年生1組（40名）の担任は，5年生から持ち上がったが，低学年のこ

図表29-4　学校経営の柱とした道徳的価値等

「最高学年」として成長すること…………「自覚」
「みんなで」完成させる気持ち…………「協力」「信頼」「責任」「感謝」
自分だけでなく，自分も含めて
仲間全員のこととして考える意識 …………「仲間意識」「相互理解」「寛容」
困難を乗り越えて人として成長すること…「達成感」「向上心」「よりよく生きる」

出所）「6年1組学級通信」より筆者抜粋加筆修正

ろから暴言や自己否定が目立つ子どもたちに悩んでいた。6年生になると，教室に入らず校内を徘徊する子ども，トラブルが絶えない子ども，無気力な子ども，保健室にすぐに行く子どもなど発達障害だけが原因でない子どもたちの不安定さに苦慮していた。担任は，中学校進学を見据え，道徳科の授業を要とした学級経営に取り組むことにした。子どもが自分らしく生きていくための力を身につけさせて中学校へ送り出したかったからである。この担任が大事にしたい道徳的価値は図表29-4のとおりであった。

　まずは，担任自身が，誠実に愛情をもって子どもに対応することを積み重ね，「先生は信用できる，自分は愛されている」と確信できるようにした。暴言に対しては，即座に「その言い方，先生は嫌な気持ちがします」と聞き逃さず言い，それ以上責めない。言葉だけを叱る。子どもの人格を尊重しながら，どうあるべきかをあきらめずに伝え続けた（発行した学級通信は年間322号）。そして，特に道徳科の授業では，どんなにつたない発言でも言わんとすることを丁寧に補い学級全員に伝えた。気持ちを表現でき，認められ，共有できる道徳科の授業を子どもたちは心待ちにするようになった。6年生ともなると，家庭が不安定で荒れている子どもほど，世間の建前と本音について敏感になっていた。やらなければならないことはわかっている，それでもできない自分がいるという葛藤を，担任はしっかりと認めていった。こうして，きれいごとだけではない自分らしさが認められる道徳科の授業が展開されるようになった。

2　子どもを変えていく授業前と授業後の工夫

　担任は，どの授業でも「自分がよりよくなれる課題を見つけること」と「自

分の気持ちや友達の気持ちを大事にする」ということができた時に，徹底して褒めていくという点をぶれさせず授業づくりに取り組んだ。しかし，毎日起こるトラブルや問題行動に担任も疲れ果て，心が折れそうになることが何度もあった。これを，管理職はじめ全校で励まし支えていく体制を組んだ。

　パニックですぐに教室を飛び出すX児や周囲の注目を集めようと授業妨害をしていたY児が，3学期になってもなかなか言動が改まることがなかった。そこで，自分らしさが出せるくらい学級の仲間を信頼してほしいという願いを込めて，担任は次のような道徳科の授業を計画した（図表29-5）。

　道徳科の授業では，思いついた気持ちを発言してもしっかり受け止めてもらえるという安心感をもっていたX児は，授業の始まりから最後まで能動的に参加できた。この授業で，小学校生活も仲間と過ごすことも残りわずかであることを身に染みて感じたのか，「道徳ノート」に，「あかんことは『あかん』と人に注意する」と書いた。授業後は，周囲を気にせずやりたいことをやる言動が抑えられ，みんなのなかで一緒にいることが楽しい，そのためには，やってはいけないことはやってはいけないのだという言葉がX児から出るようになった。

　Y児も，「人の役に立つことをさがしてがんばる」と授業後の「道徳ノート」に書いた。その後，学級の子どもたちの迷惑にならないようにと考え，問題行動を控える姿が見られるようになっていった。このような背景には，ほかの子どもたちが，Y児の授業妨害を迷惑だと受け止めないよう，担任がさまざまな機会を捉えて繰り返し指導や支援を続けたことがある。そして，彼らが，自分自身の言葉で「道徳ノート」に書き，それが学級通信に掲載されるということで，人に言われてやっているのではなく主体的な行為として自覚したと考えられる。「どの子も一人一人違っている。互いに認め合って，みんなが自分らしく生きていけることが大切」と担任が粘り強く発信し続けたことが，卒業してからもどの子どももよりよく生きる力となっていく。筆者は，この子たちが中学校でしっかりやっていけているのだろうかと心配であったが，「部活動，がんばってるよ」と次々に報告に来てくれると担任は嬉しそうに語った。

図表29-5　「よりよく生きる力」を育む学習指導案

第6学年　道徳科学習指導案

1　**主題名**　よりよい学校生活，集団生活の充実
2　**教材名**　ひるがえる校章旗（出典：廣済堂あかつき『小学生の道徳（第6学年）』より）
3　**ねらい**　いよいよ卒業式まで残り2か月となり，中学校進学に向けて有意義な毎日を過ごすために今やっておくべきことを話し合いながら考え，よりよい学級，よりよい学校生活のために主体的に行動する態度を育てる。

学習活動（主な発問など）	◇指導上の配慮事項　★個別支援　●評価
1．中学校に向けて，有意義な3か月にするためにどのように過ごせばよいか，本時の学習のめあてについて話し合う。	◇1月，2月，3月の6年生の行事予定プリントを配布し，行事について思い出を想起させる。◇楽しい雰囲気で授業がスタートできるよう一人一人の様子をよくみる。★入学式や運動会などこれまでの行事で覚えているものは何かなどを尋ね，めあてに関心を持たせる。
6年生の役割はなんだろう。すぐ実行できることはなんだろう。	
2．資料「ひるがえる校章旗」の範読を聞き，信二が気づいたことについて話し合いながら，6年生としての役割について考えを深める。・学校を支える　・低学年にはできないことでも，6年生ならできることがたくさんある・よいお手本を見せる　・学校をよりよくする	◇身近な日々の学習や生活（掃除），委員会活動などから，6年生として何が実行できるか幅広く，深く考える視点を投げかける。★がんばっていることをほめ，そのことがクラスや学校にどう影響するか気づかせる●友達のつぶやきにも反応しつつ，考えを深めようとしているか。
3．そのために大切なこと，自分がしなければならないことはなんだろう。・悪いことは悪いと誰であっても注意する。・責任を持って物事に取り組む。　・下の学年にやさしくする。　・自分からみんなが気持ちよく過ごせることをする。　・困っていたら助ける。　・周りをよく見て気を配る。	◇しなければいけないとわかっていても，信二のようになかなかできないこともあるが，それを乗り越えたところに最後の小学校生活の充実があることに気づかせる。★なかなかできないことは誰にでもあるが，できることを続けることが大事だと意欲を喚起させる。●考えたことを実行していこうという意欲を持てたか。

第4節　どの子どもも自分らしく幸せに生きる

1 障害のある子ども自身が自分の生き方を考える道徳科の授業

　障害のある子どもの指導は，その障害の特性を教師が理解するところから始まる。「できない」ことが積み重なると，自尊感情が低下し，主体的な学習や学校生活が困難になる。どうしたら「できる」のか，子ども自身が対処方法を身

につけ，自立していけるよう，小学校から中学校へ，中学校から高校へとライフステージを見通した長期的な視野に立って指導，支援をしていく必要がある。

　一方で，その子どものもつ自分らしさを自己理解させ，どのように生きたいのかを本人が自分で考えられるようにする必要がある。そのためには，道徳教育を要とする安心でき居場所のある学級で，友達と相互理解をしながら，道徳的諸価値について深く考えさせる道徳科の授業が大きな役割を果たす。障害があってもなくても，人と仲良くやっていきたい，人の役に立ちたいという気持ちを子どもたちは持っている。それをどうやって日常生活に結び付けていけばいいのかを学んでいく場が，道徳科の授業である。

2 多様性を認め合うインクルーシブな社会の構築をめざして

　特別支援教育を根幹に据えるということは，共生社会の形成に向けたインクルーシブ教育システムの構築を推進していくことである。

　インクルーシブ教育システムとは，人間の多様性を尊重し，障害者が精神的にも身体的にも持てる能力を可能な最大限度まで発達させ，自由な社会に参加することを目的に，障害のあるものとないものが共に学ぶ仕組みである。

　共に学び共に生きるということが，一人ひとりの生き方につながっていくことが大切である。それが，道徳教育である。つまり，だれもが自分らしい幸せな生き方について考えを深めることができるのが道徳教育である。今こそ，特別支援教育を根幹とした道徳教育，道徳科の授業が非常に重要である。

● **参考文献** ···

押谷由夫（2020）『道徳教育5月号』明治図書

国立特別支援教育総合研究所ホームページ，https://www.nise.go.jp/nc/（2020年3月31日閲覧）

トレイシー・E・ホール，アン・マイヤー，デイビッド・H・ローズ編，バーンズ亀山静子訳（2018）『UDL 学びのユニバーサルデザイン』東洋館出版社

文部科学省（2018）「発達障害のある子供たちのための ICT 活用ハンドブック」

おわりに

七條　正典

　第4巻は，中学校，高等学校，特別支援学校における新しい道徳教育の在り方について，まとめられたものである。それぞれの学校段階，あるいは学校種によって，その特質や生徒の発達段階に応じて，当然道徳教育の具体的な在り方は異なっている。しかし，その根底には，いずれも一人ひとりの生徒が自らの人生をよりよく生きるための道徳教育の充実をどう図るかという視点がある。

　2013（平成25）年12月の「道徳教育の充実に関する懇談会」報告では，道徳教育について「自立した一人の人間として人生を他者とともにより良く生きる人格を形成することを目指すもの」と述べられている。そして，道徳教育においては，「人としてよりよく生きる上で大切なものとは何か」「自分はどのように生きるべきか」などについて，考えを深め，自らの生き方を育んでいくことが求められている。

　このことについて，中学校では道徳科を要とした道徳教育において，高等学校では公民科や特別活動を核とした道徳教育において，特別支援教育では，特別支援学校や通常学級における道徳教育あるいは道徳科の授業において，どのように取り組んでいけばよいか，具体例も含めてその在り方を述べている。ぜひ，これからの道徳教育（道徳科を要とした）の指導の充実に向け，参考にしていただきたい。

　その際，留意すべき点の第1は，道徳的価値について，一般的な答え（考え）を学ばせるのではなく，それをさまざまな視点から（多面的・多角的に）学ぶことを通して，自らの人間としての在り方生き方について（よりよく生きる上で大切なものは何か，どのように生きるべきか），自らの考えをもち，自分なりの解を見つけていくことである。つまり，「道徳的価値の自覚」を図るということである。

このことに関して，高等学校公民科の基本的な考え方として，「自分自身に固有の選択基準・判断基準」を形成していくことが必要であり，現代社会に生きる人間としての在り方生き方についての自覚を涵養することが求められている。また，道徳科においても，多面的・多角的な思考を通じて，道徳的価値の理解を自分自身との関わりのなかで深めることが求められている。一人ひとりの生徒にとって「道徳的価値の自覚」を深めることが重要なポイントである。

第2は，その学びが生徒にとって楽しく充実したものとなることである。2012（平成24）年度の「文部科学省道徳教育実施状況調査」では，「道徳の授業を楽しいあるいはためになると感じている」と回答した児童生徒の割合は，学年が進むにつれて減少している。特に，中学生では半数近くが否定的な回答である。高等学校における倫理の授業では，先哲の思想を知識として学ぶにとどまり，生徒にとって自らの生き方につながる学びとは必ずしもなっていなかった。

日本道徳教育学会の元会長である横山利弘は「道徳科の授業はすべからく楽しみを旨とすべき」（『道徳通信』No.1 廣済堂あかつき）と述べている。そして，「様々な授業論を云々する前に，児童生徒が楽しいと思う授業を出発点にしてみてはどうでしょうか」と提案している。

「自分は何を大切にして生きていくのか」「自分はどのように生きていくのか」という自らの人生をよりよく生きていくためのよりどころとなるものを探究することは，本来楽しいものであるはずである。自ら学び，自ら考える楽しさ，他者と共に学び合う楽しさ，人間としての自らの生き方を探究し，自らにとっての新たな価値を発見・創造する楽しさ，そして，何よりも生きる楽しさを生徒が味わえるよう，道徳教育が目指す原点（ねらい）に立ち返って，その改善充実を図りたいものである。そして，生徒の心のニーズに応え，心に響く道徳教育（道徳科を要とした）を具現化し，未来ある生徒に温かいエールを共に送りたい。

最後に，第4巻に原稿をお寄せいただいた諸氏，並びに資料の提供などご協力いただいた皆様に心より感謝申し上げたい。

人　名　索　引

事　項　索　引

264

新道徳教育全集　第4巻　中学校，高等学校，特別支援教育に
おける新しい道徳教育

2021年6月30日　第1版第1刷発行　　　　　　　　〈検印省略〉
　　　　　　編著者　日本道徳教育学会全集編集委員会
　　　　　　　　　　柴　　原　　弘　　志
　　　　　　　　　　七　　條　　正　　典
　　　　　　　　　　澤　　田　　浩　　一
　　　　　　　　　　吉　　本　　恒　　幸
　　　　　　発行者　田　中　千　津　子
　　　　　　発行所　株式会社　学　文　社
　　　　郵便番号　153-0064　東京都目黒区下目黒 3-6-1
　　　　電話（03）3715-1501（代表）振替　00130-9-98842

乱丁・落丁本は，本社にてお取替え致します。印刷／株式会社亨有堂印刷所
定価は，カバーに表示してあります。

ISBN978-4-7620-3089-5
本全集の刊行にあたっては，公益財団法人上廣倫理財団からの助成を受けています。

Japanese Society for Moral Education

日本道徳教育学会 全集編集委員会 編著

総合的な視点から検討・分析しつつ「これからの道徳教育」を提言。
学会の総力を結集して検討した、今後の道徳教育の道案内になる教育全集。

A5判:上製　各定価3300円(本体3000円+税10%)

新 道徳教育全集　●　全5巻

第1巻　道徳教育の変遷・展開・展望

押谷由夫, 貝塚茂樹, 高島元洋, 毛内嘉威 編著

教育の先導役を果たす道徳教育。第1巻では、本質的な部分の基本的な道徳教育
の変遷・展開・展望を押さえる。
ISBN:978-4-7620-3086-4

第2巻　諸外国の道徳教育の動向と展望

柳沼良太, 行安茂, 西野真由美, 林泰成 編著

諸外国の道徳教育の理論・歴史・実践などについて解説し、吟味すると共に,
日本の道徳教育のあり方についてもさまざまな提案・提言を行う。
ISBN:978-4-7620-3087-1

第3巻　幼稚園、小学校における新しい道徳教育

永田繁雄, 浅見哲也, 大庭茂美, 柴田八重子 編著

幼児教育や小学校教育段階における道徳教育の考え方やその具体化などを視野に
入れて編集。子どもの発達の流れに即し論考や実践例をあげ考察・整理する。
ISBN:978-4-7620-3088-8

第4巻　中学校、高等学校、特別支援教育における新しい道徳教育

柴原弘志, 七條正典, 澤田浩一, 吉本恒幸 編著

中学校, 高等学校, 特別支援教育における道徳教育について, その意義も含め,
本質的な理解の深化と具体的な取組への参考となる内容を掲載。
ISBN:978-4-7620-3089-5

第5巻　道徳教育を充実させる多様な支援
—大学,教育委員会,家庭,社会における取組—

田沼茂紀, 島恒生, 竹内善一, 廣川正昭 編著

日本の道徳教育について学校, 家庭, 社会という3側面から, 道徳教育の歴史や
現状, 課題などを踏まえつつ, これからの道徳教育の在り方を視座していく。
ISBN:978-4-7620-3090-1